知ってほしい！スペインの真実

歴史で読み解く日本との関係

鈴木 裕
Yutaka Suzuki

中央公論事業出版

前書き

日本だけに限らず、世界中でスペインが誤解されている面が多く、これを正す目的で本書を書いてみた。一八六八年に日本とスペインが外交関係を結んでから、一五〇年以上経った後での訂正は不可能に近いが、少なくとも、スペインについての正しい認識が出来るような事実や出来事について紹介する事で、少しでもこの誤解が訂正され、スペイン本来の歴史や功績を知る事で、日本でのスペインのイメージが再評価される事を望む次第である。

著者がスペインと出会ったきっかけは、今から五〇年以上遡った大学入学の時、第二外国語でドイツ語とフランス語のクラスが満員で取れず、その他の外国語を選ぶ事になり、偶然スペイン語を選んでしまった事による。英語もろくに出来ないのにスペイン語を勉強する事などに意味を感じず、スペインという国についても興味はなかった。授業が始まると予想外に厳しいクラスで、真剣に学習しなければ授業への出席が許されず、文法や単語の暗記に夜も寝ずに勉強する毎日が続いた。

当時、日本のスペイン語学会の権威であられた瓜谷良平教授のクラスに出席し、辞書や教科書は全て瓜谷教授の著書であったので、レベルの高い授業を受ける事が出来た。個人的にもかなりの刺激を受け、より一層スペイン語の学習に励む事になった。

当時の日本ではスペインに関しての情報は皆無で、スペイン語クラスで学んだ知識は一般には知られていない事ばかりであった。二年間で基礎的な文法や単語を習得し、スペイン語を覚えた事によって、スペインについての興味が湧いてきた。

東京の、洋書や専門書を扱う有名な書店に足を運び、スペインやスペイン語についての書物を探したが、どこにも販売されていなかった。英語で書かれたスペイン語の学習書や、アルゼンチンやメキシコで出版された書物を見つけたが、スペインで出版された文献を見つける事は出来なかった。

更に、スペイン語会話の練習には、スペイン語を母国語とする人との会話が重要だが、日本にはスペイン人も中南米人も殆ど住んでいなかったので、会話の習得は極めて困難で、不可能に近かった。

二年間の第二外国語クラスは終わり、三年から選択科目としてスペイン語を続け、貿易コレポンの為のスペイン語や経済スペイン語の他、スペイン文学などを含めスペイン語の勉学に励んだ。しかし、会話の練習が出来る機会に恵まれず、言葉を話せない為、スペインの首都マドリッドに一年間留学する事を考え、大学を一年休学する事に決めた。父親から許可をもらい一年間のスペイン留学を決め、スペイン大使館の領事部でマドリッド大学の哲文学部の外国人コースを紹介してもらい、日本交通公社でマドリッド往復旅券を購入した。

その当時、海外旅行に出かける日本人は少なく、農協団体が東南アジアやハワイの観光ツアーに出かける程度で、ヨーロッパへの旅行者の数は限られていた。ヨーロッパまでの航空運賃は五〇万円以上した記憶があるが、外貨であるドルの持ち出し制限が一千ドル（三六万円）の時代だった事を考えると、一般人が海外旅行に出かける時代ではなかった。

そんな訳でヨーロッパ行きの一番安い航空券を見つけてもらい、当時、国際航空運送協会（ＩＡＴＡ）に所属していなかったソ連のアエロフロート航空の、格安の往復切符を購入した。それでも二〇万円位だったとの記憶がある。ソ連とスペインには外交関係がなかった為、東京からモスクワ経由でパリまでの往復航空券だった。

パリからマドリッドまでは汽車での旅程だった。マドリッド大学に手紙を書き、スペイン語とスペイン文学や歴史を学ぶ外国人コースの入学申請書を送ってもらった。初めて書いたスペイン語の手紙が無事にマドリッド大学に届き、二週間程度で返事が届いた時はほっとした。入学申請書と一緒に、滞在の為の宿泊先の住所のリストや、大学都市周辺の地図が送られてきた。

早速、大学に近い住所に手紙を書き、一年間の滞在の予約を依頼した。一般家庭が学生に食事込みで洗濯や掃除をしてくれる、所謂学生用ペンションが、大学周辺に沢山にあった。二週間程で返事が届き、手書きの手紙で読むのに苦労したが、部屋の確保が無事完了した事だけは確認出来た。

一九七一年六月中旬、羽田空港を出発し、モスクワに到着、乗り換えしてパリのオルリー空港に着いた。数人の日本人学生と一緒に市内のホテルに一泊し、翌日マドリッド行きの列車の出る駅に向かった。

パリはヨーロッパの都で有名だったが、マドリッドに着くまでは緊張していたのか、パリに来たのだという感覚はなかった。小さなホテルの部屋に朝コーヒーとロールパンが運ばれてきた時、初めてフランスに来ているのだという気分になった。

スーツケースを引きずりながら鉄道の駅に辿り着いたが、駅の構内に入る事が出来ず、どうすれば良いのか分からず、うろうろしながら時間をつぶした。このままではマドリッド行きの汽車には乗れないと危惧したが、周りの人に尋ねても言葉が分からないので、結局駅を後にして、空港に戻る事にした。後で分かった事だが、フランス国鉄のストライキにより駅が封鎖されていたので、構内に入れないのは当然な事だった。

駅には、黒人が大勢たむろしていた。横須賀の米軍基地で見たアメリカの黒人ではなく、痩せた気弱そうな黒人だった事を覚えている。フランスの旧植民地から来ているアフリカ人で、同じ黒人でもアメリカの黒人とは異なった人達だった。フランスに黒人が住んでいるとは想像もしなかったが、フランスでは黒人の存在に無感心の様だった。駅にいたタクシーの運転手も黒人だったが、彼に空港行バスターミナルに行くように頼み、日本から持ってきた外貨を無駄遣いする事になった。

タクシーは駅を出てから高速道路に入り、空港に向かってしまった。空港ではなくバスターミナルに行って欲しいと頼んだが、言葉が分からない為、急いでいると思われ、スピードを上げて空港に到着した。当時、フランスのフランは高く、物価も日本に比べて極めて高いので、タクシー代で日本から持ってきた外貨が減ってしまった。

このような事情によって、全ての予定が変わり、自分でマドリッドまでの航空券を買わねばならなくなった。今まで飛行機に乗った経験もなければ、フライトの予約についてもまったく分からなかった。何しろフランスの空港で言葉も出来ず、これからどうしようかと心配になったが、マドリッド行きの航空券の購入を決め、スペイン航空であるイベリア航空のカウンターで、片言のスペイン語を使い、マドリッド行きの航空券を予約し購入する事が出来た。

これで日本から持ち出したスペインでの生活費の外貨、一千ドルの二割位が減ってしまったが、マドリッドまで飛行機で行ける事になり、元気を取り戻した。

マドリッドのバラハス空港に着いた時、辺りは太陽に照らされていたが、時計は夜の八時過ぎだった。豪華なテーブルクロスやワイングラスや食器が置かれた、高級感あるレストランの中を通り過ぎ、荷物の受け取り場に着いた。大声で気さくな感じのスペイン語が至るところで聞こえ、空港内の活発な雰囲気に接して、初めてスペインを実感した。

スーツケースを引き取り、ポーターにマドリッド市内行きのバスがどこから出るか教えてもらい、すぐバスに乗り込んだ。運転手の隣の一番前の席に座った。バスはゆっくりと走り出した。正面から強い太陽の光を受け、まぶしかった。時計を見ると夜の九時を回っていたが、マドリッドの太陽はまだ日本の夏の夕方の五時位の感じで、バスに正面から照り付けていた。

市内に入ると夕陽に変わり、立派な街並みの荘厳な建物が、碁盤の目の様に出来た道路を美しく飾った。並木道に幾多も並ぶ歴史的建物が、均衡のとれた風景を醸し出し、さすがにスペインの首都に来たという印象を受けた。有名なブティックが並ぶセラーノ通りを通過し、アルカラ通りを右に曲り、シベーレス広場からパレスホテルのあるネプトゥーノ広場に着いた。イベリア航空のバスターミナルは、当時パレスホテルの脇にあったので、バスはここが終点だった。

バスから降り、夕陽に照らされた広場の噴水や、古いが立派な建物に囲まれた広場の風景を見て、旅の疲れを忘れて写真を撮ったりしたが、既に夜一〇時近くになっていたので、電話ボックスに入り滞在先に連絡を取った。しかし、電話機の使い方が分からず、何度もトライしたが出来ず困っていたところ、外で待っていた青年に声をかけられた。事情を説明すると、スーツケースをもって車の方に向かい目的場所まで連れて行ってくれるという事になり、彼の車に乗せられ滞在予定の家まで送ってもらえた。途中色々な会話で七割位は理解出来たが、彼女とのデートで急いでいたにも係わらず、親切に目的地まで連れてきてもらった事に今でも感謝している。名前も住所も電話番号も聞かないまま別れたので、いまだにお礼を言っていないのが心苦しい。

学生に部屋を貸しているこの家は、実は女子学生用の宿で、男子は受け付けてくれない事が分かったのは、数日過ぎてからだった。大学が送って来たリストは、女子学生用のホームステイ先だけが載っていた。これは、著者の名前のYUTAKAがAで終わっているので女性名と判断され、女性向けのリストが送られてきた訳である。

幸い夏休みで、女子学生は里帰りで誰も滞在していなかったので、学期が始まる九月頃まで、部屋に滞在させてもらう事になった。九月以降は、家主の叔母さんの知人から、大学寮に入れるように手配してくれる事になり、何とか問題は解決出来た。

あれやこれやでマドリッドでの生活が始まった。毎日新しい経験を積み、スペイン人以外の外国人とも知り合いになり、国際感豊かな学生生活を経験し、スペインの社会に溶け込んでいく事が出来た。

一番気に入ったのは、毎日天気が良く雨が降らないので、湿気がなく快適であった事。又、日本食なしの生活でも全く平気で、一年間過ごす事が出来た。全てが初めての体験で、一年の滞在はあっという間に過ぎてしまった。

日本に戻り、大学を卒業したが、どうしてもスペインに戻りたいという気持ちは変わらなかった。そこで、スペイン政府が毎年大学卒業生を一〇名交換留学生として給費を支給している事を知り、試験を受け、運良く合格し、一年間の給費留学生としてスペインに戻る事が出来た。

その後スペイン人と結婚し、スペインで日本の大手商社に就職し、日本との貿易関係の仕事や現地での輸入販売業などに従事し、今日まで至った。今年で、スペイン生活四八年の歳月が流れた。

スペインの歴史に興味を持ち始めて二〇年近くになるが、本格的に著作活動を始めたのは八年前からである。定年後、スペイン語で『十五世紀の人物』という本を出版した。その後歴史雑誌に掲載し、特に十五世紀と十六世紀のスペイン史の勉強に集中している。

本書では、今まで日本には伝わっていない、スペインの歴史や出来事について紹介し、新たな事実や本来のスペインの姿を、日本のスペインファンの皆様に伝える事が出来れば、何よりである。

◆目　次

前書き　1
家系図　10

一、スペイン帝国とは――――――――――――――13

A. スペイン帝国の起源　13
イサベル女王（一四五一‐一五〇四）について　15
フェルナンド王（一四五二‐一五一六）について　17
一四九二年について　18
カトリック両王の婚約政策　20
ポルトガルとの関係　22

B. スペイン帝国の主人公　24
カルロス一世（一五〇〇‐一五五八）について　24
スペイン王初期時代／フランスとの戦争で大勝利／ポルトガル王女イサベルと結婚／
神聖ローマ皇帝戴冠とルター派勢力の拡大／オスマン・トルコ軍をチュニスから追放／アルジェ戦で大惨敗／
新大陸での大事業に貢献／フランスとの戦争再開／家族や家臣である主要人物の死／ミュールベルクでの勝利／
息子フェリーペ王子の相続問題／弟フェルナンドとの関係悪化／フランスとの五度目の戦争／皇帝の晩年／
ユステ修道院での隠居生活／私生児ヘロミンと初対面／皇帝の死

フェリーペ二世（一五二七－一五九八）について　46
スペイン王子の時代／イングランド女王メアリー・テューダーと結婚／フランスとの戦争で勝利／フランス王女との婚約で平和条約の締結／イングランドのエリザベス一世の陰謀／スペインでの異教徒プロテスタント勢力の台頭／フランス王女エリザベート（イサベル）との結婚／オランダの陰謀／フェリーペ二世の最盛期／オランダの反乱と息子カルロス王子の死／フィリピンの設立と太平洋往復航路の発見／ヨーロッパ史上最大規模のレパントの海戦で勝利／王政改革／正義と人道主義を貫くフェリーペ二世／オランダ問題を放置／ポルトガル王セバスティアンに助言／オランダの反乱悪化／イングランドの挑発／無敵艦隊の派遣／イングランド艦隊の大惨事／フランスとの紛争／宗教問題
フェリーペ三世（一五七八－一六二一）について　80
フェリーペ四世（一六〇五－一六六五）について　91
C. スペイン帝国の規模・遺産・功績　100
規模　100
遺産　105
功績　108
二、一五四九年のスペイン人の日本到来と日本人による二度のスペイン訪問――113
A. ザビエルの布教活動　113
ヨーロッパのイエズス会士宛ての書簡八五／ポルトガルの神父シモン・ロドリゲス宛て書簡八六／ポルトガル王ファン三世宛て書簡八七／ゴア在住の同僚への書簡九〇／マラッカのドン・ペドロ・ダ・シルバ宛て書簡九四／ヨーロッパの同僚宛て書簡九六／ポルトガルのシモン・ロドリゲス神父宛て書簡一〇八

B．新生スペイン・アジア太平洋司令部フィリピン　150
C．天正遣欧少年使節（一五八二－一五九〇）と慶長遣欧使節（一六一三－一六二〇）　161
両使節の比較
三、オランダ船の漂着から鎖国まで――169
A．イギリス人ウィリアム・アダムス（一五六四－一六二〇）　169
B．日本、スペインとの関係に終止符　180
スペインの脅威が鎖国の原因／アングロ・サクソン世界観から見た未知の国スペイン／「黒の伝説」日本にも影響／日本・スペイン外交樹立一五〇周年
四、十七世紀以前の〝イスパニア〟と十九世紀以降の〝スペイン〟――197
A．十七世紀以前のイスパニア　202
B．十九世紀以降のスペイン　205
奇跡的経済発展／独裁政権から民主国家へ／国際社会への復帰／日本との経済交流始まる／農業大国から工業先進国に変身／観光大国スペイン／社会保障制度
後書き　217
参考文献　218
付録　225

フェリーペ二世を基点としたスペイン王家の系図

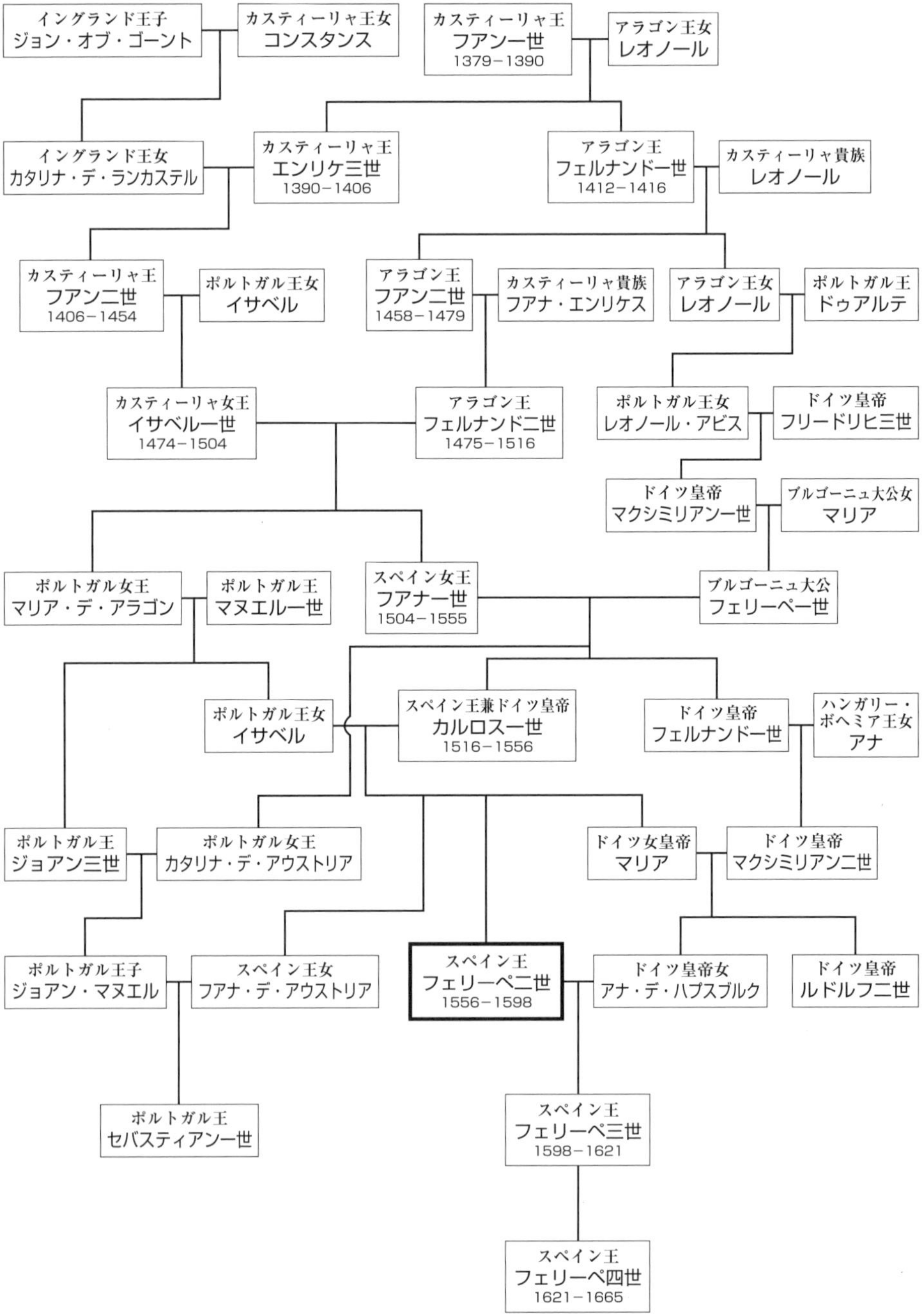

スペイン・ブルボン王朝家系図

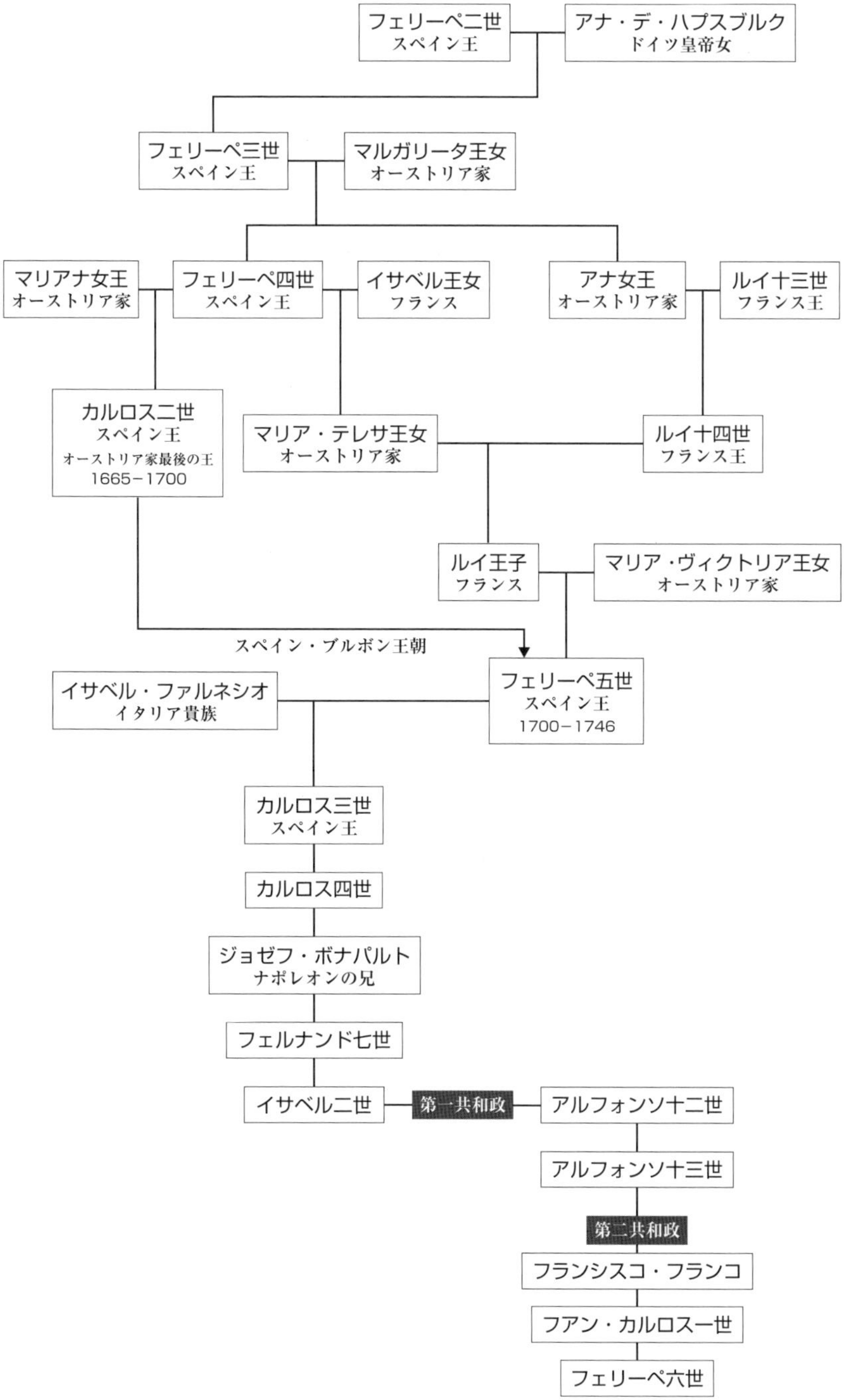
フェリーペ二世
スペイン王
アナ・デ・ハプスブルク
ドイツ皇帝女
フェリーペ三世
スペイン王
マルガリータ王女
オーストリア家
マリアナ女王
オーストリア家
フェリーペ四世
スペイン王
イサベル王女
フランス
アナ女王
オーストリア家
ルイ十三世
フランス王
カルロス二世
スペイン王
オーストリア家最後の王
1665−1700
マリア・テレサ王女
オーストリア家
ルイ十四世
フランス王
ルイ王子
フランス
マリア・ヴィクトリア王女
オーストリア家
スペイン・ブルボン王朝
イサベル・ファルネシオ
イタリア貴族
フェリーペ五世
スペイン王
1700−1746
カルロス三世
スペイン王
カルロス四世
ジョゼフ・ボナパルト
ナポレオンの兄
フェルナンド七世
イサベル二世
第一共和政
アルフォンソ十二世
アルフォンソ十三世
第二共和政
フランシスコ・フランコ
フアン・カルロス一世
フェリーペ六世

一、スペイン帝国とは

A．スペイン帝国の起源

スペイン帝国とは、事実上スペイン王国であり、ここでいう帝国とは単なる形容詞で、巨大化した王国を帝国と呼んでいたものである。実際には、帝国よりも規模の大きな単一国家として世界を支配していたのが、十六、十七世紀のスペイン国であった。従って皇帝は存在せず、国王が皇帝以上の地位に就いていた事になる。この偉大な王国がどのようにして誕生したのかを調べるには、前世紀の十五世紀に遡る事で、おおよそ把握する事が出来る。

十五世紀は中世末期で、イベリア半島は五つの王国から成り立っていた。カスティーリャ王国、アラゴン王国、ナバーラ王国、ポルトガル王国、そしてイスラムのグラナダ王国がそれである。

七一一年に、イスラムによって占領されたイベリア半島は、その後、北の一部アストゥリアス山岳地帯に逃げ込んだキリスト教徒が、イスラムに反抗して、国土回復戦争（レコンキスタ）を企て、以来七八〇年間イスラムに侵略された領土を取り戻すべく戦いが継続される。そして一四九二年、イスラム最後の砦グラナダ王国を倒し、八世紀にわたる国土回復戦争に終止符が打たれる。

四つのキリスト教王国が力を合わせて、イスラム勢力と戦ってきた事は歴史的事実であるが、この四つのキリスト教王国のリーダーはカスティーリャ王国であった。

一四六九年にカスティーリャのイサベル王女と、アラゴンのフェルナンド王子が結婚し、これが将来のスペイン統一の基盤となる。当時のカスティーリャ王エンリケ四世の長女フアナが王位を継承する事になっていたが、一四七四年エンリケ四世が亡くなると、王位継承権が認められていた異母妹のイサベルは、カスティーリャ女王を宣言する。当時イサベル王女が女王になる可能性は少なかった。

フアナの叔父にあたるポルトガル王の軍事援助を受けた、フアナ一世を支持するカスティーリャ王国軍と、イサベル王女支持派のカスティーリャ諸侯軍による内戦の末、カスティーリャ諸侯軍が勝利を収め、カスティーリャ女王イサベル一世が誕生する。この勝利は、イサベルの夫のアラゴン王子フェルナンドの貢献なしには不可能であった。

イサベルが女王を宣言してから二年後の一四七六年にポルトガルが介入した事により、内戦からポルトガルとの戦争に発展した王位継承戦争は、フェルナンド王子によってアラゴンからの援軍や、カスティーリャ諸侯軍、特に貴族の中で最も有力なメンドサ家の全面的な参戦によって、フアナ一世支持のポルトガル軍とカスティーリャ反乱軍は大敗する事になる。

両国の和平条約は一四八〇年まで調印されないが、一四七六年の時点で勝敗は決まり、イサベルとフェルナンドがカスティーリャ両王として、正式に誕生する事になる。この両王が後のスペイン帝国の基盤を作り上げた主役である。

イサベル女王（一四五一－一五〇四）について

一四五一年、カスティーリャ王ファン二世と、後妻ポルトガル王女イサベルとの間に誕生。ファン二世と最初の王妃との間に生まれたエンリケが王位を継承し、カスティーリャ王子として存在していた為、イサベルは単なる王女であった。

ファン二世の死後、エンリケ四世がカスティーリャ王となり、その後エンリケ王の娘ファナを支持する貴族と、イサベル支持派が対立し内戦が勃発するが、最終的にイサベル支持派の勝利でイサベル一世が誕生する。

イサベル女王は、十五世紀後半、イベリア半島を八〇〇年間近く支配していたイスラム王国の最後の砦であるグラナダの開城や、アメリカ大陸発見、ユダヤ人の追放、又ヨーロッパで初のスペイン語文法書を出版するなど、ヨーロッパで名声を挙げた。次女をドイツ皇帝マクシミリアンと妻のブルゴーニュ公国妃マリアの子息フィリップ王子と、長男をマルグリット王女と婚約させ、後のカルロス大帝（カール五世）兼スペイン国王（カルロス一世）が孫として誕生、当時のヨーロッパを支配した。

三女は、当時の大国ポルトガル王と結婚。四女は、イングランドの国王ヘンリー八世と結婚。スペイン、イングランド、ドイツ帝国の同盟で、当時の大国フランスの封じ込めに成功する。

又、スペイン出身のローマ法王アレクサンデル六世とは親密な関係にあり、アメリカ大陸はスペイン領である事を認める、ローマ法王大勅書を発布させる事に成功した。

女王のアメリカ大陸の開拓政策は、原住民であるインディオにスペイン本国民と同じ権利を与え、奴隷として扱う事を禁じており、これは当時の封建社会では考えられない、人道的で民主的な政策であった。イングランドが、北アメリカの植民地化で、インディアンの全滅を目論み徹底的に迫害を加え、一〇〇％西洋人の社会を築い

生誕地マドリガル市のイサベル女王の銅像（右側が生家フアン二世王宮）

たそれとは、全く反対の植民地化政策であった。

スペインのアメリカ統治政策は、原住民を尊重し、同じスペイン国籍を与え、言語・宗教を与え、更に建築技術や農業を導入し、本国スペインの延長としての、副王国としての共存社会を築いている。

今日、中南米の都市にある大聖堂や教会のみならず、公共の建物や街並みは、当時スペインによって建てられ今日に至っているが、中南米諸国が存在するのは、このイサベル女王によるところである。

女王の孫には、神聖ローマ皇帝・スペイン王のカール五世（カルロス一世）の他、ドイツ皇帝フェルナンド、イングランド女王メアリー・テューダー、ポルトガル王ジョアン三世、ポルトガル女王カタリナ、フランス王妃エレアノール、スウェーデン女王イサベルとがおり、ヨーロッパ全土の王家の祖母であった。

当時、女性のステータスが認められていない時代に、イサベルはカスティーリャ女王となり、名実ともにスペイン王国がヨーロッパで君臨する時代を築き上げた。又、それのみならず、新大陸をスペイン領として本国と同等に扱い、キリスト教文化とスペイン語の普及を促進し、人道的政策を貫いた点、当時の封建社会では信じられない偉業を達成した女王であった事を認めねばならない。

フェルナンド王（一四五二－一五一六）について

アラゴン王フアン二世の後妻の長男として、一四五二年に生まれる。フアン二世には、前妻との間に生まれた王位継承者の長男[1]がいたが、若くして亡くなった為、フェルナンド二世が王位継承者としてアラゴン王子となる。少年時代から、アラゴン王国内の内戦や、フランスとの戦争に巻き込まれ、父である国王を援護し、戦闘に参加。戦場に出て活躍し、少年でありながら立派な軍人として認められるようになる。

十七歳の時、カスティーリャの王女イサベルと結婚する事で、アラゴン王国とカスティーリャ王国が統合。将来のスペイン国の成立の第一歩を踏み出す。

少年時代には軍事以外に政治や外交政策について父親から学び、若いうちから成熟した政治家としても認められていた。マキアヴェリの『君主論』の主人公が、フェルナンド王であるとされているほど有名であった。

一四七六年、カスティーリャの王として、ポルトガルとの戦争に勝利をもたらし、妻イサベルのカスティーリャ女王の座を確実なものとさせ、その後のグラナダ開城で、七一一年から継続していた国土回復戦争に終止符を打った。その後ナポリ王国での、二回にわたるフランスとの戦争でも勝利を上げ、当時ヨーロッパで最も有力な

（1）ビアーナ王子。ナバーラ女王とアラゴン王子フアンの長男として一四二一年に生まれ、一四六一年にバルセロナで亡くなる。

アラゴン王フェルナンドのアルハフェリア宮殿（サラゴサ市）

リーダーとして認められるに至る。

スペインが世界を制覇し、スペイン帝国として君臨していた頃の国王フェリーペ二世は、曾祖父のフェルナンド王について、「(今日のスペイン帝国の）全ては彼のお蔭である」と格言している。

フェルナンド王は、軍事外交に精通した国王政治家として、ヨーロッパ一の君主として卓越し、ローマ法王庁でも頼りにされていた。妃のイサベル女王と並び、スペインの歴史の中でトップにランクされている国王である。

一四九二年について

カスティーリャ両王は大西洋を横断し、アジアに到達するルートを見つける為、コロンブスを船団の指令官に任命し、冒険的航海に踏み切る。結果としてアメリカ大陸が発見され、後の一四九四年にスペインのトルデシリャスという町で、ポルトガルとの間で新世界を分ける二国間条約が交わされる。

1492年10月12日、スペイン・カトリック両王の指令で、コロンブスが現在の西インド諸島のサン・サルバドル島に到達した。
From Wikimedia Commons, the free media repository

この条約で、ポルトガルはアフリカ経由のアジア航海ルートと、アメリカ大陸のブラジルが領土と認められ、それ以外はスペインの領土となる事が決められている。世界史でこの種の条約が交わされたのはこれが初めてであった。他のヨーロッパ諸国は、当時スペイン、ポルトガルが世界の領土を分け合い、国際条約に署名し、ローマ法王の認可をとった事に対して、反発する事は出来なかった。

スペインはその後、アメリカ大陸を開拓し、統治を進めながら太平洋を発見し、これをスペイン湖と呼び、更に太平洋の島々を発見した。その中のフィリピンを新生スペイン（メキシコ）の出先として、アジア太平洋領土の総司令本部とし、日本や中国との国交を始める。

一四九二年は前述した通り、七一二年より継続してきた、イスラムをイベリア半島から追放する為の国土回復戦争が完了した年でもある。この歴史的出来事は、世界史上初の偉業であった。イスラムが一度侵入した地域はすべてイスラム教国になっており、これを追放する事が出来たのは、イベリア半島が初めてで、例外的な事であった。

当時、イスラムのオスマン・トルコが、東ローマ帝国の首都コンスタンティノープルを占領し、ヨーロッパ諸国はオスマン・トルコの襲撃を受け、極めて緊張した事態に直面していた。それだけに、イベリア半島でスペイン・キリスト教軍が、イスラム王国グラナダを倒した事は、ヨーロッパ中で一大ニュースとなり、歓迎され、賞賛された。

更に一四九二年は、ラテン語から出来た言語の中で初めて、カスティーリャ語が文法書を出版した年でもある。ラテン語を基に出来た言語は、スペイン語（カスティーリャ語）以外に、フランス語、イタリア語、ポルトガル語とルーマニア語があるが、このカスティーリャ語がスペイン帝国の言語として新世界に流通し、現在の二〇カ国以上の国々の母国語となる。五億人以上の人たちが母国語として使用する国際言語スペイン語は、英語以前の国際公用語として認められる事になる。

又一四九二年は、ユダヤ教徒が追放され、カトリックがスペインの唯一の宗教となり、これが将来のスペイン帝国の基本的政策の骨組みとなる。

カトリック両王の婚約政策

十五世紀のヨーロッパの大国はフランス王国であったが、イタリア半島やピレネー山脈付近での領土争いで、隣国のアラゴン王国との紛争が起こっていた。特に、イタリア半島や地中海の島々は、アラゴン王国の領土が多く、フランスとは常に利害関係が衝突し、戦争が繰り返されていた。

カトリック両王、フェルナンド王とイサベル女王
From Wikimedia Commons, the free media repository

アラゴンが、当時の強国カスティーリャと統合した事は、フランスにとって不利な状況となるが、カトリック両王、特にアラゴン王のフェルナンドは、フランス封じ込め政策を実行するに至る。これは、フランスの北側にあるハプスブルク家とブルゴーニュ家の神聖ローマ皇帝の大公と大公妃を、カトリック両王の長男と次女のそれぞれと婚約させる事で、フランスを包囲し、今までのような自由な行動を封じ込めるというものであった。その結果フランスは、ヨーロッパでの覇権を失う事になる。

更に、イングランドのアーサー王子と四女のカタリナ王女の婚約で、スペインはフランスを取り巻く主要国と親類関係となり、フランスを孤立させる事に成功する。こうしてスペインは、フランスに代わってヨーロッパの覇権を確立していく。

十六世紀初め、フランス国王フランソワ一世は、イタリア北部のパヴィアで、スペインとの戦争で敗れ捕虜となり、マドリッドに送られ、一年以上捕らわれの身となった事がある。これは、スペインが既にフランスを圧倒して、ヨーロッパで最強のパワーを持った事の証と言える。婚約外交により、子孫がヨーロッパの主要王室に嫁ぎ、スペインの地位は向上する。

結論から言えば、ハプスブルク家の大公と結婚した次女ファナの息子・娘たちの子孫は、ヨーロッパ中の王家に嫁ぎ、王妃や皇帝として活躍する事になる。長男は、スペイン王として神聖ローマ皇帝を兼ね、スペイン帝国の第一歩を踏み出す。イングランドのヘンリー八世と結婚したカタリナ王女は、イングランド女王としてイングランドで活躍するが、晩年は苦難な状態で亡くなる。娘のマリアは、後にテューダー朝のメアリー一世としてイングランド女王となり、カクテルとしても知られる「ブラッディ・マリー」のあだ名が有名である。

ポルトガル王と結婚したマリア女王は、数多い子孫を残した。息子のファン三世の時代には、日本初来航のポルトガル船が種子島に到着している。スペイン人宣教師ザビエルが、中国船で一五四九年、鹿児島に到着したのも、このカトリック両王の孫ファン三世が、ポルトガル王の時代であった。

ポルトガルとの関係

ポルトガルは一一四三年に独立するまで、侯国としてスペインのレオン王国[2]に属していた。その後も、スペインのカスティーリャ王国やアラゴン王国との血縁関係を保ち、スペインとは親類関係にあった。

十五世紀、ポルトガルは航海王国として、アフリカ喜望峰経由で、インドやアジアへの海上航路を開拓し、これの専有権を持っていた。

スペイン王家との血縁関係により、ポルトガル帝国は一五八〇年にスペイン王フェリーペ二世が継承する事となり、両帝国が統合する事でスペイン帝国の規模は更に拡大する。

当時のポルトガル王セバスティアン一世は、スペインのフェリーペ二世の甥であったが、子孫を残さず、北ア

ポルトガル・シントラ城（リスボン近郊）
From Wikimedia Commons, the free media repository

フリカ遠征で戦死してしまう。母がフェリーペ二世の妹フアナ王女であった為、セバスティアン王の後継者は、叔父であるスペイン王フェリーペ二世となる。

ポルトガル諸侯はこれに反発するが、当時ヨーロッパ最強軍の司令官アルバ公が、スペイン国王の命令でポルトガル軍を倒して、スペイン王がポルトガル王位を継承し、スペインがポルトガル王国すべての海外領土も管理する事となる。時は一五八〇年の事であった。

日本では当時の南蛮人との関係が、ポルトガルとの関係として歴史に記されているが、実際にはポルトガルがスペインの配下であった事は、日本史には明記されていない場合が多い。

（2）一一八八年に、世界初の議会がこのレオン王国で招集された。この議会は、一二六五年のイングランド議会よりも七七年前に開かれた議会で、ヨーロッパ初の議会であるが、アングロ・サクソン流の世界議会史では、イングランド議会が最古とされている。

B. スペイン帝国の主人公

スペインのカトリック両王、イサベル女王とフェルナンド王の孫であるカルロス一世（ドイツ皇帝としてはカール五世）と、その長男フェリーペ二世が主人公であるが、十七世紀のスペイン黄金世紀では、フェリーペ二世の子孫のフェリーペ三世、四世、更にはカルロス二世も主人公と言える。

しかしながら、スペイン帝国を代表する人物は、フェリーペ二世である。彼の時代にスペインは、世界中に領土を広げ、カトリックを普及させ、遠くは日本まで到達した。

子孫のフェリーペ三世や四世の時代は、築き挙げられた帝国の維持だけで衰退期を迎え、政治と軍事の両面で弱体化する事になる。逆に、文学や美術の分野では黄金世紀で、著名な芸術家や作家が誕生する時代であった。

カルロス一世（一五〇〇－一五五八）について

西洋史では、ドイツ皇帝カール五世として名声を残したこの人物、実はスペイン王カルロス一世と同一人物である。ドイツ皇帝といっても、ドイツ帝国が存在したわけではなく、ハプスブルク・オーストリア家が神聖ローマ帝国として、現在のベネルクス、ドイツ、ハンガリー、オーストリア周辺の領土を支配していた。現在のフランスにあったブルゴーニュ公国も入り、欧州に於いて広大な領土を支配した帝国であった。

一五〇〇年二月二十四日、現在のベルギーのヘント市で、オーストリア・ブルゴーニュ大公フェリーペ一世と、スペイン王女ファナの長男として誕生。父方からの相続以外に、母方よりカスティーリャ王国、アラゴン王国、

神聖ローマ皇帝スペイン王カルロス一世（1500 - 1558）
From Wikimedia Commons, the free media repository

ナバーラ王国、ナポリ王国、シチリア王国、ミラノ公国、地中海諸島、北アフリカ、エルサレム、アメリカ大陸、大西洋圏諸島等を相続。合計二七王国、一三公国、二二伯爵領、九領国の主として、名実ともに史上最大の大帝となるに至る。

スペインのカトリック両王の孫であった手前、スペイン側からは、スペイン語教育を受けさせるよう要請があったが、父方のブルゴーニュ流フランス語教育を受け、フランス語がカルロスの母国語となる。

一五〇六年、カルロスが六歳の時、父[3]がスペインで亡くなった為、叔母のマルグリット[4]がカルロスが成人するまでオランダ連合国後見人として摂政となり、カルロスの養育に携わる事となる。七歳で既にオランダ君主、ブルゴーニュ公爵、オーストリア大公スペイン

（3）フェリーペ美公、スペイン女王ファナの夫として、スペイン王を約二カ月間務めた。
（4）カトリック両王の長男ファン王子と結婚するが、新婚生活中に王子が亡くなり、未亡人となる。

王子として認められる。

この間、スペインの祖父フェルナンド王より、スペイン語の習得とスペインの風習を学ばせる為に、スペインへ送る様マクシミリアン皇帝[5]に対して再三の要請が行われたが、、受け入れられなかった。フランス出身で、フランス支持派ギジェルモ・デ・クロイが、一五〇九年よりカルロスの教師に就任、フランス接近政策がスタートする。更に、家庭教師としてロバイナ大聖堂の司祭アドリアーナ・アデュトリティが任命される。

一五一六年、祖父のフェルナンド・カトリック王が亡くなり、母フアナ女王の代理人としてスペインのカスティーリャ王国、アラゴン王国の王位に就く事を決め、スペインに向かう為の準備に入る。出発前にオランダの安定を確保する為、フランス王と協定を結ぶが、フランス派の寵臣ギジェルモ・デ・クロイによって準備された、フランス側に有利な条件の協定となり、過去、フェルナンド王が成し遂げた対フランス政策の偉業が、すべて水の泡となってしまう。

スペイン王初期時代

一五一七年九月八日に出航。十九日、スペイン北部アストゥリアスのタソン港に着く。カルロス一七歳でスペイン初めての訪問であった。

スペインの摂政で、枢機卿兼トレドの大司教であるシスネロに会い、スペイン統治に係る重要案件につき引き継ぐ為、ブルゴスに向かう旅程であったが、これもギジェルモ・デ・クロイの指図で取りやめとなり、十一月四日にバリャドリッドのトルデシリャス市を訪問。一二年ぶりに母フアナ女王に再会し、妹カタリナと初めて会う。

十一月八日、シスネロがロア市で高齢の為亡くなったとの連絡が入ると、トレド大司教の座にクロイの一七歳の甥を任命する事を決める。その他の王室の重要な役職は、殆どすべてがオランダ系のメンバーが就任した事で、カスティーリャ諸侯の間で不満は高まった。

翌一五一八年、スペインで生まれ、スペインで教育された、弟のフェルナンド王子[6]と初対面する。しかし、スペイン諸侯に支持され、祖父フェルナンド王のお気に入りであった事が、逆にカルロスのスペイン統治にとって不都合であるとのオランダ派の意見となり、フェルナンドをスペインから遠ざける事が良しとして、オランダに送る事を議会の反対を押し切って決める。フェルナンドは、兄カルロスに信用されなかった事に心を痛め、サンタンデール港からオランダに向けて出港する。このフェルナンドは、後にドイツ皇帝となり、子孫が後のハプスブルク家を継ぐ事になる。

スペイン語を喋らない事と、スペインの風習を無視した政策に、カスティーリャ諸侯の不満は増していく。アラゴン議会でも、王位に就く為の宣誓に手こずり、半年以上反発され、一五一九年一月まで認められなかった。

この時期に、祖父マクシミリアン皇帝が亡くなった知らせが入ると、次期皇帝に立候補する事を、カスティーリャ議会で宣誓する。神聖ローマ皇帝は世襲制ではない為、各領地の王子[7]による選挙で選ばれる。更にローマ法王の承認が必要であり、選挙活動に莫大は費用がかかる為簡単には立候補出来ない。フランス王とイングランド王も候補者として挙がり、ローマ法王はフランス王かザクセン公を推薦していた。

（5）オーストリア家ドイツ皇帝で、アラゴン王フェルナンドの従弟の息子。
（6）将来ハプスブルク家を継ぎ、神聖ローマ皇帝フェルナンド一世となる人物。
（7）七人の選帝侯。

叔母マルグリットの各王子説得交渉が効を奏し、一五一九年七月六日にカルロスが皇帝に選ばれる。カルロスは一五二〇年、サンティアゴ[8]議会で反対派を押し切り、スペインからの経済資金援助を受ける事で決議し、そのままラ・コルーニャ港から出港。イングランドを訪問後、皇帝戴冠式に出席する為、フランドルに向かう。
イングランドでは、叔母カタリナ[9]がヘンリー八世の妃であった事もあり、対フランス政策の支持を受ける。スペインでは、カルロスの王政に不満な反対派が反乱を起こし、トレドを中心に各都市がコムネーロス[10]によって占拠された知らせが入るが、カルロスにとっては皇帝になる為の戴冠式の方が優先であった。

この間、一五一〇年にアメリカ大陸の征服が始まり、一五一二年にはフロリダが発見され、アメリカ初の街サン・アウグスティン市が設立される。翌一五一三年にはヌーニェス・デ・バルボアによってパナマが征服され、太平洋が発見される。

一五一九年には、スペインは太平洋と大西洋を結ぶマゼラン海峡を発見、その後フィリピンに到着。一五二二年、スペイン人航海士セバスティアン・エルカーノが地球一周の旅を達成、「地球球体説」が立証される。
一五二一年にはエルナン・コルテスがアステカ帝国を征服、新生スペインの司令官総督に任命される。
一五二〇年十月二十三日、アーヘンで戴冠式を済ませ、ホムベルクで帝国議会を開き、宗教改革派リーダーのマルティン・ルターを呼び寄せ、平和達成の為異端者を説得を試みるが失敗する。ルターは改革についての意思に変わりない事を表明、福音書が普及し始める。取りあえず、スペイン平定とフランスとの戦争に備える為、ドイツの宗教紛争は後回しにして、スペインに戻る準備をする。

弟フェルナンドとハンガリー王の娘アナとの婚約と、妹マリアとハンガリー王ラヨシュ二世との結婚をまとめ、オーストリアの領地を、フェルナンドに譲る事を決める。

一五二二年、カスティーリャ以外にバレンシアやマジョルカ島にも広がった反乱は、王権支持派によって鎮圧され、反乱軍は敗れ、スペイン情勢は安定化に向かう。スペインへの帰国途中、イングランドを訪問し、ヘンリー八世とウィンザー協定を結び、イングランドとスペインの対フランス防衛協定を確認する。

幼年時代からの家庭教師であったアドリアンがローマ法王に選ばれるが（ハドリアヌス六世）、中立の立場をとり、カルロスを優遇する事はなかった。

スペインでは七年間の滞在となり、この期間にスペイン語を習得し、コムネーロス反逆者やナバーラ反乱者に恩赦を与えるなどで、カスティーリャ諸侯との友好関係を築いた。更に、議会で対フランス戦に備え、四〇万ドゥカートの予算を取得する事に成功する。

この頃オスマン・トルコは、ギリシャのロダに侵入し、軍事基地を建設。イタリア、特にスペイン領ナポリ王国と、シチリア王国が危険な状況となる。その後、ハンガリーに攻め込み、カルロスの妹の夫である、ハンガリー王ラヨシュ二世は戦死する。

フランスとの戦争で大勝利

一五二五年、フランスはミラノを占領し、フランス軍優勢で戦争が始まった。しかし、二月二十四日のカルロ

---

(8) スペイン北西部、ガリシア地方の首都サンティアゴ・デ・コンポステーラ。聖人サンティアゴが奉られ、巡礼者が数多く訪れる、大聖堂がある。
(9) カトリック女王イサベルの末娘で、ファナの妹。
(10) カルロス王のフランドル流の反スペイン的な王政に反抗した、カスティーリャ連合軍。

スの誕生日に、イタリア北部のパヴィア戦でフランス軍に大勝し、フランス王フランソワ一世がアントニオ・デ・レイバ(11)によって捕らわれるといった予想外の出来事が起き、ヨーロッパ全土は驚嘆する。

フランソワ一世は、捕虜としてマドリッドに送還され囚人となる。カルロスは、フランソワ一世を釈放する条件として、子息のアンリを人質としてスペインに残し、更にブルゴーニュ公国を返還する事、又、ポルトガル王の死で未亡人となったカルロスの姉レオノールが、フランソワ一世に嫁ぐ事で、両国間の平和を維持する事も条件に入れる。

フランソワ一世は秘密裏に公証人を通して、この条件は本人の意思ではなく、署名を強制された事を文書で残した上で、マドリッド協定としてサインする。カルロスはお人よしの性格であった為、こうした企みには気が付かず、フランソワ一世を信用していた。

自由の身となりフランスに戻ったフランソワ一世は、約束した条件は強制的に圧力を掛けられて渋々承諾したもので、守る意向のない事を表明し、ローマ法王もこれを承諾する。したがってブルゴーニュは返還されないばかりか、一年間捕らえられた仕打ちの仕返しに、キリスト教世界の敵であるオスマン・トルコと手を組み、フランソワ一世はカルロスに再度戦いを挑んでくる。

確かに、ヨーロッパ中で巨大なパワーとなったカルロスを恐れ、これに対処する動きが諸王国でも現れ始めていた。この時期、カルロスの帝国軍はローマを襲撃し、フランスとの連合でカルロスに対して反友好的な法王クレメンス七世に報復処置をとる。この襲撃は、カルロスが考えていた以上に残酷で、大規模な略奪行為にエスカレートし、教会側から厳しい批判をうける事になる。その一方、カルロスの勢力がフランスのみならず、ローマ法廷をも支配し、封じ込めるまでに強大となった事を物語っている。

ポルトガル王女イサベルと結婚

隣国であるポルトガルとの絆を決定的にする為、妹のカタリナ王女[12]をポルトガル王ファン三世[13]と結婚させ、本人もポルトガル王女イサベル[14]を妃に迎える。これで、今まで維持していた、イングランドで結んだウィンザー協定を破る事になり、イングランドを敵にまわす事となってしまう。一五二七年五月、バリャドリッドで長男フェリーペ[15]が誕生、更に翌一五二八年六月には長女マリアが誕生、彼女は将来神聖ローマ女帝となる。

同年フランスとイングランドは同盟条約を結び、カルロスに宣戦布告し、トルコの援助も受けてイタリア半島を襲撃するが、ジェノヴァ共和国がカルロス側についた事でイタリアの帝国軍は強化され、フランスを破る事が出来た。

これで六年半のスペイン滞在を終え、妻イサベルを摂政に置き、信頼出来る国家枢密院評議会会長でサンティアゴ大司教であるタベラや、トレド大司教フォンセカ、その他数人の大公を相談役として任命した。そして、今まで懸案となっていたドイツの宗教騒動の解決や、イスラム・トルコ軍との闘いに備える為の十字軍の編成などの為、イタリア経由でフランドルに戻る事となる。

---

(11) リオハ出身の、イタリア駐屯スペイン軍司令官。
(12) ファナ女王の末娘。
(13) ザビエルが鹿児島に到着した時代のポルトガル王で、カトリック女王イサベル一世の孫であり、カルロス皇帝の従弟。
(14) カトリック女王イサベル一世の孫で、皇帝カルロスの従妹。
(15) スペイン王フェリーペ二世。

一五二九年八月五日、フランスのカンブレで、フランス王の母ルイーズ・ド・サヴォワと、カルロスの叔母マルグリットの間で平和協定が結ばれる。フランスは、フランドル、ミラノ、ジェノヴァと、ナポリの支配権を放棄し、人質になっている息子の釈放の為、一六〇万ドゥカートの支払いを約束するというものであった。又、対トルコ戦にも協力も約束する。

神聖ローマ皇帝戴冠とルター派勢力の拡大

一五三〇年二月二十四日、カルロスの三〇歳の誕生日にボローニャで皇帝戴冠式が行われ、神聖ローマ・ドイツ皇帝となる。一五三〇年、アウクスブルク議会を開くが、九年間の不在中、ルター派の異端者の勢力が拡大し、カトリック派との対立で議会は失敗に終わる。プロテスタント支持連合が成立し、ヘッセのフェリーペ一世とザクセンのフリードリヒがリーダーとなる。同年、オランダ総督であった叔母のマルグリットが亡くなる。

一五三一年一月七日、弟フェルナンドがアーヘンでローマ王に即位する。

この時期、フランシスコ・ピサロ(16)がインカ帝国の征服を達成する。ヨーロッパではオスマン・トルコがウィーンに攻めこみ、これに対処する為、一五三二年、プロテスタント派との停戦協定を結んだ。又、宗教問題で譲歩し自由を保障する代わりに対トルコ戦の為に三万のルター派軍の援助を得た。更にフェルナンドがボヘミアより三万とオランダとイタリアから五万の兵を集め、ウィーンに向かうとの情報が入ると、トルコ軍は撤退し、戦争せずに勝利を収め、カルロスの国王戦士としての名声が高まる。

その後、妹のハンガリー女王マリアをオランダ総督に任命。更に姉レオノールをフランス王フランソワ一世と結婚させる。

一五三三年、地中海防衛の為の海軍編成の為、再度カスティーリャに資金調達を求める為、スペインに戻る。同年一月二十三日、イングランドのヘンリー八世は、秘密裏にアン・ブーリン(17)と結婚。二月二十四日、クレメンス法王と秘密協定を結び、フランスに対抗するイタリア防衛同盟を結ぶが、法王は裏でフランス王と秘密協定を結び、姪であるカトリーヌ・ド・メディシスと、フランス王の次男アンリ王子との婚約を計画する。

同年四月、バルセロナ到着。妃イサベルとフェリーペ王子、マリア王女と三年九カ月ぶりに再会。翌一五三四年九月二十五日、ローマ法王クレメンス死去、新法王としてカルロス支持派のアレッサンドロ・ファルネーゼが、パウルス三世として任命される。同年十月二十一日、マドリッドでカスティーリャ議会を開き、トルコのバルバロッサ(18)戦に備え、二〇万ドゥカートの特別予算を可決。ペルーより、ピサロが三億マラベリーに相当する金が届き、帝国の財政は楽になる。

オスマン・トルコ軍をチュニスから追放

一五三五年、オスマン・トルコのバルバロッサが、チュニスを占拠した知らせを受ける。三年前同様、帝国全土より大軍を編成し三〇〇の艦隊を組み、三万の兵を率いてチュニスのラ・ゴレータに出航し勝利を収めるが、敵の司令官バルバロッサはアルジェに逃げた為、完勝にはならなかった。妃イサベルより、なぜアルジェまでバ

(16) スペインのエストレマドゥーラ地方のトルヒーリョ市出身で、インカ帝国の征服者。エルナン・コルテスの従弟。
(17) イングランド王ヘンリー八世の愛人で、後に配偶者となり、正妻キャサリン女王を退ける陰謀を企てた。
(18) 十六世紀前半、オスマン・トルコの海賊として、地中海側のヨーロッパ諸国を襲い、恐れられていた人物。

ルバロッサを追って攻めなかったのか、不満の意が示された。二カ月後、案の定バルバロッサは、スペインのバレアレス諸島のマオンを攻撃する。

チュニスでは、フランス王がバルバロッサに送った手紙が見つかり、フランスがトルコと組んでキリスト教世界との闘いを企んでいた事が表面化した。これを罰する為、カルロスはフランスに対して宣戦布告するようローマ法王に提案するが、法王は中立を保って話に乗ってこなかった。フランス王の裏切り行為が暴露され、同じキリスト教国としての存在が疑われたにも係わらず、ローマ法王のフランス支持姿勢は変わらず、法王の信頼性が問われる事になる。

チュニス戦のあとシチリア、ナポリ、ローマ、シエナ、フロレンシア各地を訪問。ローマ法王を含め枢機卿団や各国の大使を招集しチュニスでの勝利を報告し、フランスがキリスト教世界に対し敵対行為をしている事を訴える。スペイン語での有名な演説は、出席者の大半は理解出来ず、後でフランス語に訳された文書が配られた。

結局、法王パウルス三世は中立を保ち、カルロスがフランスに攻め込む事を支持してこなかったが、帝国軍のみでプロバンスに侵攻し、マルセイユに要塞を築く事で、フランスに対する制裁措置は取れたと判断、フランスより撤退する。

一五三七年、フランスとの停戦協定を結び、ローマ法王やヴェネツィアとの連合の対トルコ遠征を企てるが、最終的にフランスの反対を受け遠征中止となる。

アルジェ戦で大惨敗

一五三九年五月一日、トレドで妃イサベルが三六歳で亡くなる。カルロスにとってイサベルは単なる妃ではなく、不在中のすべての国政をサポートしてくれた頼りになる摂政であった。

一三年間の結婚生活で、六年半はスペイン不在であったにも係わらず、この間七回妊娠し、五人の子供が生まれるが、二人は生まれて間もなく亡くなり、三人だけが生き残る。イサベルが亡くなった原因は、この七回にわたる妊娠・出産で健康が損なわれ、病弱であった為と想像される。

同年九月、トルデシリャスで母フアナと面会後、フアン・パルド・タベラ(19)を摂政に任命し、フランス経由でフランドルに向かう。

翌一五四〇年は出身地のヘントで反乱が起こり、翌一五四一年のレーゲンスブルク帝国会議もルター派とカトリック派の対立で失敗に終わる。弟フェルナンドもブダペストを守り切れず、イスラムに占領されるといった惨事となった。

更には、ローマ法王や信頼出来る家臣からの反対を押し切ってのアルジェ戦は、天候に恵まれず大失敗に終わる。本人は戦死する危険を乗り越える事は出来たが、一五〇隻以上の船は沈没し、多数の死傷者を出す大惨事となった。

新大陸での大事業に貢献

他方、新大陸では一五三四年、インカ帝国は二分され、北側が新カスティーリャとしてフランシスコ・ピサロによって統治され、南側の新トレドがディエゴ・デ・アルマグロの統治となり、両者間で紛争が激化。結果とし

(19) 十六世紀前半、カルロス王の信頼を受け、枢機卿やトレド大司教、異端審議会長を務めた人物。

てピサロは勝利を収め、アルマグロは処刑される。

翌一五三五年には、新生スペインの初副王にアントニオ・デ・メンドーサが就任し、一五四二年には、ペルー副王にブラスコヌニェス・デ・ベラが任命される。両副王は、カルロスによって発布された新法律の適用が義務づけられ、インディオの人権が保障される事になる。

一五四四年には、世界最大級のポトシ銀山が発見され、水銀アマルガム製法技術が、セビリア人のバルトロメ・メディーナによって導入される。一五五一年には、メキシコ大学やリマ大学が設立され、グアテマラ、グアダラハラ、コロンビアやボリビアに、王立大審問院も設立される。チリのサンティアゴが、ペドロ・デ・バルディビアによって成立されたのも時期であった。

フランスとの戦争再開

一五四二年、カルロスはアルジェ戦での敗北のショックから回復出来ないまま、スペインで休養生活を過ごす一方、一五歳になったフェリーペ王子の教育に従事する。実際には、自分の経験談を話す事が中心課題であった。同時にアラゴン、カタルーニャ、バレンシアを訪問し、各議会にて王子が後継者であると宣誓する。

更に、従弟でポルトガル王ファン三世の娘マリア・マヌエラ王女と、フェリーペ王子の婚約を取り決め、ポルトガルとの親戚関係を更に密接にした。

一五四三年、フランスはキリスト教派を裏切り、オスマン・トルコと組み、カルロスに宣戦布告。更に又、ドイツプロテスタント同盟 Esmalkalda に属するウルリヒ＝クレーフェ＝ベルク公は、フランスの援助を受け反乱を起こし、オランダに領地を広げ、カルロスに対抗してきた。このような事態を放置しておく事は出来ず、早い機会に大規模な軍隊を編成し現地へ遠征せねばならなくなる。

スペインには、一六歳になる息子のフェリーペ王子を摂政として残し、枢機卿タベラ、アルバ公、国家評議会長コボス、王子教師兼共同摂政スニガを相談役とし、カルロス不在中のスペイン統治に支障のないような体制を作った。スペイン国内は、ヨーロッパでの度重なる紛争解決の為の資金援助で財政破綻に陥っていたが、アメリカからの金銀の流入で、対フランス戦とプロテスタント同盟征伐用の軍事資金は賄う事が出来た。

ベルク公は、攻略困難な要塞でカルロス軍に対抗したが、イタリアから攻め込んだスペイン軍によって滅び、カルロス軍は完勝する。このニュースはヨーロッパ中に広がり、フランス王は和平を求めてカルロス軍との戦闘を避ける決断をとり、事実上カルロスの勝利で和平条約が交わされる。

一五四三年、カルロスの従弟のポルトガル王フアン三世の時代、ポルトガル商人が日本の種子島に漂着し、火縄銃が日本に伝わり始める。

家族や家臣である主要人物の死

一五四五年は、フェリーペ王子とマヌエラ王女の間に、カルロス王子が誕生するが、マヌエラ王女は難産で四日後に亡くなり、フェリーペ王子は一八歳で寡男となる。

同年、トレド大司教フアン・タベラ、甥のロレナ公、姪のポーランド女王イサベルが相次ぎ亡くなる。又、私生児のマルゲリータとオッタビオ・ファルネーゼ公との間に双子が誕生、一人は亡くなるが、将来オランダで、フェリーペ二世の時代に活躍するアレッサンドロ・ファルネーゼが生き残る。

一五四六年二月に、マルティン・ルターが死去。同年五月、カルロスは、レーゲンスブルク貴族の娘、一九歳のバルバラ・ブロムベルグとの関係が始まり、フアン・デ・アウストリア(20)が私生児として誕生する。

一五四七年は、弟フェルナンドの妻ハンガリー女王アナが、一五人の子孫を残し亡くなる。同年三月には、フランス王フランソワ一世も亡くなり、カルロスが長年信頼を置き続けた、書記官のフランシスコ・デ・コボも亡くなる。

短期間に、数多くの身内や部下、更にはライバルが亡くなった事で、カルロス自身寂しい気がしたが、反カトリック勢力の台頭で事態は緊迫し、最後の目標であるプロテスタントのシュマルカルデン同盟との戦いの為の準備に、全力を上げる日々を過ごしていた。

ミュールベルクでの勝利

一五四七年四月二十四日、有名なミュールベルクの戦いで大勝し、この一コマがイタリアの有名画家ティツィアーノによって描かれる。この勝利はヨーロッパ中から集まった軍隊によって成しえたものであった。

ドイツやオランダからは、妹のハンガリー女王マリアの力を借り、イタリアからは、スペインのアルバ公が率いる無敵歩兵隊テルシオや、弟フェルナンド王も参加した。ザクセンの王子フリードリヒや、ヘッセの侯爵フェリーペ、更にシュマルカルデン同盟の司令官たちも、捕虜にする事も出来た。これでカルロスはルターの死や、フランス王やイングランド王の死で、ヨーロッパで唯一の勝利者となった。

一五四七、四八年、二人の捕虜である、ザクセンのフリードリヒとヘッセのフェリーペを連れて、アウクスブルクの宗教会議に臨むが、ルター派の欠席で、カトリック派だけの一方的な会議となり、失敗に終わる。両派の対立は日に日に激しくなり紛争は絶えず一六四八年のウェストファリア平和協定まで継続する。

ミュールベルクでの大勝で全てが解決したかのようだったが、事態は思ったようには進行しなかった。フランス王を継承したアンリ二世は長年スペインで人質として捕虜生活していた為、スペインに対する憎しみが強く、オーストリアのフェルナンドやマクシミリアンやザクセンのモーリッツ・フォン・ザクセンと連合し、カルロスに戦いを挑んでくる。

又、ローマ法王も秘密裏にフランス王と協定を結び、反カルロス派を支持する。

息子フェリーペ王子の相続問題

カルロスにとって一番ショックだったのは、家族である弟フェルナンドや甥のマクシミリアンに裏切られた事であった。このように、様々な問題を抱え、多数の敵に囲まれ、更に痛風に見舞われ、又身近で信用の置ける人物が次々亡くなってしまった事で、本人もいつ死が訪れるか不安となり、一五四八年一月、息子のフェリーペ王子あてに、自分の過去三〇年にわたる経験談を、遺書として残す為に書き始める。

数多くの王国や領土についての詳しい説明や、敵国についての分析、又、友好関係と敵対関係についてや、弟フェルナンドと子孫達との好関係を維持する事の重要性についても説明する。ローマ法王が信用出来ない事にも言及するが、自分の私生児であるマルゲリータが、法王の孫であるオッタビオ・ファルネーゼと結婚しているので、この点充分留意するように、とも要請している。

(20) フェリーペ二世の弟。ヨーロッパ史上最大のレパント海戦で、オスマン・トルコ海軍を破った軍司令官。将来、フランドルの統治者となる。

カルロスの頭の中は既に、皇帝の座を譲り、引退する事を決めていたが、どの様な形で後継ぎを残すかについて、模索していた。取りあえずは、息子フェリーペ王子を帝国の家来たちに紹介し、自分の後継者であると宣誓させる目的で、アルバ公に王子を連れてくるように、スペインに指令を送る。

実際には、帝国は息子には譲らず、弟フェルナンドに渡す事も考えに入れていた。理由は、帝国内の諸問題について、外国人であるフェリーペ王子ではとても統治出来ない事を見極めていた為、息子にこのような難職を任せる事は出来ないと判断したからである。その為、帝国内の事情に詳しい弟フェルナンドに譲る以外に方法はない、と考えていたのである。

この決断は当然、息子フェリーペ王子との関係を悪化させる事になるが、親子の間で充分話し合い、帝国抜きの方が王子の将来の為になるとの説明で、納得させている。

事実、皇帝は名義上ではヨーロッパNo.1の地位であったが、実権はスペイン王国が握っていた。すなわち、フェリーペ王子がスペイン王国の領土であるイタリアや、ベネルクス、更には新大陸を相続する事で、皇帝よりはるかに上の地位に就ける事は明らかであった。

カルロスとしては、全てが自分の家族内で継承される事で、安堵出来た。後は、家族同士が円満な関係を維持する事で、全てが上手くいくと考えてもいた。したがってその為に、弟フェルナンドに皇帝職を譲り、更には、娘のマリアをフェルナンドの息子マクシミリアンと結婚させる事で、帝国とスペイン王国が家族一体となり、自分の時代よりも効率よく統治出来ると考えた。

一五四八年九月十三日、フェルナンドの長男マクシミリアンは、カルロスの娘マリアと結婚する為、スペインに到着。従兄であるフェリーペ王子と会い、結婚式を挙げ、マクシミリアンとマリアがスペイン摂政となり、フェリーペ王子はスペインを後にし、バルセロナ港からオランダに向かう。

一五四九年、バルセロナを出てから、ジェノヴァ、ミラノ、マントヴァ、インスブルック、ミュンヘン、アウクスブルク、ハイデルベルク、ルクセンブルクを経て、四月一日、ブリュッセルに到着。親子約七年ぶりの再会であったが、四九歳になったばかりのカルロスは、痛風や様々な問題を抱え、これの解決の為に四苦八苦の毎日で、老人の様に変貌していた。

にも係わらず、息子に会えた事で元気を取り戻す。オランダの代表者達にフェリーペ王子を紹介するが、フランス語が出来ない事でオランダ社会に溶け込む事が出来ず、数多くの祝賀会パーティーに出席しても不慣れな感じで、カルロスとフェリーペ王子の違いが表面化する。

同年十一月二日に、スペイン摂政の娘マリアと、マクシミリアンの間に、長女アナが生まれる。彼女は将来、フェリーペ二世と結婚し、スペイン女王となる人物であった。この年は、イエズス会スペイン人宣教師フランシスコ・ザビエルが鹿児島に到着した年でもある。

弟フェルナンドとの関係悪化

一五五〇年、アウクスブルク議会で、ローマ王となった弟フェルナンドと会うが、帝国の相続の件で兄弟が争う結果となり、妹のハンガリー女王マリアの調停で交渉が繰り返されるが、喧嘩別れとなる。最終的には、皇帝の座はフェルナンドに譲る事になるが、兄弟の仲直りには至らなかった。

一五五一年は、プロテスタント派のリーダー、モーリッツ・フォン・ザクセンがフランス王と企み、カルロス打倒の為の計略をめぐらせ、秘密裏にカルロスを捕らえる為、インスブルックに潜入すると言う事態が起こるが、運良く逃げ延びる事が出来た。

同年、フランスは宣戦布告なしで帝国領土に攻め込み、同時にフランスと同盟を結んだトルコ軍もトリポリを占領。カルロスにとって最悪の事態となる。幸い、息子フェリーペ王子や妹のハンガリー女王が、対フランス戦に備えて軍事資金を調達してくれたお蔭で、軍事力を維持出来た。特に、スペインからは資金が途絶えていたが、アメリカからの金銀が届き、聖職者や貴族の理解を得て、資金調達が出来た。

フランスとの五度目の戦争

一五五二年、フランスとの五度目の戦争が始まる。同年、カルロスの娘ファアナがポルトガル王子ジョアン・マヌエルと結婚するが、二年後に王子は亡くなり、ファアナは息子のセバスティアン王子(21)をポルトガルに残して、スペインに戻る。

翌一五五三年には、息子フェリーペ王子がイングランド女王メアリー・テューダーと結婚。スペインの摂政はファアナ王女に任せ、イングランドに移住する。誕生したばかりのファアナの息子セバスティアンは、ファアナの叔母であり姑であるカタリナ女王に預ける。同年は、経済金融危機によって、四六〇万ドゥカートの支払い停止宣言がされ、国家破綻に陥った年でもあった。

この間、フランスはトルコと組んで、地中海征服を企てる。一五五三年、ペルーから船団が到着。三五〇万ドゥカートが届き、王国の財政は運良く救われる。翌一五五四年、フランス軍はオランダを攻撃し、ブリュッセルまで攻め込み、ハンガリー女王マリアの宮殿を破壊するまでに至るが、帝国軍の応戦でフランス軍は撤退。八月十五日に終戦となる。

皇帝の晩年

一五五五年は、カルロスにとって皇帝職最後の年となる。

四月に、母フアナ女王が亡くなり、名実ともにカルロスがスペイン国王となるが、一年足らずで引退する。この間、アウクスブルクで議会を開き、宗教の自由を認め、カトリックとプロテスタントが同居出来るような平和協定を提案する。又、八月、弟フェルナンドと和解の為に、手紙で面会を要請するが、結局、返事はもらえないままとなってしまう。

十月には、正式な形で帝国議会を開き、息子フェリーペもイングランドから出席し、劇的な引退表明を行う。ドイツに九回、スペインに六回、オランダに十回、フランスに四回、イギリスに二回、アフリカに二回の旅をし、地中海を八度にわたり横断し、大洋にも三回も出かけ、常に旅を重ねた行動派の皇帝人生であった事を語った。そして、今まで重臣たちに掛けてきたあらゆる害に対して、許しを請う表明をし、出席者はみな涙を抑えきれず感動する。この場で、息子フェリーペ王子に、オランダとブルゴーニュを譲る事を確認する。

翌一五五六年一月には、スペイン、シチリア、アメリカ、セルダニア等の領土も、全てフェリーペに与える事を表明し、帝国は弟フェルナンドに渡す事を決断する。引退先のユステ[22]に出発する前に、どうしても弟フェルナンドに再会したい為八月まで待つが、種々の言い訳で結局会えず、フェルナンドの息子マクシミリアンと、妻で

(21) 叔父であるフェリーペ二世の反対を無視し、大軍を率いて北アフリカに遠征するが、大敗し、本人も戦死する。
(22) スペイン・カセレス県の、グレド山脈の中腹にある、気候に恵まれているが浮世から離れた場所。現在でも、カルロス皇帝が余生を過ごした場所として有名。このヒエロニムス会修道院には、ヨーロッパ各地から多くの訪問者が訪れている。

娘のマリアだけが、七月にウィーンから着き、再会出来たが、弟とは二度と会えないまま、スペインに向けて出発する事となった。

ユステ修道院での隠居生活

ユステには姉妹のレオノールとマリアが同行する。一五五五年八月、ブリュッセルを出発。ヘント経由で、ソーブルグ港で航海に適した風向きになるのを待ち、九月十五日に漸く出航、二十八日に無事スペイン・アストゥリアスのラレドに到着するが、迎えの者が誰も来ていない為十月八日まで待ち、ブルゴス経由で、一一歳の孫カルロスが待つバリャドリッドに向かう。

バリャドリッドからは姉妹と別れ、四〇名足らずの付き添いを連れて、馬車で中央山脈グレドを横切り、二〇日以上の厳しい旅程をこなし、ユステの近くのハランディージャと言う町にたどり着く。ユステ修道院の改築工事が終わるまでの約三カ月間、ハランディージャのオロペサ侯爵所有の城宮殿に滞在する。

一五五七年、従兄でポルトガル王のファン三世が亡くなり、妃で妹のカタリナが、孫で後継者であるセバスティアン王子の摂政を務める事になる。同年三月には、息子フェリーペ二世の代行で、ゴメス・デ・シルバ侯がユステを訪れ国政について相談を受ける。

八月には、息子フェリーペがサン・カンタンでのフランスとの戦争で勝利を収めた知らせを受ける。戦略的に見れば、フランス軍の大半がイタリア半島に出軍していたので、パリを防御する事が出来ない状態だった訳で、スペイン軍がパリを占拠すれば、フランスをスペインの配下に入れる事は充分可能であった。しかし、戦争経験のない息子フェリーペは、パリまで遠征せず、ブリュッセルに戻ってしまった事にカルロスは不満であった。

一五五八年三月、弟フェルナンドが、フランクフルトの聖バルトロメウス大聖堂で新皇帝として戴冠式を挙げる。

私生児ヘロミンと初対面

一五五八年七月には、ドイツ・レーゲンスブルク滞在中に、貴族の娘でバルバラ・ブロムベルクとの間で生まれた私生児の、ヘロミンと言う少年の訪問を受ける。ヘロミンは七歳の時、カルロスの家来ルイス・デ・キハーダに預け、スペインで育てる為、キハーダの妻にバリャドリッド近くの村で育てられていた。ヘロミンは、ドイツ皇帝のカルロスが自分の父親である事は知らされておらず、ただ隠居で寂しい老いた皇帝の見舞いをするような形での訪問であったが、カルロスにとっては、心に強い感動を受けた事は明らかであった。

又、孫のカルロスに比べ、優秀で真面目な少年である事が印象に残り、将来、息子フェリーペの補佐役として活躍させる事を決め、遺書でフェリーペに伝える。名前もヘロミンからファン・デ・アウストリアとし、オーストリア家に属し、カルロスの息子である事を認める。

皇帝の死

ユステ修道院での気楽な隠居生活も、時折、外からの知らせが届くたびに中断される事になる。トルコ軍が地中海で勢力を伸ばしメノルカ島を攻めたり、フランスがルクセンブルクを攻撃し町を占拠するなど、悪い知らせが相次いで入ってくる。又、身近なところでは、バリャドリッドでルター派の密儀グループが発見され、同じような動きがアンダルシアやサモーラでも現れた。

一五五八年夏、マラリア性の熱病を患い、体調を崩したまま回復出来ずに、九月二十一日に死去。

永遠の旅人、軍人王、ヨーロッパの救世主、反プロテスタントのリーダーであったカルロス。巨匠ティツィアーノの絵画に永遠に残る、カルロス一世のヨーロッパの先駆者としての肖像画が、彼の偉大さを物語ってくれる。新大陸の主でもあり、新旧世界の皇帝であった。五八歳と七カ月の生涯であった。

同年には、姉妹のレオノールとマリアも亡くなり、従妹のイングランドのメアリー・テューダー女王も亡くなった。

フェリーペ二世（一五二七－一五九八）について

スペイン王子の時代

一五二七年五月二十一日、神聖ローマ皇帝スペイン国王カルロス一世と、イサベル王妃の長男として、スペイン・バリャドリッド市で誕生。同年五月六日に起こった、ローマの略奪事件[23]と、フェリーペ王子の誕生が、同じ時期に起きた事は、スペイン国王カルロス一世にとって、思いもよらない事であった。

前年一五二六年には、オスマン・トルコ軍がハンガリーに攻め込み、カルロスの妹マリアの夫であるハンガリー王ラヨシュが戦死し、未亡人となった妹マリアは、ウィーンで危険にさらされていた時期でもあった。

スペイン帝国の最盛期を築いた、このフェリーペ二世について、歴代の著名な欧米歴史家達は、極めて批判的な人物像を描き、傲慢で残酷な専制君主として、世界中に紹介している。日本でも、これらの歴史家の書物が翻訳され、歴史愛好家の間で購読されている為、極めて偏ったフェリーペ二世像のイメージが出来上がってしまっている。

スペイン王フェリーペ二世（1527 - 1598）
From Wikimedia Commons, the free media repository

本書ではこの誤解を解く為に、スペイン側から見たフェリーペ二世を紹介し、読者が公平な見地からスペイン王を認識出来るよう、王の生涯についての伝記を辿ってみた。

父スペイン国王カルロス一世は、ヨーロッパで英雄的存在を認められたのに、何故息子のフェリーペ二世は憎まれ恨まれたのか、これをまず根底から調べる事で、大半が理解出来る。

父カルロスも母イサベルも、カスティーリャ出身ではないが、両人とも、カトリック両王イサベル女王とフェルナンド王の孫で、カスティーリャ王国トラスタマラ家の血筋である。フェリーペ王子は、カスティーリャの街バリャドリッドで生まれ、カスティーリャで

(23) 一五二七年五月六日、カルロス一世の軍隊が、クレメンス七世の陰謀を鎮圧の為、ローマを襲撃するが、必要以上の略奪事件となり批判され、後にカルロス一世が陳謝する。

育ち、教育を受けた。父がフランドルで生まれ、フランス語で教育されたのと異なり、カスティーリャ人としての人格を備え成長する。

父カルロスは、将来、ヨーロッパを統治する為には、国際人として少なくともラテン語以外に、フランス語、イタリア語を話せるように教育しなければと判断し、幼年時よりフランドル地方のオランダ人教師で博士ヴィリウス・アイッタ・ザイケムスを、家庭教師に雇う話を進めるが断られる。フェリーペ王子が六歳の時、バダホス出身でパリで教鞭をとりサラマンカ大学教授の数学者のファン・マルティネス・シリセオに決めるが、カルロス自身はこれに不満で、気に入らなかった。ラテン語やイタリア語、フランス語を勉強するが、話せるまでにはマスター出来なかった。

当時王子は、従弟であるローマ王フェルナンドの長男で五歳のマクシミリアンと、ポルトガル出身のゴメス・デ・シルバと一緒に生活していた。シリセオ先生の他、軍人のファン・デ・スニガや、ペドロ・ゴンサーレス・デ・メンドーサも教師として加わる。イタリアやフランドルの絵画や美術・音楽の教育を受け、これに興味を示した。スニガ先生からは厳しい軍人教育を受け、父カルロスより、経験のない若者には厳しい態度をもって教育する事が必要として、王子を甘やかさないよう指示されていた。

父カルロスは、常にヨーロッパで活躍していた為、王子は母親に育てられていたが、一二歳で母が亡くなってしまい、父は年中不在で、寂しい少年時代を過ごす事になる。

一五四二年、父カルロスはスペインに滞在し、息子の教育に専念する。国々を統治する為の振る舞いについて、数多くの経験談で詳しく説明する。カルロス一世はスペインを後にする前に、国政についての教示をマニュアル化して手紙で送り、息子フェリーペは必要に応じて、これを参考にするように心掛けた。

フェリーペ王子は、質素で堅実な性格であり、単純で率直な青年であった為、父カルロスはしつこい程、人を信じてはいけないと教える。それが為に、あらゆる決断をするのに躊躇してしまう。本人の性格は、人を信じ、単純に物事を判断してしまうが、父からのアドバイスや宗教的な教えの影響で、極めて慎重な判断を下す王となる。同年、アルバ公と共に、軍事経験を積む目的でカタルーニャに出陣し、フランスとの戦争にも参加させている。

一五四三年、一六歳でポルトガル王女マリア・マヌエラと結婚する。政策結婚で、父カルロスがポルトガルからの資金援助や、結納金欲しさに決めた結婚であった。マリア・マヌエラは、カルロス一世の妹カタリナの娘で、フェリーペと従妹の関係にあった。

一五四五年七月に長男が誕生するが、四カ月後にマリア・マヌエラは亡くなり、生れたばかりの長男は孤児の様な環境で育てられる事になる。将来、フェリーペにとって悲劇をもたらし有名となるカルロス王子は、両親不在の家庭で育ち、精神状態が不安定な性格で、乱暴で無礼な態度で振る舞い、お付きの家来達の言う事を聞かない不良少年として成長していく。

一方、フェリーペは、父カルロスが、フランスとの四度目の戦争でスペインを後にした為、一六歳にしてスペイン国王の摂政として国政を任せられる。当然、フェリーペ王子の相談役として、カルロス一世が最も信頼していた三人の人物が任命される。内政は枢機卿フアン・タベラ、外交はコボス、軍事はアルバ公であった。しかし、一五四五年にタベラ、一五四六年にスニガ、一五四七年にコボスが亡くなり、アルバ公はドイツに出向で、身の回りの主要人物が相次ぎ去ってしまうと、自分一人で判断せねばならない環境に置かれるが、逆に実力を発揮するのに良い環境となり、若くして成熟し、普通以上に早く大人になっていく。

当時、ドイツではルター派との戦いが始まり、皇帝カルロス一世は、多大の軍事資金が必要となるが、ローマ法王はこれに無関心で援助しなかった。そこで、教会の財産を売り軍事資金を集める事を提案し、息子フェリーペに相談すると、意外な答えが返ってきたのに感心する。

「痛風に悩まされ病気が原因で、ローマ法王に対して極端な要求をされていると理解するが、これは不適当と判断する。本件は家臣を招集し、相談し、皇帝が資金を必要としている事を説明し、何らかの解決策を出す予定である。」

その後、一五四七年四月、カルロス一世はドイツでプロテスタント勢力と戦い、有名なミュールベルクで大勝している。カルロス一世は、息子フェリーペ王子を後継者としてブリュッセルに呼び寄せ、帝国の貴族リーダーに紹介する事を決めるが、その前に甥のマクシミリアンをスペインに送り、娘マリアと結婚させ、フェリーペ王子が不在中、摂政としてスペインを統治させる事にする。

マクシミリアンは少年時代、スペインでフェリーペ王子と一緒に育てられ遊んだ仲だった為、正式にはカトリック信者だったが、ドイツに戻りドイツでの教育を受けた為、プロテスタントを信仰するようになっていた。フェリーペにとって、将来、皇帝の地位に就く為のライバルとなる人物であった。

当時、皇帝カルロスの弟で、スペイン出身でマクシミリアンの父フェルナンドは、ローマ王としてオスマン・トルコに服従し、年貢を納める事で和平条約を交わし、ハンガリー地域の平和を維持していた。マクシミリアンは、一五四八年にスペインに到着。フェリーペ王子によって準備された結婚式を、無事挙げる。

フェリーペ王子は、スペイン摂政を妹夫婦に引き継いだ後、イタリア経由でブリュッセルに向かうが、ジェノヴァまでの船旅は悪天候で、二四日間の航海となった。ジェノヴァでは、アンドレア・ドーリアの宮殿で、イタリア中の有力者の訪問をうける。十二月二十日にミラノに到着、アスコッチ総督夫人に、高価なダイヤをプレゼントする。

クリスマス後、一五四九年一月九日、ミラノを後にし、モンツァからチロルを越えて、ナミュールに到着。全く慣れないフランドル人達の、態度や言葉に困惑するが、ラテン語で対応する。イタリアとは全く異なった社会で、歓迎されていない事を感じる。地元の有力者達はユダヤ教徒で、フェリーペ王子の訪問に、何の興味も示さなかった。

四月、ブリュッセルに着くが、街の雰囲気は、プロテスタントが大半を占める、反カトリックの社会である事を感じる。フェリーペ王子の歓迎式は、地元出身の父カルロス一世の為に行われ、フェリーペ王子を歓迎するものではない事を察する。ブリュッセルでは、父との再会だけが、唯一の重要な出来事だった。カルロス一世は、六年ぶりの再会で、息子が大人になった姿を見て、感激して喜び、あと一年足らずの間に、皇帝の座を息子に譲る為の準備を始める。

この年、一五四九年八月十五日には、イエズス会の宣教師ザビエルが、中国船で鹿児島に着き、日本での宣教活動が始まっている。

又一五五〇年には、バリャドリッドでカルロス一世の指示で、インディアス枢機会議が開催され、アメリカ大陸征服政策の在り方について、批判的な修道士ラス・カサスと、カルロス一世付きの司祭で報道官セプルベダとの間で激しい論争が行われ、インディオの権利について議論される。

翌一五五一年九月には、アメリカ大陸最初の大学が、新生スペイン・メキシコに設立されている。

一五五〇年、アウクスブルクで、カルロス一世とフェリーペ王子は、弟フェルナンド・ローマ王と家族会議を開くが、皇帝の座をフェリーペに与える考えを表明すると、フェルナンドは反対し、兄弟喧嘩別れとなった。妹のハンガリー女王マリアが調停役として間に入り交渉するが、家族関係は亀裂の状態となる。フェリーペ王子自身、皇帝になる事を心から望んでいたし、カトリック信者やスペインにとってプラスになり、異教徒に対抗する唯一の手段と考えていた。

皇帝カルロス一世は、自分の長男に帝国を譲る気持ちであったが、プロテスタント派が支配しているドイツでは、フェリーペ王子では統治困難と判断する様になり、弟のフェルナンドに譲らざるを得ないと考え始める。

イングランド女王メアリー・テューダーと結婚

一五五三年、イングランド王エドワード六世が亡くなり、カルロス一世の従妹メアリー・テューダーが女王の座に就いたとの知らせが入ると、息子フェリーペをイングランド女王と結ばせる事を決め、交渉を始める。カルロス一世にとってメアリー・テューダーは従妹であり、以前、本人が婚約していた事もあり、親近関係にあった。イングランド側もカトリック信者が大多数を占めた社会で、プロテスタント化を止める為にも、メアリー・テューダー女王とスペイン王子との結婚は歓迎された。

カルロス一世は、息子がイングランドに向かう前に、ナポリ王の名義とミラノ公国を与え、国王として同レベルで、イングランド女王と結婚させている。

イングランドでは、ローマ法王の特使でイングランド人のレジナルド・ポールが訪れ、フェリーペとメアリーがイングランドをカトリック教国に戻し、ローマ・カトリック世界の一員になる為の儀式を行う。

カトリック教会の復興で、経済的に落ち込んでいた社会は回復に向かい、住民も明るさを取り戻していくが、反カトリック勢力は少数ながら存在し、二〇〇名程度の過激な異教徒達は、火あぶりや首つりで処刑される。これが尾を引き、後に数千人のカトリック信者が殺害される事になる。異教徒を処刑した事で、「血のメアリー（ブラッディ・メアリー）」とのあだ名をつけられ、有名なカクテルとしていまだに名前が残っている。フェリーペ王は異教徒の処刑に反対で、止める様にメアリー女王を説得し、数多くの異教徒は命を救われた。

又、メアリーの異母妹で、将来、女王になるプロテスタント志向のエリザベスは幽閉されていたが、フェリーペのお蔭で自由の身となる。皮肉な事に、将来、フェリーペ二世は、このエリザベス女王の海賊行為で多大な損害を被り、それに伴い最終的に大艦隊でイングランド征服を企てるに至るが、失敗に終わる。スペインの海外に於ける領土は、このエリザベス女王の援助を受けた海賊やオランダによって、侵害される事になる。

メアリー女王は、エリザベスが危険な存在である事を知っていたので、処刑の判決を下していたが、フェリーペがこれに反対し、止めさせ、命を救ったお蔭で、イングランドの歴史は大きく変わる事になる。フェリーペが、エリザベスを信用しすぎた事で、将来裏切られ、イングランドがスペイン帝国の第一の敵国に成長していく事になる。

フェリーペ二世が、欧米歴史家が紹介するような〝南の悪魔〟で、傲慢で残酷な専制君主だったとすれば、イングランドのプロテスタント教徒エリザベスは、処刑されていたはずである。

フェリーペは、エリザベスを自分の妹の様に庇った理由の一つは、女王メアリー・テューダーとフェリーペとの間に後継者が誕生しなかった場合、イングランド王家の血を引いているスコットランドの女王、メアリー・ステュアートがイングランド女王になると考えられたからである。女王がフランス王子と結婚していた為、すなわちフランスがイングランドを統治する事になる可能性があった。

事実一五五九年、フランス王アンリ二世が亡くなり、王子フランソワ二世はフランス王になり、メアリー・ステュアートはフランス女王になる。エリザベスが処刑された場合、イングランド王の座は、スコットランド女王でフランス女王のメアリー・ステュアートが継承する事になり、スペインにとって不利な事となる。エリザベスがイングランド女王となれば命を救い、妹の様に面倒見てくれたフェリーペ二世を支持し、スペインとの友好連合関係を維持出来、扱いやすい女王になると想定していた。

一五五五年、フェリーペの妻メアリー・テューダーは、妊娠したと信じ、これを宮廷内外に伝え祝うが、実際には誤診で子孫は生まれない。フェリーペは、父カルロス一世が退位する為の儀式に参加する為、イングランドを後にして、ブリュッセルに向かう。カルロス一世は儀式で、皇帝位は弟フェルナンドに渡す事を表明し、その他全ての領土は息子フェリーペに渡す事を確認する。

同年四月十二日には、皇帝カルロス一世の母スペイン女王フアナ一世が、スペインのトルデシリャスで亡くなっている。

フランスとの戦争で勝利

一五五六年、フランスとの休戦協定を結ぶが、ローマ法王パウルス四世は、カルロス一世と敵対関係にあり、フランスと協力して、スペイン軍をイタリア半島から追放する行動を起こす。フランスが休戦条約を破る事になり、一五五七年アルバ公がローマを攻めフランス軍と法王軍に対抗する。フェリーペはイングランドに戻り、議会でフランスとローマ法王と戦う為に五千の兵力を要請し、許可を受ける。実際には二万の兵が、イングランドからフェリーペに同行する。

七月三日、フェリーペはフランドルに戻り、フランス軍がイタリアから戻る前に、フランスを攻める準備に入る。一カ月で五万の軍隊をフランスのサン・カンタンに送り込み、サヴォイア公を司令官として大勝を収め、あと一歩でパリを占領出来たが、前進せずにブリュッセルに戻ってしまう。

フェリーペが、軍の先頭に立って指揮せず、サヴォイア公に任せた事に対して、父カルロス一世は隠居先のスペイン・ユステ修道院で、不満を示した。カルロス一世は、常に先頭に立って、戦うのが伝統であった。又、パリを占拠し、フランスをスペインの配下に置くチャンスを逃した事に対しても、息子の軍事的未経験さに愚痴をこぼした。

フェリーペ二世は、このフランスでの勝利を祝って、記念に修道院宮殿（サン・ロレンソ・デ・エル・エスコリアル修道院）を建てる事を約束する。

イタリアから戻ったフランス軍は、この仕返しにイングランドのカレーを攻め、占領する。イングランドは、フェリーペの責任で、イングランドの領土がフランスに占領されたとして不快を表明し、スペインとイングランドの関係が悪化する事になる。

一五五八年九月二十一日、父カルロス一世が、スペイン・ユステの修道院で亡くなり、十一月十七日には妃のメアリー・テューダーも亡くなる。

フランス王女との婚約で平和条約の締結

一五五九年、ドイツ皇帝・スペイン国王カルロス一世が亡くなって一年余りで、反カトリック勢力の動きが活発となり、スイスでプロテスタント派が集まり、国際的な規模で組織が形成され始める。

今までプロテスタント派は存在しなかったスペインにも広がり始まり、王家に信頼されていたトレド大司教バルトロメ・デ・カランサが異端審議会長バルデスによって訴えられ、フェリーペはこれの逮捕を許可する。ルター派がセビリアやバリャドリッドにも浸透し始め、全国に広がる。

地中海では、オスマン・トルコ軍がハンガリーやナポリ、シチリアを攻撃し始める中、フェリーペはフランスとの和平を決める必要に迫られ、フランス王の娘エリザベート（イサベル）との結婚を決めた後、スペインに戻る事にする。十六世紀で最も卓越した平和条約として知られているカトー・カンブレジ条約で、スペインとフランスは六五年間の戦いに終止符を打った。フェリーペ二世とフランスのエリザベート王女が婚約する事で、両国が親類関係となり、ヨーロッパが平和になる事を目的としていた。

イングランドのエリザベス一世の陰謀

イングランドでは、エリザベス女王が想像出来ない程の大敵に変身し、ウィリアム・セシルが首相に任命され、巧みな政策でカトリック大多数のイングランド社会が、プロテスタントに改宗されつつあった。カトリック派が大半の社会との衝突を避け、表向きは本人もカトリック信者を装い、地道に少数プロテスタント勢力で国家組織を改革し、一般国民の反抗を、武力で抑圧出来る体制を築き上げる事に成功する。フェリーペ二世に対し、エリザベス一世もセシルもカトリックである事をスペイン大使を通じて装い、スペインと敵対関係になる事を避けていた。

イングランドのカトリック派は、弱体化され虐待されるが、フェリーペ二世が救世主としてイングランドに介入してくれれば、必ずプロテスタント勢力を倒し、カトリック社会を維持出来ると信じていた。フェリーペ二世のイングランド大使フェリア公は、セシルが裏工作で、プロテスタント勢力が主導権を握る為の準備をしていた事に、気がつかなかった。

一五五九年一月十六日、エリザベス一世がカトリック教会と分離し、イギリス教会の長として、父ヘンリー八世と同じ座に就く事になる。フランドルでは、フェリーペ二世がスペインに戻る前に、王の代理人統治者として義理の姉マルゲリータ・パルマ[24]を任命すると、今まで王に忠誠を誓い服従していた、オランダのオラニエ王子ウィレム一世が、イングランドの援助を得て反旗を挙げ、スペインのフランドル支配に抵抗し始める。

フェリーペ二世は、ロバイナ大学を訪問し、カトリックの敵であるプロテスタントと戦う事を宣言し、八月二十日、スペインに向けて出航する。

スペインでの異教徒プロテスタント勢力の台頭

一五五九年九月、バリャドリッドに到着。直ちに異端審問議会を再建し、異教徒の取り締まりの強化に乗り出す。以前カルロス一世に仕え、信頼を置かれていた要人までが、プロテスタントになり、反カトリック運動を企てる為の下準備をしている事が明らかとなり、リーダー格の人物は処刑される事になる。

この出来事はヨーロッパ中に広がり、フェリーペ二世の敵であるプロテスタント勢力によって、「黒の伝説[25]」

(24) カルロス一世が独身時代に、フランドルで生まれた私生児で、将来、パルマ公と結婚する。
(25) スペインの敵国歴史家たちが、真実を偽り、根拠のない事実を世の中に伝え、フェリーペ二世を残酷な暴君に仕立て上げ、スペイン帝国を倒す為の宣伝材料に使われた。

として伝えられる。死刑犯が火あぶりの刑で焼かれているのを、楽しんで見物している〝南の悪魔〟だと呼び批判した。

この年、父カルロス一世の私生児ヘロミン一二歳に会い、父の遺言に従ってファン・デ・アウストリアと名付け、一四歳の息子カルロス王子と、一二歳の甥アレッサンドロ・ファルネーゼと一緒に教育させた。

フランス王女エリザベート（イサベル）との結婚

一五五九年、フェリーペ二世は三二歳で三度目の結婚をする。相手はフランス王の娘、一八歳のエリザベート（イサベル）王女。一五六〇年、トレドで結婚式を挙げ、数週間にわたって、エリザベート王女の歓迎パーティーが催される。

同年、息子カルロス王子を、アストゥリアス王子[26]として任命する宣誓儀式が、トレド大聖堂で挙げられるが、王子が不真面目で無礼な態度を示し、出席者を侮辱し、儀式の慣例に従わず、無礼な振る舞いをした。貴族一同は、将来の国王にはふさわしくない人物であると考え始める。父のフェリーペ二世も、息子の不快で許せない行動に困惑するが、時間をかけて愛情をもって育てれば、必ず性格を変える事が出来ると信じていた。

一方、カルロス王子は、父が結婚した妃エリザベートに気をひかれ、本来、自分の婚約相手であったのが、父と結婚してしまった事に不満を抱き始める。

同年、フランス王フランソワ二世が亡くなり、弟で一二歳のシャルル九世が王になる。未成年の為、母親のカトリーヌ・ド・メディシス[27]が王を代行する。

プロテスタント派がイングランドやスイスより侵入し、フランス・カトリックを倒す攻略を始め、教会や大聖堂、修道院が焼かれ、司祭や修道女は殺害され、フランス・カトリック教会が全滅する寸前となる。カトリーヌ・ド・メディシスは、最後になって、娘エリザベートの夫であるフェリーペ二世に助けを求め、スペインより送られた兵力によって、ユグノー派プロテスタント勢力は破られ、フランス・カトリック教会は救われる。

オランダの陰謀

一五六二年の時点では、オランダではカトリックは問題なく信仰され、フェリーペ二世は国王として尊重され認められていたが、秘密結社のような団体が徐々に現れ始めていた。国際組織として秘密結社のリーダー格には、カトリック信者を装ったメンバーで形成され、ウィレム一世や、エグモント侯爵達だった。彼らは、フェリーペ二世の家臣として、正式にはカトリックの信者であるとして、王から信頼を受けて、オランダでの主要貴族として、権限や領土を認められていた。

フェリーペ二世がフランドルを後にし、マルゲリータ・パルマの摂政が始まると、オランダの統治は自分達に任せてほしいとの意向を示し、国内は徐々にプロテスタント派が勢力を広げていく。

フェリーペ二世が最も信頼を置いていた、国家評議会長グランヴェル枢機卿は、オランダでマルゲリータの摂政の相談役を務め、事実上統治者になっていた。しかし、プロテスタント支持派が悪口を吹き込み、悪人扱いし

(26) 一三八八年より、カスティーリャ王国の相続権を与えられた王子の称号で、今日に至っている。
(27) イタリア・フィレンツェのトスカーナ大公国の貴族で、フランス王アンリ二世の妃。スペイン王フェリーペ二世の妃、イサベルの母親。長年にわたりフランス王の摂政として、王政に携わる。

始め、フェリーペ二世に陰謀を企てているなどと宣伝し、グランヴェルをオランダから追放する事を王に要求し、この深刻な問題の解決には、フェリーペ二世が直接オランダを訪問する事を求めていた。グランヴェルは辞任する意向を示したが、フェリーペ二世はこれを受けなかった。

摂政のマルゲリータも、フェリーペに手紙で、プロテスタント・リーダーと見られるウィレム一世が陰謀を企み、オランダにプロテスタント社会を築き、カトリック信者を追放する動きにある事を報告する。ウィレム一世は権力を行使して、カトリック信者に迫害を加え、無法な社会状態を維持し、事態を国際化させ、イングランドやドイツ、フランスのプロテスタント勢力をオランダに介入させ、反カトリック勢力を形成し、フェリーペ二世と対決する姿勢を示していた。

このような深刻な状況に対しても、フェリーペ二世は強行な手段を取らず、寛大すぎる態度で容認していた。ここでも、フェリーペ二世が穏健な王であり、横暴な専制君主ではなかった事が証明出来る。

一五六二年、息子カルロス王子が、従弟のファン・デ・アウストリアと、アレッサンドロ・ファルネーゼと暮らしていたアルカラ大学寮でケガをして、頭に重傷を負い、危篤状態となり意識不明となるが、その後、一命を取り留め回復する。しかし、性格はケガ以前より悪化し、父の言う事は一切聞かず、勝手な行動をとる様になる。

フェリーペ二世の最盛期

一五六五年は、フェリーペ二世の最盛期となる。

フランスのユグノー派海賊が、アメリカ大陸フロリダに侵入するが、ペドロ・メネンデス・デ・アビレスがフロリダ総督に任命され、海賊を追放し、アメリカ初の街サン・アグスティンが設立される。又地中海では、オスマン・トルコに占領されたマルタ島を攻め、トルコ軍を追放する事に成功する。

ヨーロッパでは、フェリーペの妃エリザベート（イサベル）は、母であるフランス王の摂政カトリーヌ・ド・メディシスと、弟のフランス王シャルル九世と、フランスとの国境バイヨンヌで会談し、フランスとスペインが協力して、プロテスタント派の台頭を妨げる事で協力する旨の協定を結ぶ事で合意する。

フェリーペ二世にとって、フランスがスペインに服従する事を認めた事となり、妃エリザベートの手柄として賞賛した。軍事的にフランスを占領出来る立場にあったが、フェリーペ二世としては、フランスにカトリック教会が維持出来る事が大事であるとして、寛大さを示した。これで、アメリカ大陸と地中海、ヨーロッパの三カ所で、勝利を収めた事になり、スペイン帝国が最盛期を迎えた年となる。

オランダの反乱と息子カルロス王子の死

一五六六年、オランダでプロテスタント派の反乱が起こり始め、革命が勃発する寸前となる。以前より報告されていた通り、反乱軍のリーダーはウィレム一世であったが、スペイン側では分からなかった。四〇〇以上の教会が破壊され、重要で貴重な美術品や絵画、書物が全て焼きはらわれた。ウィレム一世は、ユダヤ人ホセナシ(28)と組んで、トルコ軍に地中海のスペイン領を攻めさせ、オランダ駐屯のスペイン軍がトルコ軍と戦う為に、オランダを撤退するように工作していた。

この年、エリザベート王妃との間に、長女イサベル・クララ・エウヘニアが誕生する。

---

(28) 一五二四年、ポルトガル生まれのユダヤ人。イスタンブールでオスマン・トルコ君主の要人として仕えた。

オランダでの反乱の事実が、マルゲリータよりの便りで知らされ、今まで信頼を置いていたウィレム一世が、キリスト教社会の裏切り者である事が確認される。

一五六七年、次女のカタリーナ・ミカエラが誕生、フェリーペ二世は四〇歳となる。

オランダ反乱を解決する為、アルバ公を派遣する事を決め、二万の軍隊がフランドルに到着する。アルバ公は騒動審議会を設置し、反乱を起こした責任者を裁くが、スペイン国内での異端審議会以上に厳しい組織となり、住民より〝血〟の審議会と呼ばれ、悪評となる。フェリーペの父カルロス一世の時代にも同様の厳しく残酷な罰則が科されたが、地元出身の君主であるカルロスに住民は反抗しなかった。フェリーペ二世はスペイン王で外国人として見なされていた為、フェリーペ二世によって科された罰則には強く反抗した。

同じ例で、イングランド王のヘンリー八世は、はるかに厳しい残酷な制裁措置を住民に加えたが、これに反抗する者は殆どいなかった。アルバ公は、反乱を起こしているリーダーのエグモント侯爵とホーン侯爵を逮捕するが、ウィレム一世はドイツに逃亡し、オランダでのアルバ公の残酷な振る舞いを宣伝文句に使い、プロテスタント派にとって有利に作用する様仕向ける活動を繰り広げる。

一五六八年、フェリーペ二世の息子のカルロス王子が、数々の陰謀行為を犯し捕らわれの身となっていたが、七月二十四日に二三歳で病死する。ウィレム一世は、このカルロスの死を、フェリーペ二世が息子を暗殺したとして宣伝し、世界中でこれが事実として信じられるようになる。

同年十月には、王妃のエリザベートも亡くなり、フェリーペ二世にとって最も悲しい出来事となったが、プロテスタント派ウィレム一世は、息子と妻はフェリーペによって毒殺されたとのニュースを流し、ヨーロッパ中に広がった。エリザベートの母カトリーヌ・ド・メディシスが、娘をスパイに使って、フェリーペ二世の動きを探っていたのが発覚して、エリザベートは毒殺された、などとの噂も出回っていた。

結局、カトリーヌは、ユグノー派と和平を結び、これにウィレム一世が加わり、反カトリック勢力として、オランダに於けるスペイン支配を崩す為の動きとなる。

プロテスタント派は、フェリーペ二世の暗殺を計画したり、オスマン・トルコを巻き込みスペイン領を攻撃させ、又イタリアに介入する動きなどを見せる。イングランド、オランダ、ドイツとフランス・ユグノー派が団結し、フェリーペ二世とローマ法王に対抗してくる事になる。

ローデウェイク・ファン・ナッサウ(29)がオランダに攻め込み、カトリック軍を殆ど全滅させると、アルバ公は、このプロテスタントの攻撃に応戦する。それまではそれ程強い弾圧はかけていなかったが、先ずはエグモント侯とホーン侯を処刑し、敵軍を破るが、ローデウェイク・ファン・ナッサウは逃亡して、後に新たな軍を集めて戦いに臨んでくる。

この知らせを受けたローマ法王は、すこぶる喜び満足するが、ドイツでは、ウィレム一世が皇帝マクシミリアンの支持を受け、アルバ公をオランダから追放する様、フェリーペ二世に要求してくる。フェリーペ二世はマクシミリアン皇帝に返事を出し、ウィレム一世の様な反乱者を支持するのは誤りだと批判するが、アルバ公をオランダの第一線より外し、ローマ法王との交渉の為の使者に起用する。

(29) 一五三八年、ドイツ生まれ。ウィレム一世の弟。カルヴァン派として反乱を起こし、アルバ公と戦う。

フィリピンの設立と太平洋往復航路の発見

新生スペイン・メキシコでは、副王ルイス・デ・ベラスコがフェリーペ二世の指示で、フィリピンのルソン島を探検させる為、レガスピを司令官として送り込んだ。一五七一年に、フェリーペの名前を取ってフィリピンと呼ぶようになり、首都マニラが設立される。後に、マニラとアカプルコを結ぶ往復航路が、ウルダネータによって発見され、黒潮に乗って年二回のガレオン船が定期就航し、アジアと新生スペインとの交易が始まる。

又、王は新生スペインとペルーに異端審議会を設立させ、新大陸にプロテスタントが浸透するのを制限する体制を整える。

スペイン国内ではグラナダのモリスコ（表面上キリスト教に改宗したムーア人）が反乱を起こし、ムルシアにまで広がり、深刻な状況を呈していた。ファン・デ・アウストリアが司令官に任命され、反乱は平定されるが、オスマン・トルコは、スペインがオランダでプロテスタント派との戦火を交えイングランドやフランスを敵に回して、軍事的に他地域をカバーする余力がなく、国内でもモリスコの反乱で手こずっているのを目の当たりにする。そして、スペイン・イベリア半島を攻めるチャンスを迎えたと判断する。

一五七〇年、フェリーペ二世は四度目の結婚式を挙げる。相手は、従弟でドイツ皇帝のマクシミリアンと、妹マリアの娘アナ王女二一歳。フェリーペの姪にあたる。

ヨーロッパ史上最大規模のレパントの海戦で勝利

一五七一年、地中海では、オスマン・トルコが一〇万の軍隊を三〇〇艘の大艦隊に乗せ、キプロス島の占領の為に動き出す。キプロス司令官ブラガディンは、大軍に包囲され僅か七千の兵力で三カ月間攻撃を食い止めるが、食糧不足で命が救われる事を条件に降伏するが、トルコ軍は約束を尊重せず、女子供含め住民全てが殺害される。

九月十五日、スペインによって組織された神聖連合艦隊は、フェリーペ二世の弟ファン・デ・アウストリアの指揮のもと、ナポリ港から出港し、ギリシャのレパント沖でトルコ艦隊との戦いに挑む。

トルコ艦隊の方が軍艦の数が多く優勢だったが、スペイン海軍のトップで長年の経験を誇る、海軍司令官アルバロ・デ・バサンや、アンドレア・ドーリアの指揮で、トルコ海軍を破り、キリスト教軍の勝利となる。四〇隻のトルコ船は逃げたが、残りの二六〇隻は沈没し、二万五千人が戦死する。スペイン側も八千人が戦死するが、この海戦でオスマン・トルコは地中海での覇権を失い、レパント海戦は、ヨーロッパで最も有名な海戦として、歴史に残る事になる。

総司令官はファン・デ・アウストリアだったが、勝利はフェリーペ二世の功績としてヨーロッパ中に伝えられ、スペインが地中海からオスマン・トルコを追い出し、ヨーロッパを守った事が評価される。

フェリーペ二世はこの勝利の記念に、イタリア人画家ティツィアーノにレパント海戦勝利の絵画を描かせる。ティツィアーノは九七歳の高齢で、フェリーペ二世の肖像画を描く為に、スペインまで出かけられない為、スペイン人画家の描いた肖像画を送り、これを使って描かせた。現在、マドリッドのプラド美術館に展示されてあり、参観する事が出来る。

同年十二月四日、女王アナが男子を出産する。

王政改革

一五七二年、全権を与えていた枢機卿エスピノサが亡くなり、権限を分離し、異端審議会長に、高位聖職者で新生スペイン・メキシコ初の司教となった、有名なバスコ・デ・キロガの甥にあたるガスパール・デ・キロガを任命、国家評議会長にはコバルビア司教が就任する。

ヨーロッパでは、オランダ総督アルバ公を退け、ミラノ総督だった穏健派のルイス・デ・レケセンスを後継者に任命するが、一五七六年に亡くなる。

この頃、フェリーペ二世の秘書官として、アントニオ・ペレスが登場する。又、アジア・太平洋圏でのカトリックの布教促進の為、イエズス会メンバーを送り、日本でも九州の大名、大友、有馬、大村がカトリック信者となり、フェリーペ二世の許可を受け、天正使節がマドリッドとローマに送られる。

正義と人道主義を貫くフェリーペ二世

フェリーペ二世は、常に公明正大な政治を貫き、法に従う事を家臣に命じ、相談役や閣僚にも、個人的な利害関係は無視し、身内や友人を優遇する事を禁じ、常に法を尊重し施行する事を命じ、正義を貫いていた。

ある日、フェリーペ二世の馬車の御者同士が争い、一人がナイフで刺され、御者が一人になってしまう事件が起こる。王は、なぜ御者を逮捕しないのかを問いただすと、王の馬車が使えなくなるからだと説明を受ける。王はナイフでケガをさせた御者を逮捕し、投獄する様命じ、自分は馬車を使わず馬に乗って出かけた、と言ったエピソードが知られている。

日本で明治時代、作家森鷗外によって紹介され、スペインの劇作家カルデロン・デ・ラ・バルカの戯曲で、『サラメアの村長』と言う作品があるが、この中でも、フェリーペ二世の正義感の強さを見る事が出来る。(30)

オランダ問題を放置

オランダ総督の死で、後継者に弟ファン・デ・アウストリアを選ぶが、国家評議会に相談し、異端審議会会長のキロガの意見を重視した上で決定する。イタリアにいたファン・デ・アウストリアは、急遽ブリュッセルに向かうように指示されるが、命令を聞かずマドリッドに赴き、フェリーペ二世に会いにくる。王は表面上はファンの訪問を歓迎したが、内心は不満で、なぜ命令を聞かずに勝手な行動をとったのか、理解出来なかった。

オランダでは、プロテスタント派がアントウェルペンを占領し、二万四千の軍が駐屯していた。スペイン軍はこれを攻撃し、軍参謀のサンチョダビラやフリアン・ロメロの活躍[31]によって勝利を収めるが、又してもウィレム一世がフェリーペ二世を説得し、和平協定を結び、スペイン軍を撤退させる事にフェリーペ二世は同意する。カトリックを尊重し、ファン・デ・アウストリアを王代理人として、オランダ総督として認めるとした偽りの約束を、フェリーペ二世は信用し、プロテスタント派を許してしまい、折角軍事的には勝利を収めたものの、政治的には敗れる形となり、将来、取り返しのつかない事態が起こる結果となる。

軍人であるアルバ公は、この和平協定に大反対だったが、フェリーペ二世もローマ法王も、カトリックが尊重される事が一番大事だとの立場をとり、現状の把握が出来なかった。案の定ウィレム一世は、総督の殺害を、数

(30) 一八八六年、森鷗外はドイツで研究生活中に、スペイン文学や戯曲がヨーロッパで高く評価されている事を知り、この劇作家カルデロン・デ・ラ・バルカの偉大さに驚嘆し、『サラメアの村長』と言う作品の翻訳を手掛けるが、ドイツ語版で翻訳は極めて困難で出来ず、スペイン語原典の日本語訳は、一九二七年まで紹介されなかった。

(31) 一五二三年、アビラ県生まれ、イタリア駐屯のスペイン軍で活躍した英雄指揮官。フランドルでは、アントウェルペンの総督となり、後にポルトガル併合戦にも参加する。

回にわたって企てる。

ファン・デ・アウストリアは、スペイン軍がイタリアに引き上げてしまい、一人で孤立し、いつ命を奪われるか不安な日々を過ごし、フェリーペ二世に手紙で状況を伝え、イングランドを攻める事を要請するが、手紙はスパイによって没収横取りされ、スペインには届かなかった。

それでも、フェリーペ二世は、オランダ内の深刻な状況を危惧し、再度イタリアから軍を呼び戻す事を決め、二万以上の軍隊がファン・デ・アウストリアの下に到着する。ウィレム一世の軍は、数ではスペイン軍より優っていたが、ヨーロッパ最強のスペイン軍にはかなわず、大敗する。

一五七七年、フェリーペ二世はこの勝利を喜び、敵であるプロテスタント派の長であるウィレム一世に対して、再び好条件の和解調停をし、プロテスタント派に打撃を与えなかった為、カトリック信者達は虐待され教会も焼きはらわれ、プロテスタント派支配のオランダ社会が形成されてしまう。

お人よしのフェリーペ二世は、何度も騙される結果となるが、現地の事情を身をもって体験せず、代理人に任せていた事に原因があった。

又、一五六三年に着行した、世界最大級の修道院宮殿、サン・ロレンソ・デ・エル・エスコリアル(32)修道院の建設工事は、最終段階に入る。世界中から調度品となる美術品、絵画類、書物や医薬品の他、動物などが集められ、建築の為のあらゆる材料も各地から持ち込まれ、当時最も進んだ宮殿にする事を目標にし、フェリーペ二世は、古代のソロモン王のエルサレム宮殿を真似、調和と均衡のとれた建物にする様、指示していた。

ポルトガル王セバスティアンに助言

一五七六年十二月末、フェリーペ二世はポルトガル王で甥セバスティアンの訪問を受け、グアダルーペ(33)で会見する。クリスマスを一緒に過ごし、家族同士での和やかな会談だったが、セバスティアン王の提案の北アフリカ遠征には、協力出来ないのみならず、極めて危険である事を叔父としての立場から説得し、遠征を取りやめる様説き伏せるが、セバスティアンはこれを無視し、一五七七年、リスボンから大艦隊を率いて出航してしまう。

北アフリカで、ポルトガル軍は大敗し、セバスティアン王は戦死する。二二歳のセバスティアン王には後継者がいなかった為、結局母方の兄であるスペイン王フェリーペ二世が、一五八〇年にポルトガル王となり、スペイン帝国の規模は更に拡大し、超世界大国が誕生する。

オランダの反乱悪化

一五七七年四月十四日、将来フェリーペ三世となる次男のフェリーペが誕生。フェリーペ二世五一歳。オランダから不吉な情報が入る。弟フアン・デ・アウストリアがイングランド女王と結婚し、イングランドのカトリック派を支持し、ローマ法王と秘密交渉してスペインを占領し、フェリーペ二世を追放する為の陰謀を立てている、といった噂であった。実際にはウィレム一世が裏で動き、オランダでのプロテスタント派がカトリッ

---

(32) 一五六三年、マドリッドの北西五〇キロの山腹に着工し、二一年後の一五八四年に完成。当時、世界最大の規模を誇った修道院宮殿。一九八四年、ユネスコにより世界遺産に登録。

(33) 十四世紀初め、アルフォンソ十一世が、対イスラム・サラード戦での勝利は聖女グアダルーペのお蔭だとして、感謝のしるしに修道院を建てる。ポルトガル国境から二〇〇キロ東に位置するグアダルーペ修道院は、現在、世界遺産に登録されている。

ク派を倒し、スペインの支配から抜け出す為の裏工作であった。この噂でオランダ総督のファン・デ・アウストリアがフェリーペ二世の信頼を失えば、プロテスタント派に有利な環境となると推測していた。

ファン・デ・アウストリアは、二年間のオランダ滞在中、常に暗殺されるリスクにさらされていたが、結局病気となり健康を失い、一五七八年十月一日、亡くなってしまう。ウィレム一世は、フェリーペ二世によって毒殺されたとの報道を流し、スペイン王の残酷な振る舞いを宣伝する。実際には、死因調査結果で、プロテスタント派とイングランドが企んだ毒殺だった事が明らかとなる。

これは以前、スペイン出身のイングランド女王キャサリンが毒殺された時と同様の結果が現れた事で証明されるが、死因については明確にされていない。フェリーペ二世は五一歳にして、両親、妻三人、息子三人、そしてこの度の腹違いの弟ファン・デ・アウストリアの、九人の身内が亡くなった事になり、運命の儚さを感じる。

一五八〇年には、四人目の妻アナ・デ・アウストリアが三〇歳で亡くなる。五人の子供を産むが、後にフェリーペ三世となる王子だけが生き残る。

一五八一年から一五八三年まで、ポルトガルのリスボンに滞在し、スペイン支配下のポルトガル統治の安定化に携わる。この間、ローマ法王より、イングランドを攻め、虐待されているカトリック信者を助ける為に協力を求められた。フランスのギーズ派やスコットランドもこれに協力するので、イングランドを占領するのは時間の問題だったが、フェリーペ二世はこれを受けなかった。

この頃、マクシミリアン皇帝の妻でフェリーペ二世の妹マリアがウィーンからマドリッドに戻り、もう一人の妹フアナ(34)が創設したマドリッドのデスカルサス・レアレス修道院に入る。二五年以前、マリアはカトリックに敵対的な夫マクシミリアン皇帝の妃として、あまり友好的でなかったが、マクシミリアン皇帝が亡くなってから、又、昔の様なマリアに戻り、フェリーペも安心して信用出来る妹として頼りにした。オランダ総督ファン・デ・アウストリアが亡くなった後の後継者に、フェリーペ二世は甥のパルマ公アレッサンドロ・ファルネーゼを任命する。軍事、政治、外交面で、過去の総督より優れた将軍として活躍し、ウィレム一世を超える能力を示し、オランダのカトリック勢力は回復する。一五八四年には、プロテスタント派は完敗し、ウィレム一世は北部へ逃げる。その後、ブルゴーニュの侯爵バルタザール・ジェラールによって暗殺され、五二歳の生涯を閉じる。この死で、プロテスタント派はリーダーを失い、無政府状態となる。

イングランドの挑発

一五八六年、サン・ロレンソ修道院宮殿の完成がまぢかに迫るが、フェリーペ二世の健康状態は悪化し始め、特に右手が痛風で使えなくなり、書類にサインが出来なくなる。息子フェリーペ八歳にサインさせるが、この巨大化した帝国の政治を息子に任せる事は極めて難しいと判断し、王子の相談役として三名就ける事にする。

当時のスペインは、内戦もなく平和を享受していた。しかし、イングランドの海賊ドレークがスペインの海域を攻撃し始め、西インド諸島までが略奪され、カルタヘナ・デ・インディアス[35]やハバナも襲われる。その後、一五八七年には、カディス[36]も略奪され、大量の戦利品がイングランドに持ち帰られた。

(34) ポルトガル王セバスティアンの母で、未亡人としてマドリッドに戻り、一五五四年より一五五九年まで、スペイン王国の摂政を務める。イエズス会で唯一の女性メンバーとしても有名。
(35) 現在、コロンビアにある港。
(36) スペイン南部アンダルシアにある都市で、ヨーロッパ最古の街として有名。

これらの海賊行為は、エリザベス女王が支持し、奨励している事が明らかとなり、フェリーペ二世は憤慨する。二度にわたって命を救い、女王の座に就けるよう力を貸しただけに、まさかスペインを敵として攻撃してくるとは考えも及ばなかった。海賊ドレークが、宣戦布告もせずに、無防備な市民に被害を加え、これを裏で操っているのがエリザベス女王である事実が明らかになり、大きな失望感を抱く。

又、イングランド国内では、スペイン帝国は風刺され、国王と異端審議会が、国民の自由を束縛する専制国家であるとして、報道されていた。

一方、イングランドは、自由が尊重される国であるとして、大多数のカトリック信者市民に対し、カトリック信者の処刑の理由は宗教的理由ではなく、エリザベス女王殺害の陰謀が原因で、捕らえた裏切り者を処刑しているとして、反カトリックの姿勢は表向きには示さなかった。

実際には、カトリック派の主要人物を処刑する事で、大多数のカトリック信者は指導者を失い、プロテスタント志向のセシル政権が自由に権力を行使し、社会のプロテスタント化を進める事が可能となっていった。セシルは絶対的な権力を勝ち得、もはや一般市民は、これに反抗し、抵抗する事は、不可能な状態になっていった。

又、ポルトガルやスペインから追放されたユダヤ人によって、イングランドで反キリスト社会が築かれると共に世界中との取引が営まれ、資本主義社会の形成が進みつつあったが、フェリーペ二世は、このような動向には気が付かなかった。大国スペインの王の立場から見れば、イングランドやオランダは小国であり、まさかスペインに対抗してくるとは想像出来なかった為、あらゆる出来事に対して寛大な立場をとってきたが、一連の事件が頻発し、このまま現状維持出来ないと判断する様になり、イングランドを攻める事を思案し始める。

問題は、反カトリックであるユダヤ、プロテスタント、オスマン・トルコ全てがイングランドを援助し、フランス・カトリック派は頼りに出来なかった為、フェリーペ二世とローマ法王だけで、反カトリック世界と戦わねばならないという事であった。

一五八七年、スコットランド女王メアリー・ステュアートは、フェリーペ二世に手紙を出し、息子ジェームズ王子がカトリックに改宗しない場合は、スコットランドとイングランドの王位をフェリーペ二世に与えると伝えるが、この手紙はエリザベス派のスパイによって開封されてしまう。イングランド・カトリック派とフェリーペ二世の介入で、エリザベス女王を退ける企てが暴露され、メアリー・ステュアート女王は死刑判決を受け、処刑される。

この知らせを聞いたフェリーペ二世は、これまでにない強いショックを受け、態度が極端に硬直してしまう。自分の妹の様に長年にわたって信頼し、あらゆる面で助けてきたエリザベスに、このような形で裏切られ、精神的な痛みを感じると同時に、何としてもメアリー・ステュアートの為に復讐する事を決意する。以前より、ローマ法王から、イングランドを攻める事を要請されたが実行されず、又パルマ公からも、今がチャンスなのでオランダから攻め込む提案もあったが、これも拒否していた。

フランスは国内が半分に割れ、スペインに戦いを仕掛ける事は出来ない環境にあり、又、オスマン・トルコもハンガリーやペルシアで手一杯で、スペインとの戦いは出来ない状態にあった。つまり、全ヨーロッパのカトリック勢力が、メアリー・ステュアート女王の暗殺で、イングランドを罰する事を支持すれば、フェリーペ二世の勝利は明らかであった。

スコットランドの王子ジェームズは、既にプロテスタントとなり、エリザベス女王に保護されていたにも係わらず、フェリーペは母マリアの復讐の為、ジェームズ王子にイングランド攻撃への協力を要請する。当然、ジェームズより否定的な返事があり、同時にフェリーペ二世の手の内がイングランド側に伝わり、イングランドに防衛の為の準備や諸外国よりの援助を求める工作を進められてしまう。

無敵艦隊の派遣

フェリーペ二世は、イングランド遠征で大艦隊を組む為、サンタ・クルス侯爵で海軍大将アルバロ・デ・バサンを総司令官に任命する。又オランダからの軍隊の司令官に、パルマ公を送る事に決める。

目的は、当時、世界最強のスペイン陸軍をイングランドに上陸させれば、スペイン側の勝利は確実と判断され、従って大艦隊の目的は兵隊を運ぶ事にあった。一五〇艘のうち三分の一がガレオン船で、残りは商船で、合計七万七、二五〇トンの容量があり、七万の兵隊と一、六〇〇の騎馬隊に、四千の砲手を送り込む事になっていた。

首脳陣は楽観的な考えで、一五八七年内には、イングランドはフェリーペ二世の配下に入るとの見方を示していた。

実際には、西インド諸島より戻るはずの船団が、嵐の為予定通り到着せず、出航日程がずれた為、サンタ・クルス侯は、北の海は夏場は危険なので出航日を遅らせる事を提案するが、フェリーペ二世はこれを無視して、予定通りに出航させる事を決める。準備が予定通りに運ばず、結局、リスボンからの出航は一五八八年一月になるが、不吉な事にサンタ・クルス司令官は出航直前に、七三歳で亡くなってしまう。

サンタ・クルス海軍大将に代わる司令官を見つける事は極めて困難で、結局、メディナ＝シドニア公をこのポストに就ける。富豪で名門貴族出身の三八歳の公爵であったが、艦隊を指揮する能力はなく、全くの素人だった。

一方、イングランドでは、セシルがスパイを使い、パルマ公を味方にする為の計略が進められていた。

フェリーペ二世に反旗を翻せば、オランダの王になれると誘惑し、買収しようとしたが、パルマ公はこれを一切受けず拒否すると、パルマ公がフェリーペ二世を裏切る企てをしているとした情報も流し、フェリーペ二世がパルマ公に不信感を抱くように仕向けるなどした。

パルマ公は、フェリーペ二世に対して、今回のイングランド遠征は極めて危険な為、中止する様忠告する。理由は、イングランドは既に、スペイン艦隊がイングランドに上陸する情報を入手しており、デンマークやドイツからの援助を受け、イングランドの防衛に全力を投入しているので、上陸すれば強行な抵抗を受ける事は明らか。又オランダからの軍隊は予算不足で軍事資金がない為、今の時点で兵力をイングランドに送り込む事は無理であり、準備なしで戦いを始める事は出来ない、と説明する。

フェリーペ二世は、パルマ公の意見を無視して出航を敢行する。結果はここで記すまでもなく、失敗に終わった事は、歴史的出来事として知られている。

極めて慎重なフェリーペ二世が、このような失敗を起こしたのは、種々の原因があるにしても、若き時代であれば、このような失敗は犯していなかった筈。感情的に動いた事が誤りだったが、スコットランド女王の暗殺や、エリザベスに裏切られた事に対する動揺などが、精神的に影響した事は確かである。無敵艦隊敗北の背景には、サンタ・クルス総司令官の死により、素人の司令官が肩代わりした点や、オランダからの軍隊派遣が滞った事、情報が漏れた点などが挙げられる。

イングランド艦隊の大惨事

一五八九年、スペインのイングランド攻撃の失敗の後、ポルトガルから亡命していたマヌエル一世の孫でルイース王子の私生児アントニオ・デ・ポルトガルは、ポルトガル王になる為、海賊ドレークを司令官とした大艦隊を、イングランドよりポルトガルに向けて送る交渉をし、イングランドに五〇〇万ドゥカートを支払う約束をする。更に年間三〇万ドゥカートを税として払う事も確約する。

エリザベス女王の支持の下、海賊ドレークはラ・コルーニャ(37)を攻め、アントニオを上陸させ、住民に被害を加え、教会や修道院を焼きはらうが、ガリシア住民が立ち上がり、対抗して来た為、撤退せざるを得ず、ラ・コルーニャから退去し、ポルトガルに向けて出航する。更に、ポルトガルもドレークの侵略に対抗し、応戦した為、アントニオはドレークと共にイングランドに戻る事となる。

無敵艦隊の敗北で、無防備と化したスペインを、戦力を回復する前に攻撃して侵略する目的の為、イングランド女王は無敵艦隊を上回る艦隊を編成し、北スペインの街ラ・コルーニャに上陸。一般市民を襲ったが、住民の強い抵抗を受け、苦戦し撤退を余儀なくされた。

その後、リスボンに向かい攻め込んだが、これも失敗し、スペイン艦隊に追跡され、アゾレス諸島までたどり着くが、食糧や水が不足し、乗組員の多数が病死した。

この大敗で、イングランドはスペインの無敵艦隊以上の損害を受け、大惨事となったが、この出来事を公にしなかった。スペインの無敵艦隊の惨事だけが世界史で有名になったが、翌年、イングランドが受けた大惨事については隠されたまま、今日に至っている。

フランスとの紛争

隣国フランスでは、カトリックのギーズ派が勢力を維持していたので、カトリック国として安定していたが、アンリ三世が反カトリック的な動きを示し、所謂アンリ戦争が起こる。

これは、アンリ王、アンリ・ド・ナヴァール、アンリ・ド・ギーズの三人の争いであり、アンリ王はプロテスタントのカルヴァン派や、ドイツからの支持を受けたが、アンリ・ド・ギーズが勝利を収め、王はルーヴルに幽閉される。ギーズのリーダーが、事実上、フランスを配下に入れ、アンリ王に対して、カトリック派を支持する事を約束させ、トレントの改革を実行させる事で決議し、王は自由の身となる。

アンリ三世は、フェリーペ二世がイングランド遠征に失敗した事が分かると、カトリック派のリーダーを暗殺し、ギーズの枢機卿に死刑の判決をくだし、処刑してしまう。一五八八年十二月二十四日の出来事であった。

フランス王の母として、長年にわたりフェリーペ二世の援助を受け、フランスを統治した摂政のカトリーヌ・ド・メディシスが亡くなると、アンリ三世は後継者を、ナバーラのアンリとする事を遺言に残す。カトリック信者が大半のフランスでは、プロテスタントのアンリ・ド・ナヴァールが王になる事に反発し、フェリーペ二世もアンリ・ド・ナヴァールをフランス王に認めなかった。

結局、カトリック派とプロテスタント派の戦いで、アンリ・ド・ナヴァールが勝利を収め、ローマ法王の支持を受け、アンリ四世としてフランス王になるが、表面上カトリックに改宗する。フェリーペ二世は、プロテスタントのアンリ四世を支持したローマ法王に抗議し、再三にわたって書面にて圧力をかけたが、要求は受け入れられなかった。

この法王シクストゥス五世が病死し、親スペイン派のウルバヌス七世が法王となるが、数日で亡くなり、次に

---

(37) スペイン北西ガリシア地方にある都市で、有名なサンティアゴ・デ・コンポステーラのある県庁所在地。

グレゴリウス十四世が法王となり、親スペイン政策を打ち出すが、又しても一五九一年に亡くなり、反フランス派のインノケンティウス九世が登場する。

当時、フェリーペ二世は痛風で苦しみ、一時命が危ぶまれ、イングランドではフェリーペが亡くなったとの噂が流れていた。フランス王アンリ四世はこれを機会に、スペインを攻める準備をし、スコットランドやイングランドの、プロテスタントの支持を受けていた。

一五九一年八月、フェリーペ二世は、パルマ公をフランスに出陣させ、フランス王アンリ四世を破り、勝利を上げ、フェリーペの娘イサベル・クララを、フランスの王位に就ける為の交渉を始める。イサベル・クララは、フランス王アンリ二世の孫であった。

同年十二月、パルマ公は戦場で負傷し、その傷がもとで四六歳の生涯を閉じる。偉大な将軍として認められ、ヨーロッパで、フェリーペ二世の最も頼りになる家臣であった為、パルマ公の死は極めて痛手であった。

一五九二年二月二日、ローマ法王にクレメンス八世が選ばれ、アンリ四世がフランス王として承認され、イサベル・クララは王になる事が出来なかった。アンリ四世は、フランス・カトリック派との衝突を避ける為、表面的にはカトリック信者になる事を宣言し、サン・ドニ教会で王を宣誓し、カトリックを保護し、カトリックの為に生きる事を宣言する。

宗教問題

ヨーロッパでの宗教紛争は、フェリーペ二世の政策が原因ではなく、二九歳でスペイン王になった以前から、既に起こっていた問題であった。逆に言えば、ヨーロッパに安定したカトリック社会を築いたのは、フェリーペ二世の生涯にわたる努力によるものであった。

今日、ドイツの五〇%、特に南ドイツがカトリック社会となっているのは、当時プロテスタント志向の皇帝で、フェリーペ二世の従弟マクシミリアンを、表面的ながらもカトリックを名乗らせ、息子のルドルフ皇帝も、マドリッドのフェリーペ二世の保護下で教育し、カトリック信者に育てた事が影響している。ルドルフは将来、ドイツでプロテスタントに改宗し、ユダヤやフリーメーソンを支持するが、スペインでイエズス会によって受けた教育の影響は、簡単には忘れる事は出来なかった。その為、プロテスタントとカトリックの共存を認め、イエズス会に活動の自由を与えた事で、南ドイツではカトリックが維持出来、現在にまで至っている。フェリーペ二世の影響なしには、ドイツはプロテスタント社会となり、カトリックは滅亡していたであろう。

フランスも、ユグノー派が台頭し、ドイツやオランダのカルヴァン派と組んで、プロテスタントが勢力を増やしていた。それでもフェリーペ二世の外交政策で、フランスを占領する事が可能であったが、カトリック社会を維持出来る事で満足し、フランス王家に軍事経済援助を与え、カトリック社会を保護した事で、今日、フランスは過半数がカトリックの社会となっている。

スペイン統治下にあったオランダが、プロテスタントのリーダーとして反カトリックを宣言して、フェリーペ二世に対抗した。更にイングランドのエリザベス女王と連携し、大多数がカトリックのイングランド社会をプロテスタント化し、更に北欧諸国もこれに追随する。

フェリーペ二世は、スペイン王として世界中のカトリック社会を保護する為に、膨大な資金と労力を費やし、新大陸で得た富をスペイン国内に還元せず、国外のカトリック社会維持の為に投入したお蔭で、今日、イタリア、スペイン、ポルトガル以外にポーランド、アイルランド、ベルギー、ドイツ、フランス、更に中南米やその他の地域の国々が、カトリック社会を形成し、全世界に一三億のカトリック人口が存在するに至っている。

フェリーペ二世は、国益や個人的利害を考えず、カトリックの為に人生を費やした点、ローマ法王以上に、カトリックの振興に貢献したと言っても過言ではない。キリスト教徒としての慈悲、敬愛、施しと寛大さが、フェリーペ二世の人柄だったと言える。

「黒の伝説」は、反カトリックであるオランダとイングランドが主に伝道し、これにアメリカやドイツ、フランス、スイスなどが追随し、世界中に浸透させた。スペインはこの「黒の伝説」に対し、一般世論は反論しないばかりか、これが真実だと考える様になり、四世紀が過ぎてしまった。極端に巨大化し、統率を失ったスペイン帝国の衰退が、このような消極的で無関心な態度を示し、「黒の伝説」について反論しなかった理由と言える。誤った事実が、真実として知られるようになってしまったのである。

フェリーペ三世（一五七八－一六二一）について

一五七八年四月十四日、マドリッドでフェリーペ二世と四度目の妻アナ[38]との間で誕生。近親結婚の影響で幼年時健康に優れず、将来に不安であったが、無事に育ち、父フェリーペ二世が亡くなった一五九八年、二〇歳で王位を継承する。

翌一五九九年に、ドイツ皇帝フェルナンド一世[39]の孫にあたる、マルガレーテ大公女一三歳と結婚。四三歳で亡くなるまで二二年間、スペイン帝国の王政を務める。

マルガレーテ王妃との間に、八人の子供が誕生。長女アナ王女は、フランス王ルイ十三世と結婚し、「太陽王」ルイ十四世の母となる。次男のフェリーペ王子は、フランス王女イザベルと結婚し、将来、スペイン王フェリー

フェリーペ三世（1578 - 1621）
From Wikimedia Commons, the free media repository

ペ四世となる。三女のマリア王女も、ドイツ皇帝フェルナンド三世と結婚。将来、スペイン王フェリーペ四世の妃となる、マリアナ(40)大公女の母なる。

このように、スペイン王国とオーストリア家であるドイツ帝国との親戚関係は、密接であった事が理解出来る。実際には、スペイン王国が本家であり、ドイツ帝国より軍事・政治・経済面で圧倒的にリードしていた為、スペイン王の保護や援助なしには、ドイツ帝国は存在出来ない時代であった事、我々現代の日本人には想像しがたい。

企業家として成功したオーナーの子息が、本人の努

(38) ドイツ皇帝マクシミリアン二世と、妃スペイン王フェリーペ二世の妹マリアの娘。
(39) スペイン女王フアナ一世の次男で、マドリッドのアルカラ・デ・エナーレス市出身。神聖ローマ皇帝カール五世の弟。
(40) 太平洋のマリアナ諸島は、このスペイン女王マリアナの名前に由来する。

力や能力に係わらず、親の築いた企業を受け継ぎ事業を継続しても、世間から見ればドラ息子的存在とされるのが一般的である現在と同じで、フェリーペ三世も、父フェリーペ二世が、巨大なスペイン帝国を築いた有名な王だった為、息子は単に相続人で、たとえ王国を維持しても、この功績は評価されていない。

父フェリーペ二世は生前、巨大化し世界中に広がる帝国の統治が息子には困難であると判断していた為、数人の優秀で信頼置ける閣僚から任命された補佐人が、息子をサポートし、諮問議会に国政について判断をゆだねる形で、王政に支障がないように心掛けた。しかしながら実際には、この仕組みはフェリーペ二世が亡くなった後、直ちに崩れた。フェリーペ三世は、少年時代から気に入っていた侍従長デニア侯フランシスコ・ゴメス・デ・サンドバルイ・ロハスらを、王の寵臣職に就かせ、全ての王政は寵臣に任せるといった、極めて浅はかな決断を下し、父が推薦した長老補佐人は除外されてしまう。

当時ヨーロッパでは、フェリーペ三世は第一人者として認められていたが、これは親の七光りで、世界大国であるスペイン帝国の君主であるが為に、尊重され恐れられていた。又、隣国君主は、子息子女を何としてもスペイン王の子息子女と結婚させ、スペインとの友好関係を築く事を希望し、大使を通じて交渉していた。

フェリーペ二世末期のスペインは、既にいくつかの難題を抱えていた。未解決になっていたプロテスタント派との紛争、特にオランダ地域での反乱や、フランス国内のユグノー派問題や、ドイツ帝国内の反カトリック派の台頭、更には、イングランドでのカトリック信者の虐待や、エリザベス女王による海賊行為など、軍事力を行使しなければ解決出来事ない問題が懸案として残っていたが、その為には莫大な資金を投入する必要があった。

スペインは、祖父カルロス一世の時代から、長年にわたり、ヨーロッパ中での反カトリック紛争や、フランスとの数回にわたる戦争、更にヨーロッパ防衛の為の地中海でのオスマン・トルコとの戦争等で、巨額の軍事費を費やした結果、財政破綻していた。その為、これ以上の予算が取れない苦しい状況にあった。又、新大陸から送られてくる財源も半減し、赤字財政回復の見通しは立たなかった。

そこで、寵臣レルマ公は、フェリーペ二世時代の軍事政策を改め、平和を前提とした外交政策を打ち出す事で、軍事資金を減らす事を決める。具体的には、スペイン領オランダの反乱軍との、一二年休戦条約を交わしたという事が挙げられる。しかし事実上、これがオランダ独立達成の第一歩となり、スペインにとって取り返しのつかない事態に発展してしまう。

ここで、寵臣レルマ公について説明する。先祖代々より、カスティーリャ王家に仕えた下級貴族で、王家から忠実な家臣と認められていた。特に、ファナ女王がトルデシリャスに幽閉されていた時代、レルマ公の祖父や父親が二代にわたって執事長として幽閉管理人として、事実上の、刑務所長の任務を任されていた。王家より信頼されていたが、収入面で裕福でなく、貴族としては貧しく、下層階級の域から抜け出せなかった。従って、フェリーペ三世の寵臣になれた時点で、代々貧困な生活を強いられていた不満を覆す為にも、あらゆる面で富を獲得し、裕福になれる様、思案し始める。そして家族や親族、更に友人知人を宮廷の重要職に就かせ、王政を自分の思うままに動かせるような組織を編成する。

結果として、王国の財政は更に悪化していくが、表面上は全く財政支障なしとして、偽りの帳簿を王に提示し、実際の財政危機については報告しなかった。

レルマ公は、私的財産を増やす為に、王室名義で多額の金銭を国際金融業者から借り入れていた。スペイン王家の保証があれば、金融業者から巨額のローンが貸し出された為、王家が破産状態になる状況にまで負債額は増え続けた。レルマ公の略奪行為だけでなく、家族や親族、友人による横領行為は宮廷中に広がっていたが、宮廷にはこれを批判出来る家臣がおらず、レルマ公の思うままの王政が行われていた。

かかる杜撰な王政に不信を持ったフェリーペ三世の祖母であり、同時に叔母であるマリア皇帝妃(41)は、孫であり甥のフェリーペ三世に助言し、レルマ公の行いを批判していた。

レルマ公は、マリア皇帝妃が王に与える影響は、自分の利益に反すると判断し、出来る限り王をマドリッド宮廷から遠ざけ、バレンシアやレルマで過ごさせていたが、一六〇一年に、首都をマドリッドから、宮廷を置くだけの規模と設備や施設のない、バリャドリッドに遷都させてしまう。これに掛かる巨大な経費など一切気にせず、又、マドリッドの被る経済的損害なども考慮されていなかった。

この時、フェリーペ三世は、二三歳の未経験な青年であり、一方信頼の置けるレルマ公は四八歳で、人生経験豊富な人物であった。而して王はレルマ公の言う事は全て承認していた為、王国が傾き始め、国外でのスペイン領土が反乱で脅かされ、危険にさらされている事など、知る由もなかった。

このような形で、フェリーペ三世の王政はスタートする。主な歴史的出来事としては、一六〇九年に、オランダのプロテスタント反乱派との一二年休戦条約の締結と、同年、モリスコの追放令の発布に要約出来る。

又、一六〇四年に、イングランドとの平和協定を結んだ事も、歴史的出来事であるが、この条約もイングランド側に有利な条約であった。表向きには友好関係を維持していたが、新大陸や太平洋圏のスペイン領は、イングランドの海賊によって攻撃を受け、スペインの覇権は脅かされる事になる。

イングランド王ジェームズ一世(42)は、エリザベス女王と異なり、平和な王政を掲げ、スペインとの敵対関係を避け、何とかして、友好関係を結ぶ努力をする。子息や子女を、スペイン王子や王女と婚約させる事を提案し、交渉するが、宗教的信仰問題で交渉は中断する。

当時、イングランドには、カトリック信者が多数存在し、カトリック国のアイルランドと併せれば、イングランドのプロテスタント派王政にとって、脅威であった。スペインは、アイルランドのカトリック信者を援護する為、無敵艦隊失敗後も、イングランドとの紛争を継続していた。スペインは、アイルランドは、スペイン王をアイルランド王として認めていたが、レルマ公はアイルランドを援助する事に興味を示さず、見放す政策に切り替えてしまった。イングランドはエリザベス女王の時代に、スペインの無敵艦隊の失敗で運良く侵略されなかったが、ジェームズ一世は、当時のイングランドでは、スペイン帝国の巨大な軍事力や経済力に対抗出来ない事を知っていた。その為、スペインとの友好関係を結ぶ事が、イングランドにとってプラスであると判断していた。だが実際には、この平和政策と矛盾して、イングランドは海賊を海外に送り込み、無敵艦隊の失敗後弱体化していたスペイン海軍を襲い、リスボンやラ・コルーニャを攻撃し、一五九六年にはカディスを略奪する。新大陸もフロリダから南米アルゼンチンまでの主な戦略地点が狙われていた為、スペインは防壁を築き、海賊の侵入に対抗せざるを得なかった。

イングランドの行為は、新大陸はスペイン・ポルトガルの領土である、と認めたローマ法廷の裁決を無視する

(41) ドイツ皇帝マクシミリアン二世の妃で、フェリーペ二世の妹。マクシミリアン皇帝が亡くなった後、未亡人としてマドリッドに戻り、修道院生活をしていた。フェリーペ三世は、マリアの娘アナの子息であり孫にあたるが、同時にマリアの兄フェリーペ二世の息子でもあるので、甥でもあった。

(42) スコットランド女王メアリー・ステュアートの息子で、エリザベス女王の後継者として、イングランド、スコットランド、アイルランドの王となる。母はカトリック信者であったが、ジェームズはイングランド女王同様、プロテスタントであった。

態度であり、更に武力をもって、新大陸のみならず太平洋圏のスペイン領を略奪する動きをとっていた。イングランド王は、表面的には直接関与していない立場をとり、偽善的平和政策をうちだし、海賊行為の責任は取らなかった。

フランドル地方は、現在のオランダとベルギーであるが、当時はスペインに属し、スペイン王の代理人が総督になっていた。フェリーペ三世の祖父カルロス一世の時代、既に反カトリック派は存在していたが、地元出身の君主であるカルロス一世に対して、反乱を起こす事は殆どなかった。

しかしその後に、息子フェリーペ二世の時代から、プロテスタント派指導者は、表面上ではカトリック信者を装い、フェリーペ王に忠誠を尽くしている様に振る舞い、信頼させ、フランドル内での特権を享受し、ステイタスを維持しながら、裏で地道に反カトリックのプロテスタント勢力を組織していた。そして、スペイン王の代理人である総督を退け、スペイン・カトリック派を弱体化させ、スペインからのフランドル独立を目指す陰謀を重ねていた。有名な貴族、オラニエ侯がこのリーダー格であったが、フェリーペ二世は最後までこの陰謀に気がつかず、オラニエ侯たちを優遇し、親交をはかっていた。

一六〇〇年にオランダ船が日本に漂着している事実は、日本にも記録がある。オランダがスペイン領の太平洋に無断で侵入していたにも係わらず、これを取り締まる事なく、休戦条約を交わしていたのは、寵臣レルマ公の怠慢政治の象徴である。オランダは、この休戦条約中スペインの干渉をのがれ、イングランドやドイツ、フランスのプロテスタント派の援助を受け、地道に海軍力を増強し、スペインからの独立と海外での交易を振興し、繁栄していく。平和政策を打ち出したレルマ公の責任で、スペイン帝国は徐々に衰退していく事になる。

フェリーペ三世は、一六一三年頃まで、レルマ公を寵臣として尊重し、女王マルゲリータよりも再三にわたりレルマ公の杜撰な政策の批判を受けたにも係わらず、何もせず放置していた。それどころか、一六一二年フェリーペ三世は、政令を出しレルマ公を信頼している事を確認し、批判的な王の聴罪司祭ルイス・デ・アリアガに対し、レルマ公と友好関係を持つように要請している。レルマ公の地位は、宮廷内で数年来落ち込み、信頼されなくなっていたが、王はこれを無視して、寵臣として認め続けている。

一六〇九年は、モリスコ追放令を出した年でもある。モリスコ問題は、既にカトリック両王時代に勃発し、フェリーペ二世の時代には一五七八年に大規模な騒動が起こった。一五八二年には、国家審議会がモリスコ追放支持を認めたが、当時、フランドル紛争やポルトガル併合などの問題を考慮し、モリスコ問題に思いきった解決策を取らずに、見送っていた経緯がある。

一六〇二年、レルマ政権は平和政策で、地道に年月をかけてモリスコの改宗活動を行う方針を打ち出したが、結局、改宗は不可能であるとの結論に達する。モリスコとオスマン・トルコとのつながりは、スペインにとって極めて不利な状態であり、又五〇万を超えるモリスコ人口を、一挙に追放する事のリスクもあった為、慎重な立場をとっていた。

七年後の一六〇九年四月に、追放令が批准され、まず初めにバレンシアのモリスコが追放される。バレンシアには、一七万のモリスコが定住していたが、デニア港より北アフリカのスペイン領オランに送り込み、オラン総督アギラール侯によって、ムスリムの地に送られた。アラゴンから七万、カタルーニャより五万、その他地域よりも、次々に追放され、合計で約五〇万のモリスコがスペインから姿を消した。地方経済にかなりの打撃を与えた事は、明らかであった。

カトリック両王が、イスラム最後の砦グラナダの開城を果たし、宗教統一でユダヤ人を追放した一四九二年から、モリスコはスペイン各地で共存を許されてきたが、結局カトリック信者に改宗しないまま、一一七年後に追放される事になった。

フェリーペ三世は、一五九八年に王位に就いて以来、ポルトガル王でありながら、一度もポルトガルに足を運んでいなかった事もあり、ポルトガル国民は不満を示していた。

一五八〇年に、フェリーペ二世がポルトガルを併合し、スペイン王の代理副王がポルトガルを統治してきたが、ポルトガルの利益になるような政策は施行されなかった。更に、海外にあるポルトガル植民地は、オランダやイングランドの海賊によって襲われ、被害を受けていたが、スペイン王は無関心であった。レルマ公が、私的利益を増やす事だけに携わり、国益については一切放棄していたのが原因だったが、ポルトガル側としては、スペイン王のポルトガルに対する態度に、強い懸念を抱いていた。

一六一九年四月、フェリーペ三世はポルトガルを初めて訪問する。目的は、リスボン議会で、王子フェリーペをポルトガル王の後継者に認める宣誓式を催す事であった。

この時期、レルマ公は寵臣職を引退し、政治の第一線から退き、以前より希望していた、枢機卿のタイトルをローマ法王より受け、公爵兼枢機卿となり、聖職者として隠居生活をしていた。

フェリーペ三世は、六月二十九日リスボンに到着。約三カ月滞在後、スペインに戻った為、極めて短期間の滞在で、ポルトガル国民は不満を漏らしていた。

当時、ドイツで妃マルガリータの兄にあたるフェルナンドが、皇帝の座に就いた知らせが入った。前皇帝が、プロテスタント派のマティアスだった事もあり、カトリック支持のフェルナンド二世が皇帝になった知らせは、スペインにとって喜ばしい事であった。

フランスでは、アンリ四世がフランドルの反スペインのプロテスタント派を支持する一方、スペインは、フランス国内のカトリック派を支持していた事もあり、両国での友好関係は成立しなかった。又、フランスはスペインからのポルトガル独立を叫ぶ故、ポルトガル王の私生児クラトの子孫を、亡命者として受け入れたり、スペインから追放されたモリスコの保護や、フェリーペ二世を裏切り、囚人として国外逃亡した、元首相アントニオ・ペレスを匿い、優遇するなど、反スペイン的な政策を遂行していた事も、両国の関係が改善されない原因であった。

一六一〇年五月十四日、フランス王アンリ四世が暗殺され、後継者、ルイ十三世の時代になると、両国間での二重婚約が成立する。ルイ十三世とスペイン王女アナ・デ・アウストリア、更に、スペイン王子フェリーペとフランス王女イザベルの婚約が一六一二年二月にスペインで、同年三月にフランスで公示される。イングランド王や、フランスのユグノー派、ドイツのプロテスタント派、オランダやサヴォイア公は、この結婚に反対で、強い不満を示した。スペインとフランスが友好関係を結べば、周辺国にとって不利益が生じる事は明らかだった。

しかしながら、実際には、この二重結婚後もフランスとスペインの関係はそれほど改善されず、以前の状態に戻っていた。

フェリーペ三世の時代、特にレルマ公が寵臣として平和政策を維持し、周辺で起こっていた反乱や紛争を鎮圧せず、大目に見ていたにも係わらず、スペイン帝国の領土が、敵国に侵されず維持出来た理由は、この平和政策を無視して敵国に対抗し戦っていた、各領土の副王達の功績によるものであった。かかる状況について、フェリーペ三世は何の報告も受けておらず、レルマ公はこれら副王の行動を、大目に見て逆に利用していたと言える。

ナポリ王国でも、副王オスナ公がフェリーペ三世の命令を無視して、ヴェネツィア共和国と戦火を交わし、将来、ドイツ皇帝となるフェルナンド大公を援助していた経緯がある。ヴェネツィアは、再三にわたりスペインに対して、オスナ公の行動を非難し、フェリーペ三世が、ヴェネツィアとの争いを停止する様オスナ公に要請したが、オスナ公はこれはレルマ公の意向だと反論し、従わなかった。

オスナ公は、ヴェネツィア海軍をアドリア海から締め出し、オスマン・トルコ海軍の侵入を妨ぎ、ヨーロッパ防衛の為に活躍したが、フェリーペ三世が亡くなり、後継者のフェリーペ四世の時代に失脚させられ、アドリア海はヴェネツィアの支配下に入ってしまう。更に、フェリーペ四世の寵臣オリバーレス公は、オスナ公が寵臣レルマ公の家臣であったとして捕らえ、投獄してしまう。

一六一〇年、フィリピンのルソン沖で、オランダ艦隊がスペインのフィリピン総督ファン・デ・シルバによって撃退された事を見ても、オランダが太平洋至る処に入り込んでいた事を、察する事が出来る。オランダは、スペインとの休戦条約中に、太平洋に続々と船団を送り込み、香辛料貿易会社の設立や、一六一六年には日本との通商協定を結ぶ。一方、スペインは日本で半世紀以前より維持していたキリスト教布教活動や、スペイン船の入港を禁止され、二国間友好関係が覆されていく結果となる。

一六一四年の慶長遣欧使節が、一六一五年にマドリッドに着き、フェリーペ三世に謁見した事実は、日本史でも知られているが、使節が日本に帰還した一六二〇年には、日本は既にカトリック教の禁止令を出し、スペインとの国交停止に踏み切っていた。これらの動向は、当時のスペインでは、重要事項として扱っていなかったと想像される。ヨーロッパ内での諸問題や、新大陸での出来事だけで、手に負えない程の膨大な執務に追い回され、遠いアジアでの出来事まで手が回らなかった事も理解出来る。

一六一三年頃、フェリーペ三世付きの聴罪司祭ルイス・デ・アリアガが、レルマ公の行動を批判し始めて、レルマ公の意志が王に承認されなくなる。レルマ公はその後も、寵臣として王政に携わるが、一六一八年にローマ法王より枢機卿の位を受け、息子を後継者とし、寵臣職を引退する。

三年後、一六二一年三月三十一日、フェリーペ三世は四二歳の生涯を閉じる。二一年間以上に及ぶ王政が、余りにも貧しい結果しか出せなかった事に強い不満を示し、亡くなる前に自己反省し、王政を寵臣に任せた事の誤りに気が付くが、既に手遅れであった。

フェリーペ三世の時代は、政治や軍事面でスペイン帝国はその規模を維持していたが、周辺国の台頭が激しくなり、フェリーペ二世の時代の様な、偉大なスペインのイメージはなくなりつつあった。

帝国の衰退と反比例して、スペイン黄金世紀が始まるのは、このフェリーペ三世の時代からである。本書では、この黄金世紀について扱わないが、多数の著名な芸術家や、作家、文化人が現れ、絵画や文学哲学の分野で活躍し、スペイン文化が最盛期を迎え、世界中、特にヨーロッパに行きわたり、影響を及ぼす事になった。

フェリーペ四世（一六〇五－一六六五）について
一六〇五年四月八日、バリャドリッド市でフェリーペ三世と王妃マルガリータ・デ・アウストリア[43]との間に誕生。一六二一年、父フェリーペ三世の死後、一六歳で王位に就く。一六六五年九月十七日に亡くなるまでの四四年間、スペイン帝国の王政に携わる。
フェリーペ三世の対外政策で、故フランス王の後継者ルイ十三世がスペイン王女アナと結婚し、同時にスペイ

(43) ハプスブルク・オーストリア家エスティリアのカール二世の娘。スペイン王カルロス一世の弟で、皇帝フェルナンド一世の孫にあたる。

フェリーペ四世（1605 - 1665）
From Wikimedia Commons, the free media repository

ン王子フェリーペはフランス王女イサベル（エリザベート）と結婚する。一六一二年に婚約が公示されたが、正式な結婚式は、四年後、一六一九年十一月二十五日に挙げられた。フェリーペ王子一五歳半、イサベル王女一六歳だった。二四年間の結婚生活で、六人の子供が誕生するが、生き残ったのは、一六三八年に生まれたマリア・テレサ王女一人であった。彼女は将来、フランス王ルイ十四世と結婚する。

イサベル女王は一六四四年に亡くなり、五年後フェリーペ四世は二度目の結婚をする。相手はハプスブルク・オーストリア家のマリアナ大公女[44]で、五人の子供が誕生するが、三人は若くして亡くなり、長女マルガリータ王女がドイツ皇帝レオポルトの妃となり、末っ子のカルロス王子はフェリーペ四世の後継ぎ（カルロス二世）となる。

フェリーペ四世の王政は、前半期一六二一年から一六四三年と、後半期一六四三年から一六六五年までの二二年毎に分ける事が出来る。

前半期は、寵臣オリバーレス公伯爵にすべてを任せ、本人は狩猟や宮廷での遊戯に熱中し、淫乱生活で数多くのエピソードを残している。結果として、複数の不倫関係で数人の私生児を残すが、将来活躍するファン・ホセ・デ・アウストリア以外の細かい資料は残っていない。王位に就いた時期当初は、積極的に王政に介入したが、徐々に興味を失っていき、結局、父フェリーペ三世同様、王政を寵臣に任せ、本人は快楽を求める日々を過ごし、先祖から受け継いだ帝国の統治維持には、真剣に取り組む姿勢を示さなかった。

フェリーペ四世の寵臣オリバーレス公伯爵は、フェリーペ三世の寵臣レルマ公の平和政策を非難し、前王政の杜撰さについて強い態度で臨み、スペイン帝国全盛期リバイバルを目指す事を念頭に置いた。当初、前寵臣含め、政府首脳部要人に罰則を科し、最高責任者を処刑する厳しい姿勢を打ち出し、フェリーペ四世に対し、スペイン帝国は弱気な平和政策を遂行して来たレルマ公の誤りで衰退化している事を批判し、フェリーペ二世の時代のスペインに戻る為に戦う事を表明し、王の承諾を得る。対外政策として、ローマ法王を助け、カトリック教を防衛し、内務政策として、財政改善を優先する事を王に伝える。

一六歳のフェリーペ四世にとって、オリバーレス公伯爵の打ち出した政策は、スペイン帝国にとって最も適当であると信じ、寵臣を支持したと想像出来る。オリバーレス公伯爵の性格は、せっかちで頑固で妄想的であり、高慢であったと、当時のヴェネツィア大使のコメントが残っている。

一六二一年、オランダとの休戦協定が終結するが、これの更新交渉支持派を無視し、破棄する事でオランダと

(44) ドイツ皇帝フェルナンド三世と、フェリーペ四世の妹マリア・デ・アウストリアの娘で、フェリーペ四世の姪にあたる。太平洋のマリアナ諸島は、この女王に由来する。

の紛争が再開される事になる。当時ブリュッセル宮殿にいたフランドル君主アルブレヒト大公(45)は、オランダの一七県に対し、スペイン帝国に忠誠を示し服従する様命じるが拒否され、オランダは独立を叫んで、戦争が再開される。デンマークがオランダと同盟を結び、フランスやイングランドもオランダを支持し、国際的な反スペイン戦争にエスカレートしていく。

一二年間の休戦中、オランダは軍事力を増強し、特に海軍力は、世界一を誇るまでに成長していた。この時期、スペインの海軍司令官ファドリケ・デ・トレドは、ジブラルタル沖を航行中のオランダ艦隊三〇艘を撃沈させた。しかし、既にオランダは多数の艦隊を大西洋や太平洋に送り込み、スペイン帝国の領土を襲い侵入し、東インド会社を設立し、香辛料貿易やアジア諸地域と、それまでポルトガルとスペインが独占していた交易に介入し、多大の利益を上げていた。

ヨーロッパでは三十年戦争が勃発し、フランスがオランダを援助し、ドイツ帝国と北イタリアのスペインに属する公国と戦火を交わしていた。スペインはこれの支援の為、多大の軍事資金や軍隊を、ウィーンやフランドル、イタリアに送り込み、破綻していた財政は更に悪化する一方だった。

一六二四年、オリバーレス公伯爵は財政問題解決の為、スペイン帝国内の複合国家的組織を統一国家にする事で、カスティーリャ王国だけが負担していた財源を、その他の国々からも負担させる事を法令化する企てを試みるが失敗し、スペイン帝国は財政破綻の状態の泥沼から抜け出せず、帝国崩壊への時代を迎える事になる。それにも係わらず、その後二五年間、持ちこたえた事は驚くべき事実であり、超人化したスペイン帝国が、それだけしっかりとした組織体制を備えていた事が、改めてうかがえる。

一六二三年、イングランド王子チャールズが、バッキンガム公と共にスペインを訪れる。これは以前より、イングランド王ジェームズ一世が大帝国スペインとの友好関係を維持する為、スペイン王家の王女とイングランド王子の結婚を提案し、当時のスペイン大使ゴンドマール侯爵が婚約交渉を行い、ジェームズ王の信頼を得た事で実現した訪問であった。

イングランド王子とバッキンガム公は、六カ月のスペイン滞在中、フェリーペ四世の歓迎を受け、数多くの宮廷晩さん会やその他狩猟や闘牛の催し物でもてなされたが、フェリーペ四世の妹マリア王女との結婚の話はまとまらず、長期にわたる滞在は無意味となった。ジェームズ一世は王子があざむかれたとして憤慨し、二度とフェリーペ四世を許さない事を誓い、フランスと協力し、反スペインの立場を打ち出すようになる。

一六二五年、ジェームズ一世が亡くなる。後継者のチャールズ一世はスペインを憎み、艦隊を編成し、スペイン襲撃を企てるが、カディスでメディナ＝シドニア公によって追い払われ、三〇艘を失う。

フランドルでは一六二六年、アルブレヒト大公君主が亡くなった後、妃イサベル・クララがスペイン帝国のフランドル統治者となる。ジェノヴァ出身でスペイン軍司令官のスピノラ将軍がフランドルで活躍し、画家ベラスケスの有名な絵画『ブレダの開城』で見られるごとく、スペイン軍がオランダ軍を破り勝利を収め、スペインのフランドルに於けるステータスが確保されたとして、オリバーレス公伯爵の好戦的政策が功を奏したとする、楽観的な見方がされた。一方、一六二五年には新大陸にも、オランダが占領していたブラジルへスペイン艦隊を派遣して、オランダ軍を破ったことで有名なサン・サルヴァドール・デ・バイーアの戦闘で、スペインはブラジル

(45) ドイツ皇帝マクシミリアン二世の子息で、フェリーペ二世の娘イサベル・クララ王女と結婚。フェリーペ二世が亡くなった一五九八年より、スペイン帝国領土のフランドル君主を任されていた。

からオランダを追放し、スペイン統治のポルトガル領ブラジルを取り戻す。ブレダとバイーアの勝利で、スペイン帝国の栄光がよみがえったかに見られた。

一六三三年、フランドル統治者イサベル・クララが亡くなり、後継者にフェリーペ四世の弟で枢機卿王子フェルナンドが任命される。一六三五年、フランスはオランダと同盟を結び、スペイン領の連合州地方を分け合う事で合意し、又スウェーデンと同盟を結び、スウェーデン軍をドイツに侵攻させる事に成功する。又、イタリアでは、サヴォイア公国とも同様の協定を結び、スペインとの戦いで勝利を収めれば、スペイン領ミラノ公国を与える事を約束する。

フランスはこのように、スペインの親戚であるオーストリア・ドイツ帝国領と、北イタリアのスペイン領各公国を攻撃する事で、スペインに対抗してくる。同時に、フランスの寵臣リシュリュー首相は、一六三五年五月十九日に、スペインに対して宣戦布告する。理由は、フランドルとドイツやイタリアがスペインの領土である以上、スペイン帝国からの脅威を受ける為、よってフランスの防衛には、スペイン軍をこれら地域から締め出す以外になく、八世紀カール大帝の時代、フランク王国がヨーロッパ第一の王国であった時期と同じ地位を回復し、スペイン支配の中央ヨーロッパからスペイン軍を追い出し、イベリア半島に閉じ込める事が出来れば、フランスに平和がもたらせると判断した為としている。

一六三八年、フランスは北スペイン・バスク地方のフランス国境にある港町フエンテラビーアに、二万七千の軍隊で攻め込み、包囲するが、スペインの海軍司令官エンリーケ・デ・カブレラによって包囲は解かれ、フランス軍は大敗し、多数の戦死者を出し、大惨事となる。

その後も、フランスとの戦争は続くが、結局スペインは連敗を余儀なくされ、ヨーロッパに於ける地位は低下していく。

その一方、一六三五年、フランス軍はスペイン軍が弱体化した事で、フランドルとイタリアのスペイン領の占領は簡単だと判断し侵攻するが、思いもよらず地元住民の反発を受け、占領困難な状況に陥る。地元住民がスペインの為に立ち上がり、戦った事は予想外であった。これら公国は、スペイン帝国の配下でフランスに対抗した事になり、スペイン帝国の基盤の強さを示した。

しかし一六三九年、スペイン艦隊はオランダ海軍によって敗れ、この敗戦でスペインとスペイン領フランドルとの航海ルートは閉鎖され、スペインのフランドルに於ける統治権は極めて困難となる。

更に一六四〇年には、フランスがカタルーニャの反乱を挑発し、内乱が起こる。同時期に、ポルトガルでもスペインからの独立を叫ぶ動きが活発化し、イングランドやフランス、オランダ、スウェーデンが介入して反スペインを叫び、内乱となる。

ポルトガル反乱の鎮圧の為、フェリーペ四世はアンダルシアのメディナ＝シドニア公を総司令官に任命するが、ポルトガル反乱軍のリーダーであるブラガンサ公の妃が、メディナ＝シドニア公の妹であり、又、両人とも寵臣オリバーレス公伯爵の親戚関係にあった事が原因となり、ポルトガル独立と並行して、アンダルシア独立を企てる陰謀の疑いが公となる。これが原因で、寵臣オリバーレス政権が崩れるきっかけとなる。

フェリーペ四世は、カタルーニャの暴動の鎮静に全力投入し、ポルトガル反乱は二の次だった為、ポルトガルの反乱軍リーダーであるブラガンサ公は、一六四〇年十二月十五日、フアン四世を名乗って独立を宣誓し、フランスやイングランドの承認を受ける。スペインはこれを認めず、ポルトガル独立戦争は一六六八年に、リスボン条約によって、スペインがポルトガルの独立を認めるまで継続した。

他方、カタルーニャでは、フェリーペ四世がフランスを破り、カタルーニャ問題は解決方向に向かい、一六五九年、スペインとフランスはピレネー条約を結び、カタルーニャ紛争は解決する。

寵臣オリバーレス公伯爵の失脚後、フェリーペ四世はオリバーレスの甥であるルイス・デ・アロを寵臣に就けるが、寵臣職をこなせる能力に欠け、安心して王政を任せる事が出来ず、頼りにならない事を悟る。

一六四二年、フランスの寵臣リシュリューが亡くなり、翌年にはルイ十三世も亡くなると、後継者は五歳のルイ十四世だった為、母親であるアンヌ・ドートリシュが摂政となる。彼女がフェリーペ四世の妹であった事もあり、フランスとスペインの和平の可能性が出て来たが、外交交渉は進まず戦争は続いた。この間、ルイス・デ・アロは平和を目指す政策を打ち出し、一六四八年、ウェストファリア平和条約を締結する。

この時期、フランスはスペインがフランドルで苦戦している隙を見て、イタリア方面に焦点を向け、スペイン領であったモナコやニースを攻め、スペイン軍を追い出す事に成功する。又、フランスが介入してシチリアやナポリ王国でも反スペインの動乱が発生するが、スペイン帝国の副王達によって反乱は治まり、フランスの予想通りに事は進まず、ナポリ王国とシチリア王国は依然としてスペイン帝国の領土にとどまる。

一六四三年、フランスとスペインはロクロイで戦い、フランス軍が導入した砲兵隊によって、今までヨーロッパ最強を誇ったスペインのイタリア駐屯テルシオス陸軍は、壊滅的な打撃を受け全滅する。この敗戦で、ヨーロッパでの主導権が、スペインからフランスに移る事になる。

一六四六年、フェリーペ四世は、ドイツ皇帝フェルナンド三世の援助を求め、大公レオポルトをフランドル君主に就かせ、オランダとの戦いに全力を投入するが敗れ、帝国からの援助は停止されてしまう。結果、スペインのフランドルに於ける領土は、現在のベルギーに限られ、他の一七州が一六四八年にオランダとして独立を達成する。

幾多の敗戦で、スペイン帝国の崩壊が進む中、フェリーペ四世は頼りになる家臣に恵まれず、唯一の助言者は神であるとして、ソリア県のアグレダの修道女マリア・デ・ヘススを精神面での相談役にして、手紙のやり取りで神との対話により、破綻した王政の回復を祈り始める。

一六五七年、イングランドはフランスと同盟を結び、フランドルのスペイン領を占領したり、遠くはカリブ海のジャマイカも占領し、新大陸でもスペイン帝国の衰退が現れ始める。

一六五九年、ピレネー条約で、スペインはフランスにロセジョン（ルシヨン）やその他の領土を譲渡する一方、フェリーペ四世の娘マリア・テレサと、フランス王ルイ十四世の結婚を取り決める。

当時、フェリーペ四世は、スペイン帝国の力が海外で弱まる中、国内での騒動や家族間での争いの他、数多くの陰謀や、スペイン領国王の相次ぐ暗殺等で憂鬱になっていた。ピレネー条約で、平和がもたらされたポルトガルを、再びスペイン配下に置く為服従させようと試みるが、フランスとイングランドがポルトガルを援助し、一六六三年と一六六五年の戦いで敗戦し、同時に王の健康状態は悪化した。全てを神に任せる事しか出来なくなったと悟り、一六六五年九月十七日に六〇歳で生涯を閉じた。

フェリーペ四世の時代、スペイン帝国には優秀な司令官が数多く存在したが、彼らを適材適所に動かす能力ある政治家首相がいなかった事が、スペイン帝国の崩壊を助長したと言える。本来、スピノラ将軍、イノホサ侯、フエンテス伯、ベレス侯、サンタ・クルス侯、レガネス、オケンドの他、王の私生児ファン・ホセ・デ・アウストリアや、王の弟フェルナンド枢機卿大公たちは、ヨーロッパでスペイン帝国を維持し、敵国を制覇出来る英雄的人物であった。

フェリーペ四世の時代、日本でもオランダが徳川幕府に優遇され、一五四九年より続いた、スペインと日本の関係は消滅する事になる。日本史では、一六二四年にスペインとの国交が断絶され、一六四一年に徳川幕府は鎖国令を発布する。この年、オランダは日本で唯一の交易国として平戸で貿易を許可され、オランダ通商領事館が設立された。

C. スペイン帝国の規模・遺産・功績

規模

日本では、スペイン帝国についての観念は、極めて乏しい。これに反して、大英帝国は各方面で知られている。理由は、明治維新以来、日本は当時の先進国イギリスの影響を受け、資本主義経済や議会制民主主義を導入し、国際語としての英語教育を制度化して、イギリスについての認識は国民に浸透した。又、国際社会に英連邦諸国が大英帝国の遺産として存在する事によって、イギリスが築いた帝国の重要性を日本が高く評価している事も要因と言える。

確かに、大英帝国を身近に感じるのは、一八二四年から一九四七年までの一二〇年間の短期間ではあったが、二〇世紀中頃まで存在し、日本も第二次世界大戦で、この大英帝国の植民地である東南アジア諸国で戦火を交えた事で、大英帝国のイメージは日本人の間に息づいている。

大英帝国が十九世紀から二十世紀中頃までの一二〇年間という短期間であったのと比較し、スペイン帝国は、十六世紀初期から十九世紀までの約四〇〇年間の長期にわたり生き延び、世界各国に残した遺産は数えられない程に及ぶが、なぜ日本ではこのスペイン帝国についての認識が乏しいのか。これは色々な面から考察出来るが、日本が開国した十九世紀末の国際社会でのスペインは、全く影響力ない劣等国になり下がってしまっていた為、当時の先進大国であるアメリカ、イギリス、ドイツ、フランス、ロシア等が主人公として、日本の外交関係の窓口となり、スペインの存在は忘れられてしまった事に由来する。

スペイン帝国の広さは、二千万㎢に及び、ポルトガル帝国を併合した時代には三千万㎢あった。大英帝国の広さは、三千百万㎢で、スペイン帝国より多少広い領土であったが、両帝国の差は広さではなく、スペイン帝国の領土がスペイン本国の一部として広がったのに対し、大英帝国の領土は植民地の領域を出なかった。スペイン帝国は、世界史上初の世界規模の帝国となり、その主な目的がキリスト教の布教にあり、大英帝国の植民地搾取の政策とは異なっていた。

武力による侵略ではなく、先祖からの相続によって形成された領土は、ヨーロッパだけで二七王国(46)、一三公国(47)、二二伯爵領、その他九領国に及ぶ。大西洋の島々であるカナリア諸島、アゾレス諸島、アフリカ大陸のモロッコ、サハラ、モザンビーク、ギニア、新大陸発見後のアメリカ大陸、カリブ海の国々キューバ、ドミニカ、プエルトリコ、ジャマイカ、ハイチ、バルバドス、更に太平洋の島々全て、ミクロネシア、ソロモン、カロリン、マリア

(46) カスティーリャ、アラゴン、レオン、ナポリ、シチリア、エルサレム、ハンガリー、グラナダ、トレド、バレンシア、ガリシア、マジョルカ、セビリア、サルデーニャ、コルドバ、コルセガ、ムルシア、ハエン、アルガルベ、アルヘシラス、バレアレス、カナリア、インディアス、ドイツ、アメリカ、ダルマチア、クロアチア。

(47) オーストリア、ブルゴーニュ、ロレナ、ブラバント、エスティリア、ケルンテン、リンブルク、ルクセンブルク、グエルデス、ヴュルテンベルク、カラブリア、アテネ、ネオパトリア。

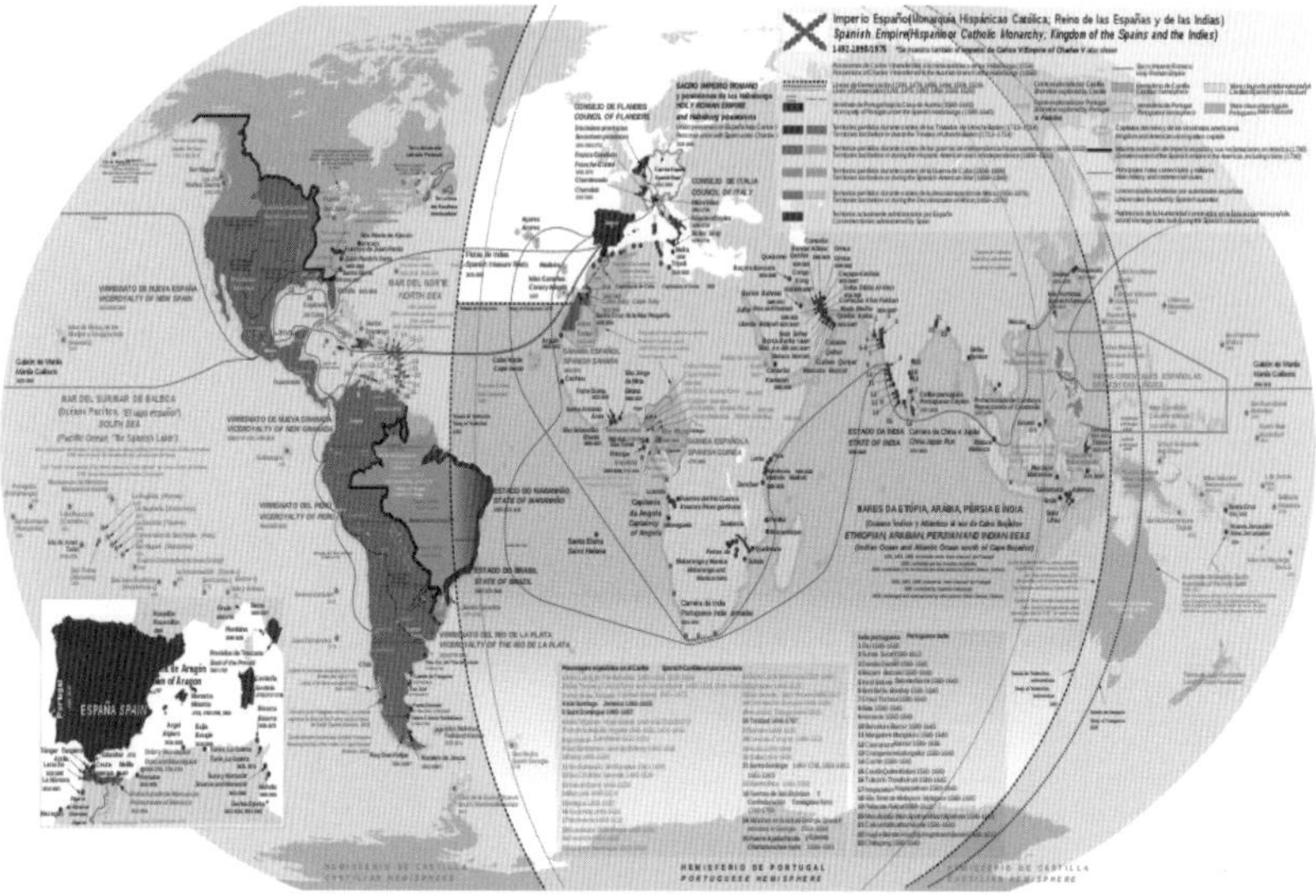

1580年以降のスペイン帝国の領土
From Wikimedia Commons, the free media repository

ナ、パラオ、モルッカ、マーシャル、台湾、フィリピン、ブルネイ、ニューギニア、インドネシア、マカオ、更にカンボジア、インド洋ではゴア、コーチ、セイロン、ボンベイなどが知られている。

日本に初めて上陸したヨーロッパ人として、ポルトガルが一五四三年に種子島に到着した事実は、日本でも知られているが、同年、スペイン人航海士が日本の最南端に位置する硫黄島に上陸している事はあまり知られていない。

新生スペイン副王国（現在のメキシコ）アカプルコより出航したスペインの船団は、ハワイ[48]を発見後、マーシャル諸島、パラオ諸島、カロリン、マリアナ諸島を経て、フィリピン・ミンダナオ島に着き、その後、小笠原諸島の南にある硫黄島に到達した。ルイ・ロペス・デ・ビリャロボスの率いる船団に属する、ベルナルド・デ・ラトーレ航海士は、フィリピンからメキシコに戻る為の海上ルートを見つける為、航海中に南鳥島や硫黄島に到達し、後にウルダネータが黒潮海流を見つける事に成功する。

一四九四年、スペインのトルデシリャス市でローマ法王を介して、世界史上初の国際条約がスペインとポルトガルの間で締結される。この条約によれば、大西洋のカーボベルデ諸島より西に三七〇レグア（約二千キロ）までをポルトガル領とし、西側はスペイン領とする事で、二国間で新大陸を半分に分ける協定が結ばれる。この条約により、南米の一部である現在のブラジルがポルトガル領となる。

ブラジル以外のアメリカ大陸と、その後発見された太平洋（スペイン湖と呼ばれていた）に浮かぶ島々が、スペイン領として認められた事で、本来、日本もスペインに属するはずであったが、条約では主権国が存在した場合は、これを尊重した為、日本のステータスは確保された。ポルトガルは、東側のみが領土として認められていたので、スペイン領である太平洋に侵入する事は条約違反であったが、ポルトガル領であるインド洋と太平洋の境界がはっきりしていなかった為、ポルトガルはモルッカやマカオに領土を築き、日本まで到達していた。

領土として統治出来なかったが、当時、オーストラリアやニュージーランド、インドネシアも、スペインが発見している。オーストラリアは、将来イングランドの植民地と化すが、国名はスペイン王家ハプスブルク・オーストリア家の名前に由来するものである。

又南極も、スペイン航海士ガブリエル・デ・カスティーリョが一六〇三年に発見したが、当時、領土にする価値なく放置され、その後諸外国が入り込み、一七七四年にイギリス人航海士ジェームズ・クックが発見したとの誤った記録が、世界史に残るに至っている。当時、スペインは世界中に広がる広大な国土を統治するのに精いっ

（48）日本では、一七七八年にイギリス航海士ジェームズ・クックによって発見されたとなっているが、実際には、二〇〇年以上前の一五四二年にスペイン人航海士ルイ・ロペス・デ・ビリャロボスが到達している。

ぱいで、北アメリカの開拓や、オーストラリアやニュージーランドまで領土とする事は、物理的に不可能だった事もあり、南極の事など全く無関心だった事は理解出来る。

又王家でも、領土を広げる政策を止め、カトリックの布教を奨励した事で、後進国としてスペインを追随したイギリスやオランダ、フランスが、北アメリカやオセアニア太平洋の島々を、植民地化する事が出来た理由と言える。

現在のアメリカ合衆国は、アラスカからカリフォルニア、更に、テキサスからフロリダまでの広大な領土が、スペイン帝国に属していた。サンフランシスコやロサンゼルス、セントルイス、ラスベガス、サンディエゴ、マイアミ以外、数多くの都市はスペインによって設立され、スペイン語由来の地名等が今日でも残されている。北側の州を除き二〇以上の州が、スペインの領土となっていた。又、アメリカ最古の街であるサン・アグスティンは、スペインによって創設された事、アメリカ人であれば誰でも知っている事実である。

スペイン人開拓者達は、カナダにも到達したが、開拓する価値なしと判断した。当時、カナダを訪れた開拓者たちは、スペイン語で〝acá.nada〟と叫んだ事から、カナダと言う国名が付いたとされている。日本語で言えば〝こっちにはなにもない〟であり、それ以来、カナダの開拓は断念したと判断される。

当時、スペインが優先的に開拓していたのは、現在のメキシコであり、アステカ帝国を滅ぼしたあと、新生スペインとして副王国を設立した。南米では、インカ帝国を滅ぼし、現在のペルーとボリビアを中心に、殆ど南アメリカ大陸全土がペルー・スペイン副王国で形成されていた。

余談になるが、一五五四年、スペイン王のフェリーペ二世は、イングランドの女王メアリー・テューダーと結婚したが、子息が誕生していたらイングランドはスペイン帝国の配下に入り、又フェリーペ二世の娘がフランス王の姪だった事で、子息を残さずに亡くなったフランス王の後継者となる可能性もあった。従って、イングランドとフランスが、スペイン帝国の配下に入る可能性が無きにしもあらずであった。

遺産

大英帝国の領土は、植民地として搾取され、征服者対被征服者の力関係が維持され、植民地は何の恩恵も受けず、帝国の利益の為の政治が行われたが、スペイン帝国はこれと全く逆で、帝国領土は全てスペイン本国と見なし、地元住民にスペイン本国と同じ市民権を与え、地元の繁栄の為になる政策を実現させた。

大英帝国植民地には、地元社会の為になるような貢献は一切されなかった事が、下記の様なデータで明らかとなる。

・スペイン帝国によってスペイン本国外で創設された大学の数：二九（一五五一－一七五二）[49]
・大英帝国によって植民地に創設された大学の数：〇
・スペイン帝国によってスペイン国外で建設された大聖堂の数：四一（アメリカ大陸とフィリピン）
・大英帝国によって植民地に建設された文化財建造物：〇

スペイン帝国によって建設された建造物や歴史市街地区で、ユネスコの世界遺産に登録されている数は五一もあり、スペイン国内の建物や、歴史市街地区を入れると、九二に及ぶ。これは世界一のイタリアの四九をはるか

---

(49) 一五五一年に、メキシコ大学とリマ市のサン・マルコス大学が新大陸で初めて創設され、一五九〇年と一六四五年には、フィリピンのマニラ市にサン・イグナシオ大学と、サント・トマス大学が創設されている。

スペインが建設したフィリピンのバロック建築（世界遺産）
From Wikimedia Commons, the free media repository

スペインが建設したメキシコ・サカテカス大聖堂（世界遺産）
From Wikimedia Commons, the free media repository

に上回る数で、圧倒的に、スペインが世界遺産超大国である事が立証出来る。世界自然遺産を加えると、スペイン帝国内の世界遺産数は一七二に達し、イタリアの五四、中国の五三、スペイン本国の四七と比較し、三倍以上を有する。大英帝国の植民地に帝国が建設した世界文化遺産数が殆ど存在しない事は、インドやカナダ、オーストラリアなどの世界遺産を調べる事で、明らかである。

従って、スペイン帝国が人類の文化遺産を築く事に大きな貢献をした事が明らかであり、スペイン帝国の存在は人類にとって有意義であった事が確認出来る。

実際に、世界遺産に登録されていない無数の建造物や市街、大聖堂、教会、美術館、要塞、宮殿、劇場、病院、修道院等は、スペインから独立した国々に遺産として残され、各国の貴重な文化財として、現在でも大切に保存され、当時のスペイン帝国の面影をとどめている。

文化遺産としてのスペイン語を母国語とする人口は、年々増える傾向にあり、世界で四億七、七〇〇万人を超え、中国語に次いで世界二位にランクされている。国際語としても英語に次ぐ重要性を持ち、母国語以外にスペイン語を話す人口は、アメリカやブラジル、フランス、その他ヨーロッパで一億人を超え、合計五億七、二〇〇万人がスペイン語人口となっており、英語に次いで世界二位である。

これは、スペイン帝国の言語として世界各地に伝わり、複数国家として成り立っていた帝国の共通語としての役割を果たしていた事に由来する。現在、世界一〇六ヵ国で、二、一〇〇万人がスペイン語を学習している。二十一世紀半ばには、スペイン語人口は七億五千万人になると予想されている。

一四九二年、ラテン語を母体としたロマンス語から生まれたカスティーリャ語は、フランス語やイタリア語、ポルトガル語に先行し、ラテン語以来初のカスティーリャ語の文法書が発行される。このカスティーリャ語が、将来、スペイン語と呼ばれるようになり、現在に至っている。

カスティーリャ王国が、新大陸を発見し、ヨーロッパ内でも領土を広げ、スペイン語の影響力はスペイン帝国の影響力に比例して増していく。当時、人口六〇〇万足らずのカスティーリャ王国の言語カスティーリャ語が、今日、五億人以上に使用される言語となり、年々増えている事はスペインの誇りであり、スペイン帝国の創始者であるカトリック両王の偉業を評価したい。

一八九八年、スペイン帝国は海外の最後の領土キューバ、プエルトリコやフィリピン、太平洋の島々を失い崩壊するが、スペイン語はそのまま生き延びた。フィリピンだけは例外で、アメリカの支配下でスペイン語の使用が禁止され、スペイン系の上流社会の一部を除き失われる。ただ、フィリピン人の名字だけはスペインと同じで、昔スペイン領土であった事を物語っている。

言語は禁止されたが、スペイン帝国が建設し、残した、バロック様式のカトリック教会六つと、ビガンのスペイン風の街並みが、当時の面影を残し、今日のフィリピンの象徴になっている。これらは、フィリピンが有する三つの世界文化遺産として認められている事から、スペイン帝国がフィリピンの発展の為に、惜しみない貢献をした事を見る事が出来る。

功績

カトリック君主国としてのスペインは、物理的な領土征服よりも、カトリックの布教を目指した処に、その他の帝国との性格の相違があった。

アメリカ大陸の征服にしても、スペイン帝国が派遣した軍ではなく、スペイン人個人が自己資金で、開拓者として自発的に活躍し、所謂、民間レベルでの征服を成し遂げ、スペイン王の名義で征服した領地を国王に献上する事で、帝国内で本人の出世は保証された。

国王は、これらの征服者・開拓者に対し、大まかな政策ガイドラインを提示し、これを履行する為、スペインから上級役人を派遣し、更には、総督や副王を任命し、領地の統治を行った。ガイドラインには、領土で上げた利益の一部を王家に税金として支払う事や、現地住民に市民権を与え、奴隷扱いを禁止し、又、現地住民をカトリック信者に改宗させる為、教会や病院の建設や教育機関の設備の設置を義務づけることが明示された。

こうして、それまでヨーロッパ内にしか存在しなかったカトリックは、スペイン帝国の発展と並行して、世界中に広がり、十五世紀に推定約二、五〇〇万であったカトリック信者人口は、今日一一億八千万に達している。ヨーロッパに約三億人、アメリカ大陸に六億人、アフリカ大陸に二億人、その他アジア太平洋圏に一億八千万人のカトリック信者が存在する。

本来、カトリックの布教はローマ法王庁の任務であるが、スペインがこれの肩代わりをして来た事は、歴史を振り返れば明らかである。カトリック王であるスペイン王の協力なしに、カトリックは普及しなかった。

それどころか、十六世紀、反カトリックのプロテスタント派による宗教改革で、カトリック社会は虐待を受け、ローマ法王庁の存在は危機に境遇するが、唯一これを救い擁護し、プロテスタント派に対抗したのは神聖ローマ皇帝スペイン王カルロス一世であった。更に、カトリックを世界に広め、ヨーロッパ内でもフランスやドイツのカトリック社会を保護し、維持したのは、スペイン王フェリーペ二世であった。

ローマのカトリック法王庁の腐敗を批判する勢力が、ヨーロッパ全土に広がり始め、プロテスタント社会が現れ、カトリック社会は衰退を始める。すると、カトリック国スペイン出身のイグナチオ・デ・ロヨラ(50)は、イエズ

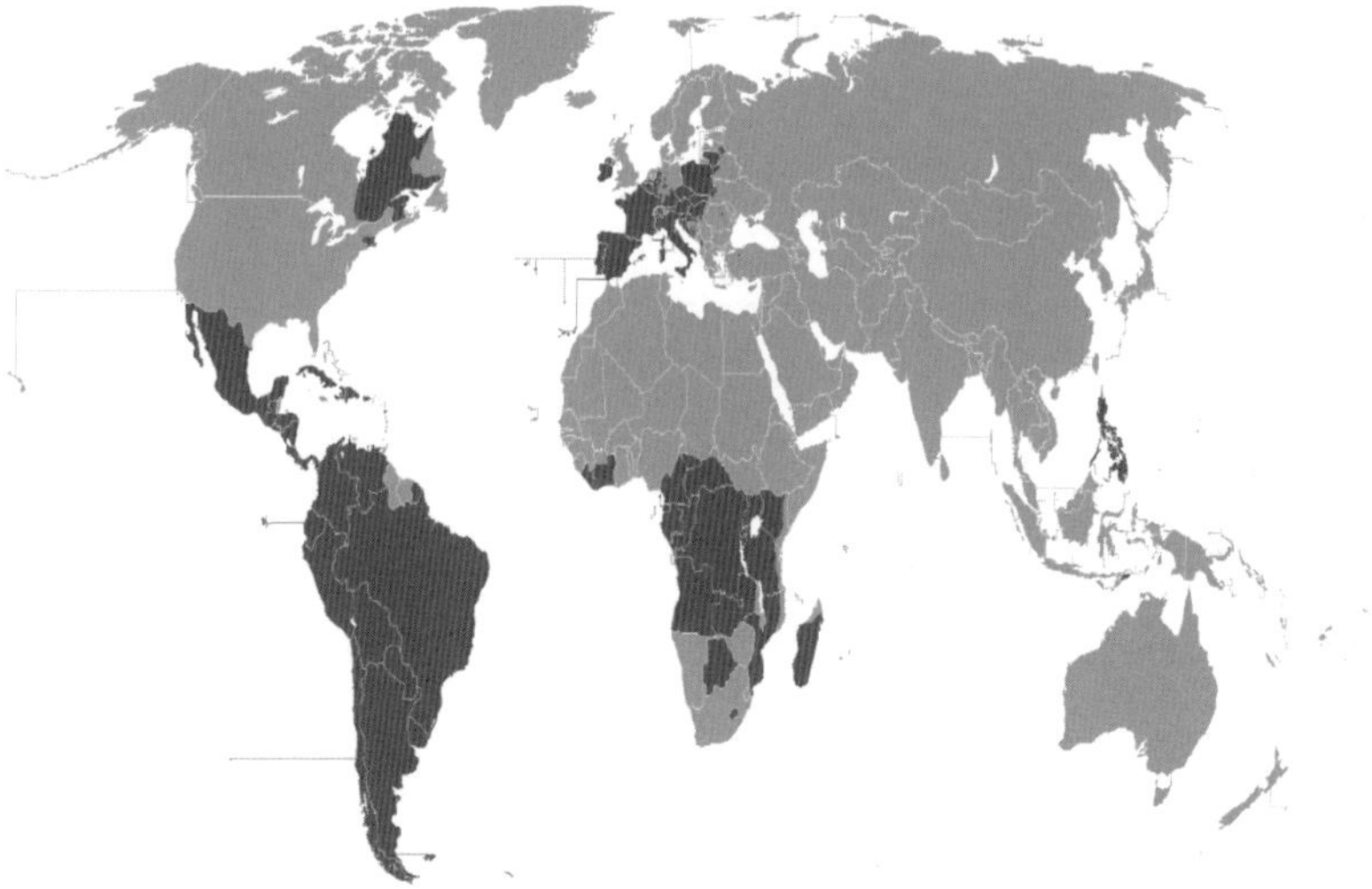

2015年現在の世界カトリック人口（12億5,400万人）
From Wikimedia Commons, the free media repository

ス会を創設し、フランシスコ・ザビエルらが宣教師として、カトリックの擁護と布教の為に、世界各国に派遣される。目的は、腐敗したカトリック教会を改革し、時代に即したカトリックを社会に伝え、プロテスタントの拡大を阻止する事であった。スペイン王フェリーペ二世は、このイエズス会の活動を支援し、スペイン帝国内はもとより、フランスやドイツやイングランドでも、直接・間接問わず介入し、イエズス会の布教伝道活動を援助した。

　このイエズス会は、一五四三年に設立され、活動範囲は宣教のみならず、教育、文化、マスコミ分野に至った。日本では、一五四九年のザビエル訪日に始まり、徳川幕府によって一六二〇年から明治維新まで禁止されたカトリックであるが、今日、ミッションスクールや大学を通して、日本の社会に貢献している。

　宗教以外でも、スペイン帝国は、新大陸に数多くの農産物や家畜を導入した。小麦、大麦、ライ麦、オリーブ、アルファルファ、レンズ豆、レタス、キャベツ、カブ、アスパラガス、ニンジン、ホウレン草、サトウキビ、レモン、オレンジ、ライム、リンゴ、ブドウ、バナナ、ユーカリ、グレープフルーツ、ワインの他、馬、犬、猫、鶏、豚、牛、羊、山羊等が挙げられる。

他方、新大陸より持ち帰った産物は、コーヒー、チョコレート、ジャガイモ、タバコ、トウモロコシ、トマト、ヒマワリなどが挙げられる。今日、日本がアメリカから輸入しているオレンジやグレープフルーツやレモンは、スペインが発祥であり、スペインによってアメリカに持ち込まれ、今日に至っている。

又、キューバが生産国として有名は砂糖も、スペインによって持ち込まれたサトウキビに由来する事、一般には知られていない。

現在、有名なベルギーのチョコレートも、スペインがメキシコより十六世紀初めにスペイン・レオン県のアストルガ市に持ち込み、ここがチョコレートの都となり、後にカルロス王の出身地であるベルギーに伝わった歴史については、殆ど知られていない。

又、西部劇に出てくるカウボーイの牛や馬も、スペインが導入した家畜であり、スペインが新大陸に上陸以前には、これらの家畜は存在しなかった事を見れば、スペインがアメリカ大陸の発展に、あらゆる面で貢献したと言っても過言でない。

(50) 一四九一年、スペイン・バスク地方アスペイティア市で生まれる。軍人として活躍したが、戦場で負傷し、その後、パリ大学で神学を専攻し聖職者となり、一五四〇年にローマ法王の許可を得て、イエズス会を創設する。

二、一五四九年のスペイン人の日本到来と日本人による二度のスペイン訪問

A．ザビエルの布教活動

スペイン人が、日本に最初に到達した年は一五四三年で、ポルトガル人が種子島に漂着したのと同年である。新生スペインのアカプルコ港を出航したスペイン船団は、マニラ〜アカプルコ間の往復航海ルートを見つける為、太平洋を航海中、日本の最南端にある硫黄島に漂着した。この間、スペイン船団指揮官ルイ・ロペス・デ・ビリャロボスは、ハワイ群島を発見し、マーシャル、パラオ、カロリン、マリアナ諸島を巡航後、フィリピンのミンダナオ島に到着している。

フィリピン群島は既に一五二一年、スペインによって発見されていたが、一五四二年、スペイン人航海士ベルナルド・デ・ラトーレによって、ポニエンテ群島が当時の皇太子フェリーペ王子の名に因んで、フィリピン群島に改名された。スペイン領としてスペインの統治下に入ったのは、一五六五年からであった。

太平洋を往来するガレオン船の定期就航が始まり、東洋、特に中国と西洋の交易ルートとして、重要な役割を果たしたこの海路。実は、スペイン人船乗りで天文学者アンドレス・デ・ウルダネータ修道士が見つけた黒潮海

流に乗り、日本列島の沖より新大陸のカリフォルニア沿岸まで流されるような形となるルートで、従って、普通の航海よりも早い速度での航行が可能となった。

一五四三年、硫黄島や南鳥島のある小笠原諸島に、スペイン人航海士ベルナルド・デ・ラトーレが漂着してから六年後の一五四九年八月十五日、スペインのナバーラ県ザビエル出身のイエズス会宣教師、フランシスコ・ザビエルは、中国帆船で鹿児島に上陸する。

正式名フランシスコ・デ・ジャソ・イ・アスピリクエタは、一五〇六年、当時のナバーラ王国にあるザビエル城で生まれた。父は、ナバーラ王の側近で審議会理事長として仕え、ボローニャ大学出身で博士号をもっていた、知識人であった。父の妹で、ザビエルの叔母マルガリータ女史は、カスティーリャ王国のイサベル女王の女官でもあった。

一五一二年、カスティーリャ・アラゴン王フェルナンドが、フランスとの戦争で戦略的にナバーラ王国を平定すると、ナバーラ王はフランスに亡命し、一五一五年、ナバーラ王国はカスティーリャ王国に併合される。ザビエルが九歳であったこの年、父が亡くなる。

一五一六年に、フェルナンド王が亡くなると、ナバーラの諸侯はザビエル城に集まり、反カスティーリャの動きを組織すべく陰謀を企てるが失敗に終わり、カスティーリャ王国の摂政で枢機卿のシスネロスによって、ザビエルの住んでいた城の一部が取り壊される。

当時、ナバーラの副王であったナヘラ公に仕えていた軍人イグナチオ・デ・ロヨラと、ザビエルの家族は、カスティーリャとナバーラの間で、敵対関係にあった。ザビエルの兄達は、カスティーリャのナバーラ統治に反抗を重ねていた為、反逆罪で死刑の判決を受け、家財は没収されていたが、スペイン王に就任したばかりのカルロス一世によって赦免され、ザビエル城の所有権を保持する事が認められた。

一五二五年、ザビエル一九歳の時、昔から家族も修学したパリ大学に入学する。五年後、美術学科で修士号を取り、教師として働き始め、カルロス皇帝（カール五世）に知識人として郷士の身分を公式に認めてもらえるよう申請する。

イグナチオ・デ・ロヨラとの出会いは、ザビエルがパリ大学に入って、三年後の事であった。この時、ロヨラは既に三八歳であった。

一五三三年、ロヨラのグループ[51]に加わり、一五四三年、パリのモンマルトルでイエズス会の前身がスタートする。一五三七年、ローマで法王より巡礼の許可を得て、聖地エルサレムに出発する。

一五四一年、ザビエル三五歳の時、ポルトガル王ファン三世の援助を受け、リスボンよりインドに向けて布教の旅に出る。リスボンを出て、モザンビークを経由して一年後、一五四二年にインドのゴアに着く。ゴアはポルトガルのアジアに於ける本拠地であり、アルブルケルケ司教の司教区で、キリスト教徒の街であった。

一五四六年、現在インドネシアであるモルッカで、ポルトガル船団がスペイン船を拿捕し、一三〇人余りのスペイン人が捕らわれたとの知らせを受ける。この中に、将来、日本でザビエルの片腕として、布教活動で活躍するコスメ・デ・トーレス神父がいた。この頃にザビエルは日本と言う島が発見された事を知らされる。日本人ヤジロウに出会うのもこのゴアで、インドでの布教が上手く行かず、日本に期待を寄せ始めていた。

（51）ピエール・ファーヴル、ディエゴ・ライネス、アルフォンソ・サルメロン、ニコラス・ボバディィリャ、シモン・ロドリゲス、フランシスコ・ザビエルの六人。

一五四九年四月二十五日、二名の同僚と三名の日本人キリシタンを連れ、インドのコーチより、日本に向けて出航し、同年八月十五日に鹿児島に到着する。日本との出会いは、ザビエルに大きなインパクトを与え、これは西洋人が初めて神道に接触した事であった。

鹿児島の他、山口で布教に成功するが、首都である京都で天皇に謁見出来ず、二年後、一五五一年十一月にインドに戻った。その後、一五五二年、中国へ布教に向かう途中、病気で亡くなる。

ザビエルの日本での詳しい活動については、ザビエルの書簡と文書を通じて知る事が出来る。

ここでは、その書簡の一部を著者が直訳したものを紹介する。ザビエルが見た、日本と日本人社会についての意見や印象を把握する事が出来る。四七〇年前に書かれた書籍で、分かりにくい箇所が多々あるが、大筋については理解出来る。

ヨーロッパのイエズス会士宛ての書簡八五（一五四九年六月二十二日付、マラッカより）

ザビエルは、一五四九年六月二十四日までマラッカに滞在し、日本への伝道の旅の準備や、マラッカの宣教師達を励ます事や、インドとヨーロッパ宛てに書簡を書く仕事に従事した。

同年六月二十四日、ザビエルの出航の後、マラッカの修道院長フランシスコ・ペレス神父は、インドとヨーロッパに連絡する為、ザビエルの日本到着の知らせを待ち望んだ。その後、中国からマラッカに着いた中国帆船で、待ちに待った知らせが届く。ザビエル一行が無事に日本に着き、大歓迎を受けたとの報告だった。

翌一五五〇年一月二十七日、イエズス会宣教便りの「ニコラス・ランシロット」によって、コウランからのこの朗報がローマにもたらされた。この知らせの中で、ザビエル一行の日本到着という歴史的出来事以外に、会の四つの主要な出来事について報告した。一五四九年七月十三日、総督ガルシア・デ・サァの死。アントニオ・クリミナリ神父の殉死（同年六月）。タノール国王のカトリック改宗（同年三月）。更にバルセオ神父のオルムスでの成功。

フランシスコ・ペレス神父は、その間もどかしく、日本からの直の知らせを待ち望んでいた。知らせの遅れには、それなりの理由があった。

ザビエル一行を鹿児島に送った船は、日本の港から十一月五日に出航し、その後、中国の港に寄港し、長い間停泊。一五五〇年四月二日に、漸くマラッカの入江に到着し、ザビエルからの書簡四通が届いた。

主イエス・キリストの慈しみと恵みが、常に我の助けとなりますように、アーメン。

一、先達て一五四九年一月、こちらインド各地や王の要塞がある異教徒の地で、我々の極めて聖なる信仰が増えてきている成果につき、長文の手紙を送りました。そして、イエズス会全ての修道士達も、主なる神の霊によるこの成果について、手紙を書くでしょう。

二、私は、四月にインドから日本に向けて、二人の同僚と三人の日本人キリシタンを連れて出発しました。これら日本人は、我々の主イエス・キリストの信仰の基礎にもとづき、充分な教育を受けた後、洗礼を受けました。更に、ゴアのサンタ・フェ学院で教義を受け、読み書きを学習し、充分役立つ様に精神の訓練を一心不乱に行いました。神の恵みで、彼らは霊のなかで、恩恵や慈悲についての多くの知識に接し、救い主である神により受ける事が出来た。この修業で、多くの事を学び、修得し、皆一同、枢要徳に参加を祈ります。

三、読み書きが出来、神の祈りの書を頼る。何度も、どんな祈りが精神の慰めとなり、一番好むかと問うと、キリスト受難の祈りだとし、修業中、彼らは信心深く、強い愛情と慰めで、涙を浮かべていた。

四、修業以前に、信仰箇条について長期にわたり、キリストの神秘的な生涯の教義や、聖母マリアの胎内に神の子として受肉した原因、キリストによる全人類の聴罪について供述した。何回にもわたり、これについてどう思うか、又、この中でどれが一番か質問した。解答は、常に告白と聖体拝領であり、理由は、人間であれば、だれでもキリスト教徒になると考える。我々の聖なる信仰を宣言させた後、彼らの一人が、ため息をつきながら話しているのが聞こえた。ああ日本の人達よ、悲しき勿れ、神が人間にもたらした創造物を崇拝している！　どういう意味かと尋ねると、日本では太陽や月を崇拝するが、これらは単に神が人類の為にもたらした創造物にすぎず、昼と夜を照らすだけであり、これの創造主である神について何にも知らないとして、太陽や月を創造した神を崇拝するのは、明らかだとする。

五、一五四九年五月末、マラッカの街に、同僚二名と日本人三名と一緒に到着すると、日本からの便りが、ポルトガル商人の手紙によって届いていた。手紙によれば、日本の島々の大名が、キリスト教徒になる事を希望し、神父より我々の戒律を表明するようにと、使い人をインド総督に送ってきた。

六、更に、手紙で、日本のある地域にポルトガル商人が着き、土地の領主は、彼らを地元で知られている、悪魔が住んでいたとして空き家になっていた建物で、もてなす様に命じた。ポルトガル人達が宿泊した後、ポルトガル人の衣服を引っ張ったり、悪魔かどうか確認したが、恐れていた事は何もない事に気づいた。そして、ある夜、ある若者にポルトガル人の幻影が現れ、大声で騒ぎだすと、武装したポルトガル人達がかけつけ、どうしたのかと問うと、若者は恐ろしい幻影を見たので叫んだと答え、家の周りに沢山の十字架を置いた。土地の人達は、ポルトガル人に昨夜の騒ぎについて聞くと、ポルトガル人達は若者がおびえたのだと答えた。その時、領主はあの家は悪魔が住んでいたと説明した。この悪魔を追い出す方法について聞くと、十字架を見せる事が一番と返事した。ポルトガル人達は、十字架を家の中と外に置くと、土地の人達は同じ様に、あらゆる場所に十字架を並べた。

七、土地のポルトガル人達は、私に手紙で、日本には我らの聖なる信仰を増やす為の土壌が整っているとし、理由は、日本の人達は用心深く分別があり、理性に富み、知る事に好奇心が強いからだとする。日本人、そして日本人の霊全てに、多くの実りがもたらされる事を信じ、我らの罪によってこれが妨げられない事を神に祈ります。

八、長い間、日本への布教に行くか行かないかを迷い、考え、日本からの情報を受けた後、神が私の心の中で日本行きを勧め、日本で役に立つ様にとし、そうしなければ、日本の異教徒よりも悪くなると言う。私の敵は、日本行きを止めさせる為の多くの努力をした。なぜ、日本へ行く事に対して疑うのか、分からない。ミサ用の用具は、全て持参する事にした。来年、神が望めば日本での事、詳しく知らせます。

九、日本に着いたら、日本の王の住む島に行く事を決め、イエス・キリストの代理大使として訪れたと伝えます。王が居る場所の近辺には、数多くの学校が存在すると言われています。我々は、我が主なる神の情けを信じ、我らの敵に対して勝利を得られると信じて行きます。日本で学識のある人たちと会う事に危惧しません。理由は、神やイエス・キリストを知らない人達は、何の知識を受けられようか。そして、神の栄光や、キリストの告白である霊の救いを望まない人達に対して、恐れたり危惧したりする事はないのです。異教徒の中に入るだけでなく、多くの悪魔の居る場所で、野蛮人も悪魔も神の許しがない限り、われらに悪事を働く事は出来ないでしょう。

一〇、疑いと恐れを抱く事が、我が主神を畏敬する際の妨げとなる侮辱である。神を侮辱しなければ、我らの敵に勝つ事が出来るのだ。我らの主である神が、我々に恵みを与え、神に仕え、罪を犯さず、そして、神が恵みを与えてくれる事を望む……以下省略

一一、我主神が、我々の日本行きの意図と目的を、理解してくれている事は、我々にとって、大きな慰みである。我々の日本行きは、神の聖像が造物主を知り、造物主が創造物によって神の栄光を受ける為であり、キリストの聖なる教会の境界を拡張し、我らの旅が良い結果となるよう確信する。悪魔の、多くの妨げ行為を克服する為に、二つの事が、この旅で我らを助けるだろう。一つは、神が我々の意向を知っている事、そして、もう一つは、全ての創造物は神の意志に依存する事である。神の許しなしには何も出来ないのであり、悪魔でさえ神に服従し、敵がヨブに害を加える時でも、神の許しを求めた事でも証明されている。

一二、この様に言うのは、この地で、多くの困難や死の危険に、我々はさらされているからです。日本への旅は、暴風雨や多くの泥棒に襲われる危険があり、特に、暴風雨への備えとして港から出航するのに、三艘の船で行き、二艘が救助の為である事は、その最たる事である。

一三、こちらに旅した、我々の会の学識者たちは、この様な危険な旅で困難を感じただろうと、何度も考えた。神がこの様に、多くの船が遭難する危険をなくさせるように出来ないかと、度々考えた。だが後に、これは、大した事ではないと考えるようになり、なぜなら……以下省略

一四、必要な物を全て持ち、神を信じる人と、何も持たず、必要な物を控え、キリストを真似る人との間には、

大きな違いがある。信仰や望徳や神を信じるが、死の危険の外にある人と、愛情と奉仕をもって自主的に死を覚悟し、危険を犯す人達との間には、大きな差がある。常に死の危険の中で生き、ただ神に仕える為にだけ生きる他に何の目的もないと、すぐに生きる事が苦痛となり、死を望み、永遠に天国で神と共に生き、これは人生ではなく死の延長であり、栄光の廃棄であると、我々はそのように育てられた。

一五、我々の同志であり、同僚で、日本に同行する日本人は、日本で我々が肉や魚を食べるところを見たら、日本の僧侶達が驚くだろうと話した。そのようなスキャンダルを起こさない為に、我々は、ダイエット食に切り替える事を決心する。日本には、多数の僧侶がおり、国民は皆、身分の高い人も低い人も僧侶に従っている。この説明をする理由は、あなた方に、日本に行く事がどれだけの苦難を伴うかについて、わかってもらいたいからであり、その為に神聖なイエスの会の全ての修道士の、聖なる犠牲と献身的な祈りによって、恵まれ、助けられる必要があります。

一六、サン・フアン（洗礼者ヨハネの休日〈六月二十四日〉：著者注）の日か、その前日に、我々は日本に向けてマラッカを出発しました。中国の港には立ち寄らず、通り過ぎ、中国から日本まで二〇〇レグア（約一千km）の距離がありますが、航海士によれば、今年の八月十日か十五日頃には、到着出来るとの事。日本に着いたら土地の民俗、習慣、生活についての特殊性や、彼らがだまされている書物についてや、存在する学問や修行について、多くの事を手紙に書くでしょう。

一七、我ら同僚であるパウロ・デ・サンタ・フェ（ヤジロウ：著者注）は、ある事を私に話し、私はとても慰められました。日本の修道寺院には、数多くの修道僧がいて、修道の一つとして、瞑想の修業があり、寺院の責任者である長は、最も学識のある人物で、皆を呼び説教をし、一人ひとりに一時間の瞑想をさせ、息は吐くが話す事は出来ず、精神が体から離れた時に話す事が出来るようになる。このように、精神が離れ、孤立した状態で、精神は体にどのような事を言うであろうか、又、地獄や煉獄にいる人達が、この世に戻れるとしたら、どんな事を言うでしょうか。一時間後に、住職は一人ひとりに、この一時間の瞑想でどんな事を感じたか、質問する。良い事だと言えばこれを褒め、逆であれば叱る。これらの住職達は、住民に一五日ごとに説教をし、多くの人達が男子・女子に係らず集まる。特に女性は、この説教中に泣き、説教には地獄や拷問についての絵が示される。これはパウロ・デ・サンタ・フェが、私に話した事です。

一八、何らかの格言を説教者から聞いた事があるかと問うと、ある時、説教している住職は、悪い男や女は悪魔よりも悪く、悪事は自分では出来なくても、悪い男と女の助けで出来、例えば盗みなどがその罪である。日本人は、とても知識欲が強いと言われている。日本での経験について、詳しく手紙を書きます。我主神、限りなき情けで、我を聖なる栄光に結び付け、なぜなら、この世ではいつ会えるかわかりませんので。しかし、聖なる服従となる事は出来、困難と思われる事も簡単となる。

一五四九年六月二十二日　マラッカより

フランシスコ

ポルトガルの神父シモン・ロドリゲス宛て書簡八六（一五四九年六月二十三日付）

我主キリストの永遠なる愛と恵みが我らの助けと支援となります様に、アーメン。

一、この一五四九年一月に、私と会の修道士全員は、コーチからあなた方に、長文の手紙を書きました。この手紙では、コインブラ学院長として仕えた人、或いは、良心の傷つかない地位の人物を派遣する事を伝えた。皆よく承知の如く、インドにいる全ての修道士を導き、待遇し、面倒を見る事の出来る人間でなければならず、慎重さと知性をもって相いれる事が出来、従って、この職務の経験を持つ人間を送る必要があります。アントニオ・ゴメスは、説教する事の才能を持っているし、彼の説教は多くの成果を上げている。私は、彼がインドの修道士達と学院の責任者になる事を望み、インドの要塞に説教に来る事で、神に対し大きな奉仕となるでしょう。

二、我らの主キリストの愛により、何人かの説教師を送って頂きたく、なぜなら、インドの要塞では、教義の必要性に迫られていますし、王やポルトガル人の義務であり、あらゆる事をしても払いきれない程の義務があるので、出来る事としては、王が持つ良心を考慮し、多くの義務に気を配り、この地に送る人達は、説教師又は説教師でない人でも、我主キリストの愛により、人生経験豊かな美徳ある人達でありますように。なぜならば、悪とのつながりと出会いは多いからです。こちらに送られる説教徒は、学識がなくても構わず、我主キリストの愛により、立派な人生を送ってきた人達であれば良いのであり、この地では、学問より人生を重視するのである。

三、マラッカでは、フランシスコ・ペレス神父が、多くの成果を上げ、又、毎日これを続けている事を見て、自分は大変慰められました。この地に送られる説教師は、学識や人生経験がフランシスコ・ペレスのような人であれば良いのです。我主キリストが、情けによりインドのこの地の為に、この耕されていない為に、酸っぱいブドウしか出来ないブドウ畑で働く為の労働者を、与えてくれますように。

四、高貴師である私の同志よ、何度も沢山の出来事について、手紙を書いて下さい。会の全てについてや、あなた方の事について、そして度々、コインブラ学院についての出来事についても、書いて下さい。

五、サン・ファンの日に、日本に向かい乗船します。そして、向こうに着いたら、沢山の便りを書きます。日本の状況や、達成出来る成果についても、それほど大きな期待は出来ませんが。宮廷での騒動の中に境遇するより、日本にいる事を望むのは、それ程おかしな事ではないと思います。我主である神よ、神が一番伝える事の出来るところに呼んで下さい。もし、この世でなければ、天国に導きがありますように、アーメン。

一五四九年六月二十三日、マラッカより

全てあなたの親愛なるキリストの友

フランシスコ

ポルトガル王ファン三世宛て書簡八七（一五四九年六月二十三日付、マラッカ）

殿下のお手紙を賜り、こちらで忠実かつ慎みを持って仕えている人々について、知らせる事を望まれましたので、殿下に対し、ドアル・テ・バレトは工場長として、マラッカで非常に役立つ仕事に従事している事を、お知らせします。

マラッカ滞在中の経験で、ドアル・テ・バレトが工場で、適切な管理で、殿下の財産を保護しながら、商人達を助け、公正なる行為を順守し、殿下の王国に属する役人である事を、表明しているところを見ました。このような忠実な役人や家来が、この地で王に拝見出来ない人達に、王の美徳や権力を紹介する事が出来るのは、国王の名誉であり、王に仕える事を名誉に思い、自慢する家来であるドアル・テ・バレトは、これらの人達の一人であり、殿下から名誉と恩恵を与える価値があります。
彼は、充分に殿下に仕えています。この地で彼は、常に仕事に従事し、義務を果たしてきました。殿下によって、マラッカの工場の仕事を与えられ、長年にわたって満足出来る仕事をしてきましたが、彼にとっては何も良い事がありませんでした。仕事を尊重する事で、時間を費やし、貧しくなりました。殿下より恩恵を受ける事で、彼の奉公は報われるでしょう。
我主キリストが、殿下の人生の日々が、永年にわたり増し、この人生で聖なる意志と精神の力を感じさせ、死が訪れた時に、この意志が果たされますように。
一五四九年六月二十三日　マラッカより
殿下に役立たない僕
フランシスコ

ゴア在住の同僚への書簡九〇（一五四九年十一月五日、鹿児島より）

イエス様、我らの主キリストの恵みと愛が、常に我らを救い、助けになります様に、アーメン。
一、インドを出発して、マラッカに到着した後、マラッカより我々の全旅程について、長い便りをあなた達に出しました。そして、マラッカで過ごした事ついても。さて、我主神が限りなき情けをもって、我らを日本に連れてきたかについて知らせます。一五四九年、サン・ファンの日の午後、この地に来る為に、マラッカの司令官に日本に行く事を約束してくれた、中国の異教徒商人の帆船に乗船しました。神の恩恵で好天候に恵まれ、出航しましたが、異教徒の間で気が変わり始め、船長は日本行きを取りやめる事を考え始め、立ち寄る必要のない島々に停泊しました。

二、我々の旅で、最も残念に思った事が、二つあります。一つは、我主神が与えてくれた天候と風向きに恵まれず、日本に行く為のモンスーンの季節が過ぎてしまい、一年待たなければならなくなり、中国で冬をすごし、次のモンスーンの時期を待つ事になった事。二つ目の残念に思った事は、船長と異教徒達が、船内にある偶像を絶え間なく崇拝し捧げ、これを妨げる事が出来ず、何度も占いで運を試し、日本に行く事が可能かどうかを問い、あるいは航海に必要な風が吹き続くかどうか、彼らの考えでは時には幸運が出るが、悪運も出ると言う。

三、中国への行程で、マラッカから一〇〇レグアの地点である島に着き、大嵐と大波が接近している事に気が付き、これに対処する準備をしました。その後、運を試し、まず、多くの犠牲行為や偶像を捧げる祀りで、これを何度も崇拝し、そして良風が来るとの運が出ました。これ以上待機する必要がなくなり、錨を上げ、帆をはり、異教徒達は皆大喜びで、船尾にじん香樹の匂いのついた蠟燭を灯し、偶像を敬い、信じ、我々は天と地の創設者である神と、その子であるキリストを信じ、その愛と奉仕の為に、聖なる信仰を増す為にこの地にまいります。

四、我々の船旅の途中で、異教徒達は度々運を試し、彼らの偶像に、我々の乗っている船が日本からマラッカに戻るべきかどうかについて問い合わせると、日本へは行くが、マラッカには戻れないだろうとの運が出る。ここで疑惑が現れ、日本には行かず中国で冬を過ごし、一年待つ事となる。この航海が如何に大変で、困難かを理解されたし。日本に行くべきかどうかは、船を操縦する悪魔と、その家来たちに依存し、悪魔が言う事以外何も出来なかった。

五、我々の航路をゆっくりと進む中、コンティンティーナと呼ばれる地に近づき、ここは中国に近い所で、マグダレーナの前日（七月二十一日）に二つの惨事が起こりました。大嵐と大波の中で停泊中に、不意に船のポンプが開き、我らの同僚であるマヌエル・ティーナがそこを通った時、船が大波で大揺れし、体を支える事が出来ず、ポンプの下に転落した。皆、この落下で、ポンプには水が一杯入っていた事から、死亡したと思っていましたが、我主神により救われ、死は避けられましたが、頭と半身が水の中に入り、何日も頭に受けたケガの痛みが取れず、ポンプの中から漸く引き揚げる事が出来ました。その後、意識はすぐに戻りませんでしたが、我主神が元気を取り戻す様にしてくれました。治療を終えましたが、暴風雨は止まず、船が大きな揺れを続ける中、船長の娘が海に落ちる事故が起こりました。大荒れの海で救助が出来ず、父親と皆のいる面前で、船の近くで溺れてしまいました。その日は、昼夜にわたり泣き声が止まず、異教徒達の心の大きな悲しみを見て、多くの哀れみを感じました。そして、あの船の乗組員全ての命が、危険にさらされていた事を悟りました。その後、昼夜休まず異教徒達は、偶像の為に食べ物を与えたり、沢山の鳥を殺し、生贄の行事を捧げました。船長の娘が死んだ理由を占いで問い、我々のマヌエルがポンプに落ちて死んでいたら、娘は海に落ちず死ななかったとの運が出た。

六、我々の命が、悪魔の運や、その家来や、しもべたちの支配下にある事をご覧下さい。もしも神が悪魔に、我々に悪事を犯す事を許したとしたら、我々はどうなっていたでしょう。多くの偶像崇拝に敬意を払う為に、我神に対する屈辱を表明するのを見て、これを止めさせる事は不可能であり、この嵐の中にいる我々の事よりも、この様な多くの誤りを犯した人間を許さぬよう、我らへの恩恵を求めました。もし、これを許すのであれば、異教徒と魔法の当事者である船長に、運を試す事を説得し、神としてこの運を信じる敵に、大罰や苦しみが増す様に求めました。

七、この様な悲劇の起こった日、そしてその夜、我主神は私に、神が許した敵がもたらす、すさまじい恐怖感を、身をもって感じる事が出来る様にしてくれました。そして敵は、その様にする事が好都合であるとして、敵からの誘惑に対し、人がとるべき解決策については、ここでは長くなるので控える事とします。こんな時の、全ての解決策に於いては、敵に対し強い勇気を示す事であり、人間である事は何も信じずに、神を大いに信じ、全ての力と期待を神に託し、臆病な態度は示さずに、立派な擁護者であり、保護者である、勝利者である事を疑わない事である。我主神が悪魔に対し、重い罰を課したので、これに対して昼夜復讐したのだと思い、なぜなら何回となく、この恐ろしい恐怖を目の前にし、復讐をするだろうと言ったからです。

八、省略

九、省略

一〇、省略

一一、ここで、我々の船旅に戻ります。海が鎮まり、錨を上げ、帆を張り、出航しましたが、皆とても寂しい気分で我々の航路を進み、数日で中国に着き、広東港に入りました。船長も船乗りも、皆、この港で冬を過ごすつもりでした。我々だけがこれに反対し、怖いながらも航海を続ける様に頼み、マラッカの司令官に手紙を書き、ポルトガル人に我々が騙されて、約束を守ってもらえない旨を伝えるとしました。運良く神が、広東に止まらない様に指示して下さり、出航し、神の与える良風で、数日でティンチヨコ（杭州：著者注）に着きました。ここは、中国のもう一つの港です。そして、日本に行く為に必要なモンスーンの時期が終わりに近づいていたので、この港で冬を過ごす事を決め、入港しようとしたところへ小舟が来て、この港には多数の海賊がいるので、入港すれば全てが奪われるとの事でした。この知らせを聞き、ティンチョコの船が、我々から一レグアの位置にあり、船長は危険に置かれている事に気づき、ティンチョコには入港しない事に決めた。風向きは船尾方向で、広東に戻る事になりましたが、日本に行く為の船尾風に変わり、船長と船員達の意向に反して、無理やり日本に向かう事になりました。そんな訳で、悪魔もその手下も我らの日本行きを妨げる事が出来ず、こうして神は、一五四九年八月十五日の聖母マリアの日に、我らをこの地に連れてきてくれました。他の日本の港には着かず、鹿児島に来ました。この地はパウロ・デ・サンタ・フェの出身地で、彼の家族や近所の人達、皆が大歓迎してくれました。

一二、日本ですが、この地についての体験で知る事が出来た事について、あなた方に知らせますが、まず、最初に今まで話した人々は、我々が、これまでに発見した人種の中で一番優れていて、異教徒の中では、日本人に勝る人間は存在しないと思います。とても話しやすく、善人で、悪意なく、驚くべく名誉を尊ぶ人達で、他の何よりも名誉を大事にします。人々は一般に貧しいですが、武士と平民の間の貧しさについて、恥とはしていない。

一三、キリスト教徒の間では、全く存在しない一つの事があり、それは武士は如何に貧しくとも武士であり、どんなに多くの富を有しても、武士でない人は平民である。とても貧しい武士に対して、多大の敬意を払い、富裕であろうとなかろうと、どんな代価を払っても、絶対、武士階級でない別の階級の人とは結婚せず、多大の富を与えられても、自分より下の階級の人と結婚する事は、本人の名誉が失われるとする。従って、富より名誉を重んじる。人々は、お互いに極めて礼儀正しく、武器を尊重し、これを頼りにする。常に大刀と小刀を携え、これは皆そうであり、貴族であれ、下級武士であれ、一四歳で大刀・小刀と携える。

一四、侮辱や軽蔑の言葉などを、交わす事がない人達です。武士でない人々は、武士階級に対し強い敬意を示し、武士階級の人は、その地の領主に仕える事を誇りに感じ、領主に服従している。領主から罰せられるからではなく、本人の面目を失わない為である。人々は極めて粗食ですが、この地にはブドウ畑がないので、米で造ったワインを飲んでいる。賭け事は一切せず、なぜなら、これは大きな恥であるとし、賭け事をする人は他人の物を欲するのであり、これは盗人になるのと同じだとする。誓う事は普段せず、誓う時は太陽の為に誓う。大半の人は読み書きが出来、これは神の事や祈りについて学ぶのに、大きな助けとなるでしょう。一夫一妻の家族構成である。泥棒が殆どいない地であり、これは泥棒に対する厳しい処罰があり、この様な盗む行為に対し、強い憎みを持っている。大変好意的で、話好きであり、知識欲や好奇心が強い人達である。

一五、神の事についての話を聞く事を喜び、特に、これを理解した時に、私の人生で訪問した多くの地の中で、キリスト教のみならず、異教の地を含め、この様な誠実な人達を見た事がありません。異教徒の様に害獣の形の偶像崇拝はせず、故人を信じ、私の知る限りでは、昔、哲学者だった人物を信じるようです。この思想家達の多くは、太陽を崇拝し、別の人達は月を崇拝する。道理に合った事を聞く事を喜び、彼らの間にあるだろう、悪習や罪について、良くない事だと説明し、もっともだとすれば、この理性は正しいと判断する。

一六、一般大衆は殆ど罪を犯さず、この地で神父の存在である、僧侶の理性に従順である。これら僧侶は、自然の摂理に逆らう罪に陥る傾向にあり、彼ら自身告白し、否定しない。これは全く周知で、明白な事であり、男も女も子供も大人も、習慣的におかしいとは思わず、嫌悪感を抱かない。僧侶でない人達は、この忌まわしい罪をとがめるのを聞くと喜び、我らの言う事はもっともであると思い、その様な罪を犯す人達は、神に対して侮辱する事であると感じる。我々は僧侶に対し、その様な醜い罪を犯さぬ様に言いますが、彼らはあざ笑い、醜い罪に対する抑圧を聞いても、何の恥も感じない。これらの僧侶は、お寺で武士の子供達に読み書きを教え、そして、この子供達に悪さをしているが、この罪は習慣になっていて、皆にとって悪い事だとは思いながら、おかしい事だとは思っていない。

一七、これら僧侶達の中で、修道僧の装いをし、褐色の僧服で、頭を剃り、三日か四かおきに頭と髭を剃るようで、彼らは、同じ宗派の尼と一緒に生活し、長生きし、一般大衆は、この様な尼との同居は良い事ではないとし、軽蔑している。尼が妊娠すると、ある薬を飲ませ、流産させていると言う。これは皆、周知の事で、私としてこの男女同居の僧院を見た限りでは、一般大衆が想像している通りだと思う。ある人達に、この僧侶達は他にも罪なる行いをしているかと問うと、読み書きを教えている子供達にも悪さをしていると答えた。又、修道僧と、他の聖職僧の服装をしている僧は、互いに憎みあっている。

一八、この地で驚いた事が二つある。一つは、忌わしい悪行がそれ程重視されていない事で、原因は昔からこれに慣れた生活をして来た為で、人々はこれを手本にしているからである。自然に逆らう悪習を続ければ、人々を脱落させ、この欠陥をなおざりにしておけば、正道から外れてしまう。二つ目は、一般の人が、僧侶よりも良い生活をしているのを見て、驚き敬意を払いたい。これらの僧は、他に幾つかの過ちを犯しているが、より知識のある者の方がこの過ちをしている。

一九、最も博学な人達と何度か会談しましたが、主にその中で一人、皆から学識、人生、名誉で尊敬されている者と話しました。八〇歳と極めて高齢で、忍室と呼ばれ、日本語で「真実の心」の意味。僧侶の間では、長老的存在であり、何度かの説教で迷った様に見え、我らの精神・生命が不死身な物か判断出来ず、体と共に死ぬと答え、又後にそうではないと言う。他の学識者は、彼とは異なるのではと危惧します。一般大衆並びに僧侶達は、皆我々に親しくしてくれ、我々がはるか遠い六千レグアも離れた地であるポルトガルから来ている事について、又、ただ神の事について話す為に、そしてどのようにキリストを信じて人の精神を救うかについて語る為に、神の命によってこの地まで来た事について、大きな驚きを示した。

二〇、あなた方が、我主である神に感謝する様、一つの事を伝えます。この日本の島は、我らの聖なる信仰を増やすのにとても良い条件が整っています。そして、日本語さえ出来れば、沢山のキリスト教信者を増やす事が出来る事に疑いはありません。近いうちに日本語を覚えますが、これは我主神を喜ばせると信じます。なぜなら、既にこの言葉を気に入り始めていますし、習い始めたら四〇日で十戒を宣言するでしょう。この説明は、何度もあなた方にしますので、皆が我主神に感謝して下さい。こうして事が明らかになり、あなた方の聖なる望みが果たされ用いられるでしょう。そして、又、多くの美徳と、我らの救い主であるキリストに仕える為に、多くの仕事をする事の願いを共にし、神が謙虚さ一杯の善意をもって、神に捧げる人達に対し、愛と栄光をもって、彼らの生命を祈り、神が受ける奉仕に対して評価するでしょう。

二一から三七まで、省略

三八、我らの親友、パウロ・デ・サンタ・フェの出身地では、土地の奉行や村長の寛大なる出迎えを受け、村人一同がポルトガルから来た神父達を見て、とても感動しました。パウロがキリスト教信者になった事について、一切不思議に思われず、それどころかこれを重んじ、インドで生活した事や日本では見られない事について、親類の人以外の他人も含めて、彼に対し親しみを示しました。そして、その地方の領主も彼に親しみを示し、ポルトガル人についての習慣や、特質についての質問をしました。パウロは、全てについて回答し、領主はとても満足した表情でした。

三九、パウロが、鹿児島から五レグアの所の領主に会いに行った時、我々が持ってきた敬虔なマリアの聖像を持っていきましたが、領主はこれを見て大変喜び驚き、キリストと聖母マリアの像の前に跪き、御辞儀をし、敬意を示し、崇拝しました。又、彼と一緒にいた者達にも、同じ様に崇拝する事を命じました。その後、領主の母が現れ、聖像を見て、驚きをもって喜びました。パウロが鹿児島に戻って数日してから、領主の母が一人の武士を使者として送ってきて、あの聖像を何とかして造れないものかと問いあわせてきたので、この地では素材が手に入らないので、造る事が出来ない旨を伝えました。更に、この領主の母は、キリスト教徒の信仰に関する書物を送って欲しいと言ってきたので、パウロは何日かかけて、我らの信仰について日本語で準備しました。

四〇、これは真実ですから、神に感謝をされたし、と言うのは、日本語の会話が出来ればあなた方の願いがかなえられるようになり、大きな実りを得る事が出来るのです。パウロは、多くの親戚や友人を日夜伝道に励み、その結果、彼の母と妻と娘、そして多くの親類の人達、男女を問わず、友人達もキリスト教信者になりました。彼らは、キリスト教信者になる事に対して、何の抵抗もなく、大多数の人は読み書きが出来るので、祈りの言葉を即座に覚える事が出来ました。

四一、我主神は、我らが神の事について話が出来る様に、言語を授けて下さるでしょう。なぜなら、この助けと恵みによって、多くの成果を上げる事が出来るからです。今は、我々は単なる像に過ぎず、話し、説教しますが、言葉が理解出来ないので、黙り込んでしまいます。そんな訳で今、子供の様に言葉を学習し、単に純真な気持ちで言葉を真似る様にしています。悪意ない小さな子供がそうするように、言葉を学ぶようにしています。

四二から四四まで、省略

四五、神の多くの恩恵により、我らはこの地に来ましたが、食物が貧しく、健康維持の為の食事をとる事が出来ません。家畜を殺さず、これを食べる事はしません。時々少量の魚と米や麦を食べますが、果実や多種の草を食べて、食を立てています。それでも、この地の人は、とても健康的な生活をしていて、老人の数が多いです。この日本人を見て、我らの身体では満足出来ないが、小食でも体は維持出来る事が分かりました。我々は、この地でとても元気で健康です。神に対して同様に、精神も健康であります様に願います。

四六、我らが主なる神は、あなた方の犠牲と祈りによって、我々が挫折しない様にして下さると思います。即ち、大多数の日本人は僧侶であり、彼らの罪は一般には知られているものの、土地に溶け込んでいて尊敬されているのは、厳しい断食や精進をし、肉や魚は食べず、一日一度の食事で草や果実やコメを食べるだけで、酒も飲まない、規律正しい生活をしているからだと思います。

四七から五二まで、省略

五三、あなた達に、ここ鹿児島での滞在についての事を話します。日本王[52]や、主要人物や、君主の居る主要都市である都を、船で訪れる為の風が吹かない時期に、鹿児島に着きました。五カ月位後に風向きが変わったら、神の助けにより出発予定です。ここから都まで、三〇〇レグアあります。都について色々な事を聞きましたが、建物の数は九万軒を超え、大きな大学があり、学内には五つの学部があり、僧侶や侍者や尼方の家が二〇〇軒以上もある。

五四、都の大学以外に、五つの大学があり、これは都近くにある高野山、根来、比叡山、木部で、それぞれ三、五〇〇人の学生を有するとの事です。もう一つは、都から離れたところ[53]にあり、日本で一番大きな大学で、学生の数は日本一を誇る。関東地方はとても広く、六人の領主が統治しているが、この中の一人がリーダー格で、他の五人の領主は、皆服従している。この領主は、同時に天皇に服従している。この地の大学について多くの話を聞いていますが、これについては、まず最初に実際に見てから、聞いた事と見た事が本当か確かめてから、手紙を書く事にします。

五五、五六、省略

五七、日本の天皇は、中国の皇帝と友人であり、友好の印として中国へ行く時は、中国皇帝の印章を持っていれば、安全な旅が出来ます。一〇日か一二日の航海で、多くの船が日本から中国に航海しています。我

(52) 一〇五代後奈良天皇。室町・戦国時代の天皇。一四九六年生まれ。一五二六年〜一五五七年在位。
(53) 関東地方、下野国の足利学校。

主神が、我らに一〇年の命を与えてくれるなら、この地で沢山の事を見る事が出来ると期待しています。一五五一年には、都での事や、キリストが大学で知られている事など、全て手紙に書けると思います。今年は、二名の僧侶がインドを訪れます。彼らは、都と関東の大学で学びました。これらの僧侶によって、多くの日本人が、我らの教理について学んでくれるでしょう。

五八、サン・ミゲルの日（九月二十九日）に、この地の領主と会談出来た事は、我々にとってとても名誉のある事でした。それは、キリスト教の教理の書物を大事に保存する様にと申され、この教理が真実であり、価値あるものであるなら、悪魔を苦しませるでしょう。そして数日後、全ての家来に、キリスト教徒になる許可を与えてくれました。この素晴らしい出来事について、あなた方の慰めとなる様、手紙を書き、我主神に感謝をされたし。この冬は、日本語で信仰の条項についての宣言をします。印刷するにはかなりの量ですが、主要人物は皆、読み書きが出来るので、我々では届かない所まで、我らの聖なる信仰を幅広く普及してもらいます。

五九、六〇、省略

一五四九年十一月五日　鹿児島より

信愛なるキリストが全てあなた方の為であります様に　フランシスコ

マラッカのドン・ペドロ・ダ・シルバ宛て書簡九四（一五四九年十一月五日、鹿児島より）

拝啓

一、貴殿から受けた、多大の援助と好意により、又、沢山の必要な物資を頂き、この地の領主達に贈呈する事が出来、更に又、優れた船舶を準備下さり、日本に無事元気で八月十五日の聖母マリアの日に到着出来ました。パウロ・デ・サンタ・フェの出身地では、土地の奉行や村長と住民の皆さんが、親切に出迎えてくれました。

二、我らの同僚パウロは、昼夜問わず、速やかに伝道を行い、彼の母、妻、親類や多くの知人達は、キリスト教の信者に改宗しました。

三、日本は、魂を実らせるのに適した所であり、キリスト教徒になる事を、今のところ不思議には思わない。人々は理性があり、自分達の無知により、多くの間違いに遭遇するので、道理は大事であり、悪意が支配する様では、その価値は存在しない。

四、モンスーンの時期ではない為、日本の天皇や主要人物の住む、都での旅は断念しました。これから五カ月後に、モンスーンの時期が来ますので、我らの主たる神の助けで、都への行く事が出来るでしょう。都の事については、色々な話を聞いていますが、我々が実際に体験するまで、本当かどうか分かりません。人によれば、町は九万六千軒の家が建ち、ここを訪問したポルトガル人によれば、リスボンより大きいとの事で、建物は全て木造で、我々の建物の様に二、三階あるそうです。来年、実際に見分したら、あなた方に手紙を書きます。そして、日本人の大半が理性ある人達なので、キリスト教徒になる事をキリストに期待して。

五、この実りは、貴殿よりの指示や書簡、そして我らに提供下さった船舶や、君主宛ての宝物によるところで、海軍司令官であり伯爵である貴父上ヴァスコ・ダ・ガマに始まり、貴殿のお蔭で、このように日本での伝道が実り、神に対する功績の大半は貴殿によるものです。インドでの、それは単に一時的な事ですが、これについては、貴殿に改めてお手紙いたしますが、この良き出来事は、貴殿の素晴らしきご意志により、この地で我らの聖なる信仰が増える事は、王にとって多くの利益となり、神による恵みによるものである事が広く知られます様に。

六、なぜなら、堺の港は日本で一番の港で、都から二日間の道程で行けます。神を喜ばせつつ、一時的ながら多くの利益を上げられる設備を造れば、この堺の港は日本で一番豊かな所であり、国の多くの金や銀が集まるところです。私は日本の天皇と丁重に付き合い、大使をインドに派遣してもらい、日本にないインドの偉大さを見てもらい、このようにして、日本の天皇とインドの総督が関係を持ち、この設備の建設が実現出来ればと。

七、二年以内に貴殿に対し、都に聖母マリア教会(54)を建て、設立した事を知らせる事が出来ると信じます。そして、嵐の海を越えて日本に来る人達が、都のマリア教会を頼りに出来る様に、貴殿が私を信用して下さるなら、私は一つの約束をします。マラッカの司令官が今まで出来なかった事で、全てを貧しいキリスト教徒に与える事で、一を一〇〇に増やす事が出来ます。これは何の危険も冒さず、一をキリストに与えれば、来世で一〇〇を受けられます。私は、貴殿がこの様な利益を得られる事が、良い事でないと感じ、心配です。マラッカの司令官も、同じ様な境遇にあり、多大の富を望みません。

八、我々を、日本に乗せてきて鹿児島で亡くなった船長は、我々に対して親切でしたが、我々は彼に親切ではありませんでした。彼は異教徒として死に、死後も彼に対して親切にはしませんでした。そして神は、彼の霊が地獄にあるとして託しました。パウロがこの地で、ポルトガル人達の多くの美徳について話し、これら種を蒔いたお蔭で、日本人達がマラッカを訪れます。貴殿が、貴族の身分や神への義務により、これらの日本人に対し敬意を払い、裕福なポルトガル人の家に泊めもてなす様に指示されたし。こうしてもてなし、敬意を示す事で、彼らはポルトガル人は良い人達だと言い、キリスト教徒になってくれるでしょう。

九、本書簡の持参者、ドミニコ・ディアスは、私の友人です。旅行中、とても良き友でした。彼に対し、貴殿が私に代わりお礼をして頂ければ、大変光栄に存じます。我主神が、貴殿が長生き出来る様にしてくれるでしょう。そして、貴殿と奥様が望むポルトガルへ、お連れするでしょう。

心の友人であり貴殿の真なる従者、フランシスコより

一五四九年十一月五日　鹿児島

●追伸　そちらに行く僧侶達を、貴殿より我らが主の愛をもって敬って下さい。そしてもてなし、必要な物を与えてあげて下さい。彼らは日本での伝道を実らせる為、キリストの教義を学ぶ事を求めています。

ヨーロッパの同僚宛て書簡九六（一五五二年一月二十九日、コーチ）

精霊の恵みが我らの心に常にあります様に、

一、一五四九年八月二十日、我々は無事日本に到着しました。我々が連れてきた日本人の出身地である、鹿児島に上陸しました。土地の人達の好意的な出迎えを受け、特にパウロの家族は、我らの主である神の望みで、真実に対する知識を持ち、我々の滞在中に、一〇〇人近い人達が、キリスト教徒になりました。

(54) 一五七五年、京都に完成した南蛮寺。

異教徒は今まで聞いた事なく、全く知らない事である神の教えを聞いて喜びました。

二、この日本の地はとても広く、多くの島々からなっています。全国には一つの言語しかなく、この言葉はそれ程難しくない。この島々は、今から八、九年前、ポルトガル人によって発見されました。日本人は、様々な意見を持った人間であり、武道や騎士道に於いては、彼ら以上に卓越した人種は存在しないでしょう。外国人を無視する人達で、武具を大切にし、敬意を払い、金銀で装飾された良質の武具を、他の何よりも自慢する。家の中でも、常に武具を身に付け、寝るときは枕元に置く。

三、武具をこれほど頼りにする人は、今まで見た事がありません。弓の達人で、馬に乗らず徒歩で戦う、彼ら同士でとても礼儀正しく、この作法は外国人に対しては適用しない。服装や武具や従者に、全ての富をつぎ込み、財産を蓄える事はしない。好戦的で、常に戦争の中で生きていて、これに勝ち抜いた人が主要人物になる。王が一人存在するが、一五〇年以上前から王には服従せず、その為、各領主の間で内戦が続いている。

四、この地には、多くの男女が宗教に従事し、男性は彼らの間で僧侶と呼ばれている。褐色の僧衣と黒の僧服を着た宗派があり、両者の間には友好関係はなく、黒の僧服の宗派は、褐色の宗派に対し悪意を持っていて、褐色宗派は教養がなく、貧しい生活をしているとする。女性の間でも、褐色宗派と黒の宗派があり、それぞれ男の宗派に従っている。これらの坊主と尼は、日本中に数多くいて、実際に見るまで信じられない程です。

五、信頼出来る人達が述べた事ですが、日本には一人の領主が居て、彼の領地には八〇〇の寺院があり、それぞれの寺院には、少なくとも三〇人の修道僧が居て、これらの八〇〇ある寺院以外にも、他の修道院があり、そこには四、六、八人が入寺している。私が今まで見た限りでは、これは真実だと思う。彼らの信じる宗派の教義は、日本の近くにある、中国と言う大陸から伝えられたとされている。彼らは、偉大な苦行を行った人達の文献を持っていて、一千、二千、三千年に及ぶ苦行で、この人達の名は釈迦であり、阿弥陀である。

六、九種の教義があり、それぞれ異なっていて、男も女もそれぞれの意志で好きな教義を選べる。誰もどの宗派でなければならない事はなく、従って、一家族で主人が一つの宗派で、妻が別の宗派で、子供たちも別の宗派であってもおかしな事ではなく、個人個人が独自の意志で選択します。彼ら同士で意見が異なり、どれが良いか悪いかについて言い争い、この為に争いまで起こります。

七、これら九の宗派のどれも、世界や生命の創造については言及しない。皆、地獄と天国が存在すると言うが、誰も天国が何かについて説明せず、天の命で魂が地獄に行く事についても言及しない。単に偉大な苦行を行った人間である事について述べ、一千、二千、三千年にわたる苦行は、悔悛しない多くの人達が、堕落しない為に行ったとする。

八、これらの宗派の肝心な事は、悔悛をしない全ての人達は、この宗派の創設者に助けを請う事で、全ての罪が許されるとして、大きな信仰によりこれを疑わず、期待と信頼で宗派に請えば、地獄にいたとしても、解放される事を約束すると言う。これら宗派には、創始者が書いた多くの奇跡的な寓話があるが、長い話になるのでここでは書かない事にする。

九、これらの宗派の間には、三〇〇から五〇〇に及ぶ戒律があり、この中で五つの戒律が大事であるとする。第一は殺さない、又、死に導く様なものは食べない事。第二は盗まない事。第三は不倫をしない。第四はうそをつかない。第五は酒を飲まない。全ての宗派は、共通してこの五つの戒律を持っている。僧侶も尼も、彼らは世界と対話する人間である事を理由に、この五戒律を守れないと住民に納得してもらう。

一〇から五六まで、省略

ポルトガルのシモン・ロドリゲス神父宛て書簡一〇八（一五五二年四月八日、ゴアより）

ＩＨＳ　人類の救い主イエス

我主キリストの恩恵が我々に恩寵を与え、助けとなります様に、アーメン

親愛なる私の同志シモン師へ

一、日本人のマテオとベルナルドが、そちらに向かいます。彼らは、日本から私と共にインドに来ました。ポルトガルとローマへ行き、キリスト教世界を見聞し、日本に戻った時に、これを日本人に立証するのが目的です。我らの主神の愛と奉仕により、私の同志シモン師よ、彼らを宜しく面倒見て、満足して日本に戻れるようにして下さい。なぜなら、この信頼感を日本人に伝える事で、我々は信用してもらえるからです。日本人は、自らが日本人でこの世界には彼らしか存在せず、八年か九年前、ポルトガル人が日本の島々を発見するまで、日本人以外の人達との対話した事がありませんでした。

二、これらの島々を、カスティーリャ人は銀の島と呼び、日本で出会ったポルトガル人によれば、カスティーリャ人は、新生スペイン[55]からマラッカへ出航し、この日本の島々の付近を航海し、一部のカスティーリャ人達は、この航海で日本を見つける目的で来ましたが、途中で遭難しました。日本人によれば、この付近の海には暗礁があり、日本への航海は困難であろうとの事。

三、私の同志シモン師よ、この話をするのは気休めながら、我主国王と女王に連絡され、皇帝(56)かカスティーリャ王(57)に連絡し、銀の島の発見の為に、新生スペイン経由での艦隊を送らない様に伝えたし。なぜなら、今まで送られた艦隊は、皆、遭難しましたし、又、仮に運良く日本に着けたとしても、日本人は極めて好戦的で、艦隊は皆、日本人に拿捕されてしまうでしょう。更に、うまく上陸達成しても、日本は極めて貧しい所で、兵隊の維持は出来ず、皆飢え死にするでしょう。又、これ以外に大規模な大嵐が多く、船団は友好国の安全は港に停泊しない限り、救われないでしょう。

四、前にも記しましたが、日本人は強欲で、武器や衣服を奪う為、乗組員全員は殺害されるでしょう。この事については、国王に書簡を送ってありますが、王は多忙で、このような事については、お忘れになられて居るでしょう。私は気休めながら、貴殿に伝えますので、殿下に改めて連絡して下さい。なぜならば、数多くの艦隊は、新生スペインより日本を発見する為に出航し、途中で遭難しており、この日本の島以外には、銀の出る島は発見されていません。

五、私の同志シモン師、何としてでもこれら日本人達が、充分満足して日本に戻ります様に、お任せします。多くの賞賛出来る事や、学院の見物や、口論を見て驚くでしょう。日本で、ベルナルドもマテオも我々を助けてくれました。彼らは、とても貧しい人達で、我々に愛着を感じ、我らと共にポルトガルに行く

(55) 現在のメキシコ。当時北アメリカにまたがるスペインの副王国領。
(56) 神聖ローマ皇帝カール五世、スペイン王カルロス一世。ポルトガル王の従弟であり、ポルトガル女王の兄にあたる。
(57) スペイン王子フェリーペ。

目的で、インドに出てきました。普通一般の正直な日本人は、海外に出向く事を好みません。キリスト教徒になったある人達は、キリストが生まれ、苦しんだ地である、エルサレムに行く事を望みました。マテオとベルナルドは、ポルトガル滞在後、エルサレムに行きたがるかどうか。

六、私は、日本から宗派の学識ある二名の僧侶を連れて、ポルトガルに送るつもりでした。貴殿たちに、日本人が如何に機知に富み、分別あり、デリケートな人達であるか、理解してもらいたかったからです。しかし、正直で、食に困っていなかったので、来ませんでした。他のキリスト教徒を連れてきたかったのですが、彼らも海での仕事を恐れ、断られました。

七、私は、マテオとベルナルドが、そちらを訪れる事を嬉しく思います。そして、何人かの神父と一緒に、日本に戻り、日本人に信仰を与え、我らと彼らの違いについて伝えたし。

これで、我主神に願い、手紙を書き終えますが、いつか中国でお会い出来ればと思います。もしも、これが出来ない時には、天国の栄光で会えるでしょう。天国では、この世よりずっと安らぎとなるでしょう。

フランシスコ　一五五二年四月八日　ゴアより

一三七通の書簡の中から、日本に係る内容が含まれた書簡を主に選び、訳してみた。以下に総括としてまとめてみたい。

日本の社会と日本人について、ザビエルの報告は歪曲されておらず、日本語も理解出来ず、マスコミも存在しない時代に、これだけの洞察力があった事に対し、高く評価したい。

ザビエルの日本人観は、極めてプラスの要素があり、欧州を除く世界には、日本人程優れた民族は存在しないと言い切っている。正直で、理性があり、制度に従順であり、更に、親切で好感の持てる住民。階級に係らず、一人ひとりが名誉を重んじ、礼儀正しく勤勉である。粗末な食事でも健康な生活を営み、老人の数が多い事にも留意している。

四七〇年前の日本の生活様式は、現在と大差ない様に感じられ、ザビエルが既に、日本食が健康食である事を西洋に報告している所が面白い。米や麦と、草類や果実と、少量の魚を食べると報告しているが、この草類とは野菜の事で、多分ネギとかその他の野菜は、当時の西洋人から見れば雑草で、人間の食物ではないと判断していたと考えられる。

日本の社会については、武士と一般庶民の差について報告している。当時まだ士農工商の階級制度は出来上がっていなかったので、大きく分けて武士と領主、更に僧侶の下に一般庶民が存在し、この階級制度は徹底している事が説明されている。又、当時の戦国時代の背景については、本人が理解出来ない点がかなりあり、天皇、将軍、領主の間での内戦状況について、把握する事はかなり困難であったと想像出来る。君主である天皇の権限が弱く、更に、将軍も諸侯を統治出来ず、内戦状態の社会で、ザビエルは思う様に伝道活動が出来ず、悩んでいたと考えられる。

九州・山陰地方での伝道はスムーズに進んだが、京都より北の地域には広げる事が出来ず、二年の滞在でイエズス会の基礎を作った後、日本に於ける伝道は同僚であるコスメ・デ・トーレス達に任せ、日本を去っている。日本に係る書簡の中で、日本の宗教について、詳しい報告がされているが、全てが仏教についての説明で、釈迦や阿弥陀以外に、各宗派がそれぞれライバルとして存在する事を説明している。

ザビエルの日本滞在は、二年の短い期間だったので無理もないが、日本の神道については何の説明もなく、寺

平戸のザビエル教会

平戸ザビエル教会のザビエル像

院と神社の違いについては、気が付かなかったようである。仏教と神道の共存社会について、キリスト教社会での観点からは、想像困難であったので、日本の宗教は仏教であり、神道は仏教の中の一つの宗派と見なしていたとも考えられる。

ザビエルは、仏教の教義に極めて批判的で、特に、僧侶達の生活態度や振る舞いは、聖職者としては受け入れないとの立場を取り、一般庶民の同意を得ている。具体的には、坊主と尼の同居生活の不倫性や、庶民にお布施を行えば、あの世で優遇され、地獄から抜け出す事も出来ると教えている。仏教の起源について、釈迦や阿弥陀は、キリスト教世界の神に比較すれば、全くとるに足らない存在である事を論証し、日本の仏教徒の根本を覆し、九州や山口の領主や、主要人物を説得し、彼らを仏教からキリスト教に改宗させる事に成功している。

ザビエルは、日本に於ける布教には、ポルトガル語やスペイン語で説教しても無駄であると報告し、日本語を習得せざるを得ないと説明している。それまで新大陸での宣教には、スペイン語やポルトガル語でキリスト教社会を形成して来た為、現地の言葉での布教活動に反対する意見が強かった。ザビエルの報告によって、日本では日本語による伝道活動が許されるようになった。

新大陸では、日本の様に文化的に発展した社会が存在せず、住民も日本の様に読み書き出来なかった事で、スペイン語やポルトガル語が直接導入された。これに反し、日本では日本語が古来より話され、日本語の文献や書物が社会を形成し、文学や政治分野に浸透している事で、新大陸の事情とは全く異なった環境であった。主権国である日本に、新大陸での布教活動の政策は適用出来ない事が、ザビエルによって確認された訳である。

イエズス会は、多国籍の宗教集団で、ローマ法王以外、神聖ローマ皇帝であるスペイン王がスポンサーとして存在していた。ザビエルは、ポルトガル王の援助で、インドや日本に宣教活動に行くが、キリスト教社会のリーダーであるスペイン王に対し、間接的ながら配慮している場面が見られる。

当時ポルトガルは、アフリカ~インド経由で日本に到達したが、一四九四年のトルデシリャス条約では、太平洋はスペインに属していた。従って、太平洋にある島々である日本は、スペインの領域にある国だが、スペインに先立ってポルトガルが日本との交易を始めていた。

ザビエルは、スペイン艦隊が日本に到達した場合、ポルトガルとの衝突は避けられないと見ており、ポルトガル王の親戚である、スペイン王カルロス一世である神聖ローマ皇帝カール五世へ、新生スペインから日本に接近する艦隊は、皆、遭難しているので、これは控えた方が良いと勧めている。当時、イエズス会のリーダー格であるザビエルからの依頼や連絡事項は、国王も尊重していた事は明らかである。

このザビエルの書簡で、イエズス会の海外に於ける布教活動は、純粋なるカトリックの伝道であり、布教の後、軍事力により諸国を占領する目的は全くなかった事が明らかとなった。多くの歴史家は、スペイン帝国はまずカトリックを伝道し、信者が増えた時点で軍隊を送り、国を占領する政策をとっているとの説明をしているが、これは誤りである。

十六世紀末期の、カトリック君主国家であるスペインは、カトリックを全世界に広げる為に布教活動を振興したが、領土を広げる目的はなかった。即ち、新大陸にしても、広大な北アメリカ大陸の半分以上は開拓せず放置し、更に、オーストラリアやニュージーランド、インドネシアも占領せず、放置した事を見ても、既に開拓していた新大陸だけで充分な規模の領地が余る程存在し、これ以上増やさずに現状維持の政策を施行していた事は、いくつかの文書に記載されている。

日本は、ザビエルの二年間の宣教活動で、年々カトリック信者の人口が増え、十六世紀末には七〇万に及んでいる。スペイン本土でのユダヤ教徒やイスラム教徒を、政策的にカトリック信者に改宗させた結果、偽りの改宗者が増え、モリスコや新キリスト信者[58]が存在し、又、新大陸では、原始的な信仰をしていた原住民に、強制的にカトリックを叩き込み、カトリック社会が出来上がった。それらとは異なり、日本では、日本人が自主的に仏教の教義とカトリックの教義を比較し、カトリックを選び改宗した為、日本のカトリック信者の水準は、新大陸やスペイン本土で改宗した信者より、はるかに優れ、信仰の深さは比べものにならない程であった。

日本でザビエルは有名だが、著名な作家やカトリック聖職者の間で、彼はバスク人であると多くの書物に書かれている事に驚きを感じる。前述したが、ザビエルはスペインのナバーラの出身で、バスク人ではない事をここで再確認する。残念な事に、日本ではこれら有名作家達によって、偽った事実が浸透しているのを見て、日本は、外国についての知識が余りにも貧しい社会だと痛感する。

これも前述したが、ナバーラはイベリア半島で最も古い王国の一つであり、西暦八〇〇年頃から存在し、フランスにも領地を持ち、フランス王家との親類関係もあった伝統ある王国であった。これに反しバスクは、国として存在した事はなく、バスク地方として、スペインとフランスの国境にまたがる地帯の山々に遊牧民として生活していた人種で、言葉も話し言葉で、つい最近までバスク語の文書は存在しなかった。中世スペインではこのバスク地方は、カスティーリャ王国の配下にあり、バスク国としてのステータスはない。最近になってスペイン国の中で自治州として認められてから、分離独立を叫ぶ運動が盛んになり、バスクがナバーラも併合する動きが出ている。いずれにしても、ザビエルがイエズス会の宣教師として日本を訪れた時は、ナバーラはスペイン王国に

(58) 表面上はキリスト信者になるが、ユダヤ教の信仰を止めず、偽りのキリスト教徒として疑われていた。

属していたので、彼はスペイン人であり、これについては誰も疑わない事実である。

　この書簡の中で、一五五二年に日本人が二名、ポルトガルとスペインやローマを訪れる事が記されている。確かに、この二人の内一人が、ゴアよりポルトガル船に乗り、一五五三年九月にリスボンに着いたという記録が残っている。薩摩藩の大名、島津貴久の家来の息子で、一五歳の時ザビエルと出会い洗礼を受けた、ベルナルドと言う少年で、ザビエルの日本での伝道活動を助け、ローマ訪問を目的に、ザビエルと共にゴアに来ていた。ベルナルドは翌一五五四年までリスボンに滞在し、コインブラでイエズス会の研修を受け、イエズス会創始者であるイグナチオ・デ・ロヨラに会う為に、ローマに旅立った。

　一五五四年七月十七日にコインブラを出発、サラマンカ、セゴビア、バレンシア、バルセロナを経て、十二月初めにスペイン支配下のシチリア王国に着き、スペイン領ナポリ王国で年末年始を過ごした後、一五五五年一月五日、ローマに到着した。ロヨラに会いローマ法王に謁見した後、フィレンツェ、ピサ、ジェノヴァに十一月に着き、海路でアリカンテまで航海し、一五五六年一月に着く。

　その後、陸路でバリャドリッドに入り、ポルトガルに戻った。長期にわたる旅で度々病気になり、健康を損ね、一五五七年三月三日にコインブラで二三歳で亡くなる。イエズス会師として活躍出来ないまま、又日本に戻り、欧州での見聞を伝える事出来ないままの死となった。コインブラのイエズス会教会に埋葬され、現在でも墓は存在する。

B. 新生スペイン・アジア太平洋司令部フィリピン

十六世紀後半のスペイン副王領、新生スペインは、本国をはるかに凌ぐ巨大な領土に広がり、経済的にも世界一の規模を誇っていた。現在の北アメリカから中央アメリカに君臨し、ここを基盤に、更に、太平洋オセアニアを支配するまでに拡大していた。

一五二一年に、ポルトガル出身のスペイン人航海士マゼランが、地球一周航海の途中でフィリピン群島を発見して以来、一五二四年と一五二七年と二度にわたり、アメリカ西海岸よりの航海で、フィリピンに到達を試みたが、失敗した。

当時の、帆立船の航行可能日数は、食糧や飲み水の貯蔵規模に依存し、一カ月から一カ月半が限界で、この期間に目的地に到達しない場合は、帰還するのに更に二カ月を要する為、洋上で漂流し食糧も飲み水も枯渇し、乗組員が生き延びる事は不可能であった。大西洋横断の航行日数は、コロンブスの数回の往復航海で分かっていたが、太平洋横断に要する航行日数は未知であった。

フィリピンに到達する為に、マゼランの航海路を使った場合、数カ月以上の日数を要し、これは物理的に不可能なルートでもあった。因みにマゼランの世界一周航海では、二六五人の乗組員は殆ど生き延びられず、僅か一八人しかスペインに戻ってこられなかった経緯がある。

従って、如何にしても、新生スペインのアカプルコ港とマニラ港を結ぶ航海を実現させ、太平洋横断往復ルートを開拓する必要に迫られていた。問題は、一四九四年にスペインのトルデシリャスでポルトガルと結んだ条約では、太平洋はスペイン領に属するが、ポルトガルとの境界線についてはっきりとした取り決めがなかった事であった。その為、ポルトガルはスペインより先行し、ポルトガルの拠点のあるアフリカ、インド洋から南太平洋の島々であるモルッカやフィリピン、更には日本まで到達していた。

一五二九年、スペイン王兼神聖ローマ皇帝カルロス一世は、ヨーロッパで起こりつつある数々の紛争の平定や、対オスマン・トルコ戦の準備等で、スペインを後にする前に、隣国であるポルトガルとの友好同盟関係が、密接かつ強力である必要に迫られていた。妹がポルトガル女王であり、皇帝自身の妃イサベルもポルトガル王女であったが、太平洋に於ける香辛料貿易で、ポルトガルは独占権を主張し、これを認める様スペインに対して要求していた。スペイン側は、トルデシリャス条約ではこのモルッカはスペイン領であるとし、譲らない立場を示していた。

カルロス一世は妹経由で、ポルトガル王ジョアン三世の要求を受けざるを得ない立場となり、妹よりの圧力と妃イサベルの手前もあり、モルッカをポルトガルに譲る事を決める。実際には、サラゴサ条約でポルトガルに三八万ドゥカートでモルッカを売却した。当時、新大陸より金が流入し始めた事で、太平洋での香辛料交易への関心が薄れ、モルッカをポルトガルに譲る事で、友好関係を保持した方が良しと考えたとも想像される。ヨーロッパで必要な軍事費調達の為に、巨額の資金が必要だった事もあり、モルッカ売却金は願ってもない収入となったが、スペイン諸侯はこの条約に強い不満を表明した。

遡って、一五二六年六月二十日付けで、カルロス一世が新生スペイン総督エルナン・コルテスに対し、太平洋へ船二隻を送り、香辛料島の発見を命じた。表面的にはマゼラン艦隊で遭難し、身元不明となったトリニダッド号の捜索と救助を目的とさせたが、アステカ帝国を征服したコルテスは、親類のサアベドラを指揮官に任命し、船団の派遣を準備させた。

サアベドラは一五二七年十月に、アカプルコの北側にあるシワタネホ港から出港。年末にはカロリン諸島に到達し、翌一五二八年二月初めに、ミンダナオ島に到着し、後にモルッカに向かう。

同年三月末にはインドネシアのティドレ島に着くが、ポルトガル人に包囲される。ティドレ島では、一五二五年にコルーニャ港を出てモルッカに着いたガルシア・ホフレ・デ・ロアイサ探検船団の生き残りの、キャプテン・ベルナルド・デ・ラトーレと出会う。ベルナルド・デ・ラトーレはティドレ島に住み着き、隣の島テルナテを征服したポルトガル人との戦いを継続していた。

サアベドラは、二カ月半ティドレ島に滞在し、カルロス王宛てに、現地香辛料島地帯の事情報告書や、各書類をまとめた後、一五二八年六月に出航し、ニューギニアを発見後、メキシコに戻る海路を航海するが、逆風に遭い、同年十一月にミンダナオ島に戻る。

翌一五二九年五月、再度メキシコに向けて出港し、ポリネシアやマーシャル諸島を経て、北へ航海を続けたが、ハワイ群島付近で亡くなる。乗組員達はその後、北に向けて航海を続けるが、逆風によってモルッカに戻ってしまい、殆ど全員がポルトガルの捕虜となり、全滅を余儀なくされる。

一三年後、新生スペイン副王アントニオ・デ・メンドーサは、親戚で航海士のロペス・デ・ビリャロボスを太平洋に送る事を決める。

一五四二年十一月一日、ナビダ港より、三七〇人の乗組員を乗せた六艘の船団が出航した。乗組員の中には、将来フィリピン総督となる会計検査官ギド・デ・ラ・ベサーレスや、以前マゼラン船団で生き延びたヒネスデマフラの他、ハワイを発見した航海士ガスパール・リコや、ファンガイタンも同乗していた。マリアナ諸島付近を航海し、日本の島々である硫黄島や南鳥島に到達する。その後、ミンダナオ島に着き、モルッカに向かい、一五四六年には、日本訪問の為モルッカに滞在していたイエズス会宣教師フランシスコ・ザビエルに会っている。

一五四三年、当時のスペイン王子フェリーペに敬意を払い、レイテ島をフィリピンと呼んだ。この名前は後に周りの島々に広がり、フィリピン諸島となる。一五四四年、モルッカに戻り、ポルトガル人と戦っていた原住民を助け、要塞を建設したが、ポルトガル艦隊によって破られる。多くの困難の末、一五四六年二月にテルナテ島を退去し、アンボイナ島でフランシスコ・ザビエルの見守る中、息を引き取った。

一五五九年、フェリーペ二世は、新生スペイン副王ベラスコに命じ、二艘の外洋船を太平洋に送り、香辛料を輸送してくる事と、今まで失敗していたフィリピンから、新生スペインへの帰還ルートを見つける様に指示した。ベラスコは、一五二八年より新生スペインで公務に従事していた、ミゲル・ロペス・デ・レガスピ(59)を艦隊指揮官に任命し、一五六四年十一月二十一日に、五艘の船団で三八〇人の乗組員を乗せて、ナビッダ港からフィリピンに向けて出航する。

翌一五六五年、マーシャル諸島、マリアナ群島に到達し、グアム島を占領し、二月十三日にフィリピン・レイテ島に着く。現地の歓迎を受け、領主の子息が地域周辺の島々の視察に同行した。レガスピは、常に友好的な姿勢を示し、地域の領主達との良好な関係を維持した。

唯一セブ島では、レガスピの訪問は拒否され、武力によって占領し、要塞を築き、フィリピンで初のスペインの街が設立される。セブ島では、キリストの聖像が見つかり、これは以前、マゼランが土地の領主に贈ったものであった。地域の住民は敵対的であった。これは以前、ポルトガル人が犯した略奪行為が原因で、白人に対し反感を抱いていたからである。マゼランがフィリピンに着いた時期の領主の息子トゥパスは、レガスピに復讐されると危惧していたが、レガスピの姿勢が友好的だった事で、トゥパスはスペイン人に協力する様になる。

一五六六年には、ポルトガル船がセブ付近に現れる。一五六七年一月に、アカプルコよりレガスピの孫サルセドが、二艘のガレオン船(60)で三〇〇人の乗組員を乗せて到着する。一五六八年九月、ポルトガル艦隊がスペイン人を追放する目的でセブ島を包囲し、三カ月間にわたり遮断するが、セブ島の占領は出来ず、翌一五六九年一月に撤退する。フェリーペ二世は、レガスピをフィリピンの総督に任命し、フィリピン、マリアナ諸島周辺の総司令官となる。レガスピはポルトガルよりの攻撃から逃れる為、セブ島を退去し、パナイ島に移動した。

当時の新生スペイン副王エンリケ・デ・アルマンサは、援軍を送り、レガスピにセブ島へ戻る様命じた。レガスピの孫サルセドはルソン島に到達し、マニラ湾に入り、タガログ族がポルトガル製の武器で武装された軍隊によって頑強な要塞を築いているのを見届ける。土地の統治者はブルネイから来たイスラムのスリマンで、当初スペイン人は歓迎されたが、直ちに攻撃されたので、大砲を使い、一九七〇年五月二十四日に要塞を落とした。しかしながら、軍事力が充分でなかった為、一時パナイ島に戻り、イエスデセブと言う町を設立した。

翌一五七一年四月十五日、レガスピはパナイのカディスを出航し、ルソン島の征服に向かう。二七艘に二八〇人の乗組員を連れ、マスバテ島やミンドロ島を征服し、カヴィテとマニラに着き、友好的な姿勢を示しながらも威嚇し、土地の領主達であるラジャスやスリマンは、無抵抗でスペイン王に服従し、同年五月十八日に協定を結んだ。

同年六月二十四日、レガスピはマニラを設立し、そこをフィリピンの首都にする。一部の反乱軍を除き、フィリピン全土を平和裏に平定させる事に成功する。レガスピはフィリピンの統治を始め、福音伝道を勧め、アウグ

(59) 北スペイン・バスク地方のスマラガ市出身。十六世紀の海軍大将、フィリピン最初の総督。一五六五年にセブ市を、一五七一年にマニラ市を設立。一五七二年、フィリピンで亡くなる。

(60) 一五七一年から一七三四年までの一六三年間にわたり、マニラとアカプルコの往復定期航海で東洋と西洋の独占交易に使われた大型帆船。スペインから、布類、銀、工具、武器、弾薬軍需品がマニラに輸出され、マニラからは、中国・日本・インド・ペルシャの絹、香辛料、茶、陶器、漆器、家具、屏風、貝殻細工などが輸出された。

スチノ会の修道院を五つ建設し、アメリカ大陸同様エンコミエンダ制度(61)を確立する。

レガスピの征服がもう少し遅れていれば、地域はイスラム教が導入されつつあった為、イスラム化され平和的な征服は不可能となっていたであろう。レガスピは、フィリピンの父とも言われ、極東に於ける唯一の西洋文化とキリスト教を根づけた英雄である。

レガスピはマニラに滞在し、一五七二年八月二十日に脳溢血で亡くなる。フェリーペ二世がレガスピをフィリピンの終身総督に任命し、賞与として二千ドゥカートを送金したという知らせを受ける前に、彼は息を引きとったのであった。

一五六五年六月一日、レガスピがまだ健在な時、ウルダネータ(62)をガレオン船で、新生スペインに向けて出航させている。ウルダネータは一五〇八年生まれで、一七歳の時ガルシア・ホフレ・デ・ロアイサとエルカノの遠征隊に参加。一五二六年にフィリピンとモルッカに着き、ティドレ島に移り、島の防衛に携わっている。

一五二七年、ポルトガルとの戦いで指揮官として参加。ポルトガルとの休戦協定を締結する事に成功している。協定の内容は、ポルトガルがテルナテ島を治め、ティドレ島とジロロ島はスペイン領土とするというものであった。

一五三五年までモルッカに滞在し、近海を航海し、現地の言葉を覚え、地域についての専門家となる。太平洋を、西から東に直に横切る事は不可能である事に気が付く。モルッカは既にポルトガル領となっていた事もあり、スペイン人の数は極限し、ウルダネータはインドのコーチに移動し、その後、リスボン経由でスペインに一五三六年六月に戻った。この航海は、マゼランとエルカノの初の世界一周航海から一四年後で、二度目の就航となった。

一五三八年、バリャドリッドでペドロ・デ・アルバラードに、太平洋航海に同行するように頼まれ、大西洋を横断、サントドミンゴに滞在後、新生スペインに向かい、メキシコの平定に従事する。一五五三年、精神的危機に陥り、サン・アグスティン修道院に入り、その後メキシコ大学で神学を学び、秘蹟を受ける。

一五五九年、副王ベラスコを説得し、フェリーペ二世に太平洋への航海の許可を申請し、王はモルッカに行かない事を条件に、許可を下した。王は、ウルダネータを天地学者として参加させる様に指示した。ウルダネータはフィリピンへ向かわず、ニューギニアへの航海を提案したが、一五六四年出航後、船団長レガスピがフィリピンに向かう事に決めた事を知る。

一五六五年、艦隊はマリアナ諸島やグアム島を経て、フィリピンのレイテ島に着き、レガスピは島を平和裏に占領する。ウルダネータはその後、レガスピの指示で、メキシコへの帰還航海路を捜索する為に、フィリピンをあとにする。

同年六月一日、レガスピの孫サルセドの指揮の下、ウルダネータが航海案内役を務め、北東に向け航海し、日本と同緯度の地点で気象風圏外に出る。その後はしばらく自力で東に向かい、再び気象風圏内へ到達すると西風を利用してカリフォルニア沿岸に接近し、その後南下し、同年十月八日に、アカプルコに到達した。北太平洋へ黒潮海流に乗り北上する事で、アジアから北アメリカへの航海が可能なルートが発見された事になる。今まで誰も達成出来なかったフィリピンからの帰還ルートが、ウルダネータによって発見された訳である。

(61) 新大陸開拓において征服者に先住民等の統治を委託し、また農園経営の為に先住民を雇用する制度。

(62) 北スペイン・ギプスコアの出身。天文学者、海洋探検家で、アウグスチノ会聖職者。一五二五年に、ロアイサの遠征航海に参加。モルッカを訪問後、現地に一〇年近く滞在。一五六四年、レガスピの遠征航海に参加。フィリピンから新生スペインに戻る黒潮海流を発見し、太平洋往復海路がガレオン船によって開始される。

ウルダネータはその後、スペインに戻るが、フィリピン占領の非合法性について訴える。再度メキシコに戻り、一五六八年六月三日に、現地で亡くなる。

現在、スペインからフィリピンまでの距離は一万一、八五〇㎞で、飛行時間は直行で一四、一五時間要する。十六世紀、帆立船での航海日数は、一七カ月から二〇カ月で、途中で海難事故や遭難が多発し、安全な航海は保証されていなかった事を考慮すると、スペインのフィリピン統治は信じられない程の困難な事業だったはずである。にも係わらず、一五六五年から一八九八年までの三三三年間にわたり、歴代一一三名のスペイン人総督がフィリピンを統治していた事実は、驚くべき事である。

フィリピンは、フィリピンだけでなく、中国や日本、その他太平洋全域の島々を含めた、アジア太平洋を総括するスペイン帝国のヘッドクオータ的存在であった。日本は主権国で、スペインの管轄圏には入らなかったが、スペインとの関係は、常にマニラを経由して新生スペインが窓口となっていた。フィリピン総督が、新生スペイン副王の代理として、日本との外交関係を維持した。新生スペイン副王は、スペイン王の名代として機能し、日本からの案件は、副王を通してスペイン王室に伝わった。

マニラから新生スペインに帰還航海途中、房総沖で遭難し、漁民に救われたフィリピン一一代総督ビベロは、当時、徳川家康と会見している。家康は、ビベロにスペイン王宛ての書状を託し、スペインとの友好関係を結び、銀の精錬技術であるアマルガム法や、大洋航海可能な大型船の建造技術の供与を求めた。ビベロは、日本人に救助され、多くのスペイン人乗組員の命が救われた事を、当時のスペイン王フェリーペ三世に伝え、王はお礼に特使を日本に派遣し、有名な置時計(63)を家康に贈った。

新大陸アメリカでは、原住民インディオとの混血によるメスティーソ社会が形成されたのに比べ、フィリピンでは、スペイン人と現地人との混血は殆どなかった。アメリカ大陸での征服者による開拓政策とは異なり、フィリピンでは平和裏に征服が成し遂げられた。スペインや新生スペインからの征服者の流入はごく少数で、スペイン人政治家や聖職者たちによる統治が行われ、一般住民との共存は限られていた事で、スペイン人と現地人の間での混血による人口は増加しなかった。これは、イングランドの世界各地にまたがる植民地に於ける政策と似ているが、スペインはフィリピン社会の為に多くの貢献をした。

以前は統一されていなかった南太平洋の島々をまとめてフィリピン国を築き上げ、三〇〇年以上にわたって、西洋文化やキリスト教を浸透させ、道路や住宅街を造り、多くの建築物や教会や病院を建て、熱帯の未開発地域を近代化させた点では、イングランドのそれとは異なっている。

前章でも記したが、スペインが築いた多くの文化財建築物はアメリカによって破壊されたにも係わらず、現在、フィリピンが持つ三つの世界遺産の内、二つはスペインによって建てられた文化財である。言語も、三〇〇年以上の間使われていたスペイン語は、一八九八年よりアメリカによって使用禁止され、現在では失われてしまったが、地名や人名だけは以前のままで残り、スペイン統治時代の面影を残している。宗教も、人口の八割以上が、スペインによって導入されたカトリックであり、言語こそ失われたが、スペインが残した遺産は今日のフィリピン社会に深く根づいていると言える。

一八六八年、日本は明治維新を迎え、欧米主要国との外交関係を結ぶが、当時スペインは、国際舞台から脱落

（63）十六世紀、スペインのマドリッドで造られた、世界に二つしか残っていない日本最古の置時計。徳川家康の遺品として静岡県の久能山東照宮に保管されている。

16世紀にスペインによって建設された、フィリピンのビガン市街地（世界遺産）
From Wikimedia Commons, the free media repository

し、日本外交の主要国リストから外されていた。先進国である、アメリカ、イギリス、ドイツ、フランスの他、ロシアなどを主たる相手国として、日本の外交政策はスタートした。

四〇〇年以前、日本はイスパニアを唯一の外交相手国としていた時代と比べ、スペインのステータスが極端に下がり、もはや幻の国イスパニアと化し、スペインは他の欧米先進国メンバー外の、二流国的存在と見なされていた。

スペイン側は、当時スペイン帝国の滅亡寸前で、極東日本との外交関係など、取り扱えるだけの余裕がない事態に直面していた。当時フィリピンは、スペインを代表し、日本との外交関係の締結を主張し、新生スペイン副王経由で、スペイン本国に打診し、フィリピンにとって日本との関係は極めて重要である事を説得し、女王イサベル二世の名で中国に派遣されていた、東アジア担当大使ホセ・エリベルト・ガルシア・デ・ケベードを日本に送り、日西修好通商航海条約が結ばれた。条約締結の為には、日本に着いたばかりのスペイン大使では日本政府との交渉はスムーズにはかどらず、駐日アメリカ大使の助けや、フランス大使館の通訳に頼らざるを得なかった。

更に、条約締結された一八六八年十一月十二日には、スペイン王国は九月の革命で滅び、スペイン女王イサベル二世はフランスに亡命し、軍事政権が確立されていた。従って、イサベル二世のスペイン王国はなくなり、日本政府と交わした条約は無効であった。この事実は、スペイン大使も日本の外務省筋も知る由はなかった為、条約そのものは有効とされ、後のスペイン共和国政府はこの条約をそのまま尊重した。

開国後の日本にとって、先進欧米諸国との関係が重要課題であり、フィリピンとの関係は殆ど無視されていたと推測される。従って、フィリピンがアジア太平洋圏に於けるスペインであった事など、日本政府にとってどうでも良い事項であったと判断される。

三〇年後の一八九八年、スペイン領フィリピンはアメリカ合衆国によって占領され、三三三年前にスペインによって設立され以来続いたスペイン統治に、終止符が打たれた。

C．天正遣欧少年使節（一五八二－一五九〇）と慶長遣欧使節（一六一三－一六二〇）

両使節の比較

イエズス会日本巡察師、アレッサンドロ・ヴァリニャーノ(64)は、一五七九年七月に日本に着き、二年間の滞在中、日本に於けるキリスト教の布教状況を調べ、一五四九年よりザビエルによって始まった布教活動が、三〇年たっても思った程進んでいない事を知る。

当時の日本は、宣教師を優遇した織田信長の時代であり、ヴァリニャーノは信長の助けを得て、修道院を建設し、如何にすれば日本でキリスト教を広める事が可能か思案し、日本に順応した宣教師の育成を図る事が先決と判断する。

一五八二年二月、九州のキリシタン大名、大友義鎮と大村純忠、有馬晴信の代理人として、一二、一三歳の伊藤マンショと千々石ミゲルを正使節とした、天正遣欧使節を送り出す事、信長よりの承諾を受ける。使節は、八年半にわたる長期間の海外渡航を無事終え、一五九〇年七月二十日に日本に戻るが、使節が出発した年の六月に、織田信長が斃れ、豊臣政権が確立された事で、使節に対する重要性は薄れて、帰国は歓迎されなかった。

使節については、数多くの文献により詳細が知られているので、改めて説明は避けるが、三一年後の一六一三年の慶長遣欧使節が、日本とスペインの関係の上で最重要視されているのに対し、天正遣欧使節が軽視されている背景について、今少し詳しく探ってみる事にする。

天正遣欧少年使節が日本を出航する一年前の一五八一年三月、スペイン王フェリーペ二世は、ポルトガル王の座に就き、ポルトガル統治下の海外領土や航海ルートはスペイン帝国の配下に入った。従って、日本からヨーロッパへの航海は、ポルトガルが独占していた、マラッカ、インドのゴア経由で喜望峰を回り、サンタ・エレナ島（セント・ヘレナ島）を経て、リスボンに到着する航路を使い、その後、陸路でスペインを横断し、地中海を通過し、ローマに至る旅となった。

長崎を出てから約二年後、一五八四年三月にリスボンに到着する。リスボンでは、スペイン王フェリーペ二世の代理として、副王アルベルト王子[65]が使節を迎え、国賓級の歓迎を受ける。

同年十月にマドリッドに到着し、十一月には、完成したばかりの修道院宮殿エル・エスコリアルにて、使節はフェリーペ二世に謁見した。日本の天皇でもなく将軍でもない、地方の藩主の身内によって構成された使節が、スペイン帝国の君主であるフェリーペ二世に謁見出来た事は、使節にとって大成功であったが、逆に言えば、イエズス会がフェリーペ二世に、使節のステータスについて詳しい情報を与えていなかったとも判断出来る。

フェリーペ二世にとっては、遠い東洋の国から使節が訪れた事や、使節のメンバーが少年だった事もあり、正式儀礼の枠を超えた待遇を与えたと想像される。ここでも、フェリーペ二世の思いやりある人間性が見られ、「黒の伝説」によって宣伝されている、残虐で傲慢なフェリーペ二世像は偽りである事を覗う事が出来る。

スペイン側から見ると、天正遣欧使節が日本との外交関係の始まりであるが、日本側はキリシタン大名が送った使節であり、日本国を代表した使節ではなかった。事実、使節の目的は、イエズス会が日本でのカトリックの布教を広げる為に、ヨーロッパのキリスト教社会の安定と繁栄を、直接見聞した日本人自身によって紹介すれば、布教活動に何らかの好影響を与えると判断した事で、実現させた使節であった。

これに反して慶長遣欧使節は、イエズス会のライバルであるフランシスコ会ルイス・ソテロの個人的な野心と、仙台藩が目論んだ、マニラを経由しない新生スペインとの直接の交易関係の締結にあったが、これも日本国を代表した使節ではなかった。歴史の上では、この慶長使節が、日本とスペインの外交関係の始まりとして、正式に認められており、二〇一四年に、日本とスペインの外交関係樹立四〇〇周年記念として、盛大な行事が両国で催

(64) 一五三九年二月、スペイン領ナポリ王国生まれ。一五六六年、イエズス会に入会。アジア、特に日本でのカトリックの布教の実態を巡察し、布教を広げる為には宣教師は日本の文化や言語の習得を義務づける事を提案し、当時、日本イエズス会長フランシスコ・カブラルの反対を受けた。一六〇六年一月二十日、マカオで亡くなる。

(65) スペイン王フェリーペ二世の甥で、神聖ローマ皇帝マクシミリアン二世の息子。

天正遣欧少年使節（右上から右回りに伊藤マンショ、千々石ミゲル、原マルチノ、中浦ジュリアン、メスキータ神父）
From Wikimedia Commons, the free media repository

された。

本来、慶長使節は、新生スペインであるメキシコ訪問が目的だったが、日本との交易についての取り決めは、新生スペイン副王の権限では決定出来ない事が現地に着いてから分かり、旅程を変更し、スペインまで行く事になった。更に、スペインでも日本との交易協定を結ぶ事を拒まれた為、全く予定していなかった最後の切り札として、ローマ法王を訪ねる事となった。全てがソテロの個人的な判断で行われ、最初から失敗する事が明らだった使節の目的を、ただ運に任せ、放浪の旅に明け暮れていた。使節の参加者達は、支倉常長を含め、この様な事情は一切知らずに、ソテロ任せで彼の言いなりとなって行動せざるを得なかった。

天正遣欧使節が、三〇年以上前の一五八四年にスペイン王に謁見し、一五四九年のザビエルの日本訪問から三五年目に、ザビエルの後継者達によって実現し、日本とスペインの関係が少なからず

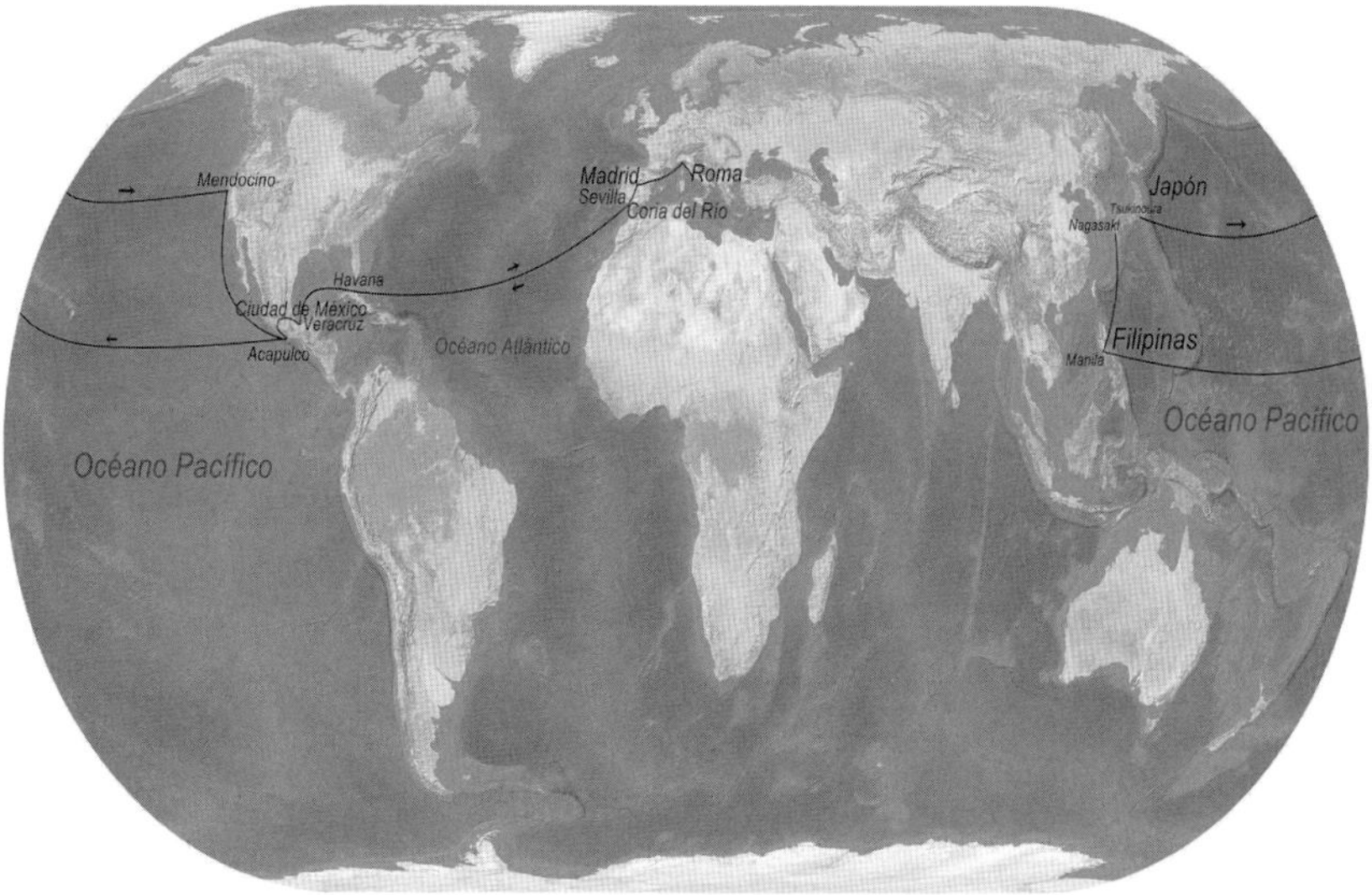

慶長遣欧使節
From Wikimedia Commons, the free media repository

動き出したわけだが、この出来事を無視しているのは何故か。天正少年使節と比較すれば、遥かに田舎芝居的な慶長使節が、歴史の上では優位として認められている点、如何にしても納得出来ない。

実際には、慶長使節は日本の幕府のみならず、大名仙台藩の家系の人物も参加せず、藩の下級武士である支倉常長が使節を代表して、スペインとローマ法廷を訪問したに過ぎない。この点では天正使節より劣っているが、使節を実現させたフランシスコ会のソテロが、でっち上げで使節の正当性を強調し、殆ど無理やりにスペイン国王やローマ法王との謁見を実現させたが、スペインに於いてもローマ法廷でも、使節を正式には認めなかった。使者達が洗礼を受けた事を考慮して、ソテロの熱心さに同情し、形式的に許された謁見であった。

慶長使節を実現させたルイス・ソテロは、使節が日本国を代表し、団長である支倉常長が貴族で幕府の要人である様に偽り、当時の国王フェリーペ三世側近を騙し、王との謁見の実現に成功している。又、当時日本ではキリシタンの虐待や布教禁止令などがあり、日本への宣教師の派遣はやめる事を決めていたが、ソテロの意見では、イエズス会のやり方が誤っていたのが原因で、日本の統治者が反キリスト教政策を打ち出したとし、フランシスコ会は日本の統治者を説得させる事が出来、従って、日本での布教の可能性はまだ残されていると、熱心に司教会を説得した。

この点、天正少年使節の方が、藩主の家族が参加し、当時の権力者である織田信長の許可を受けての派遣であったので、慶長使節よりは公式的であったと言える。この観点から見れば、一五八四年が日本とスペインの外交関係樹立の年であった筈である。

いずれにせよ、両使節とも目標を達成出来ず、悲惨な結果に終わった事は周知のごときである。天正少年使節の使者達は、帰国後、インド副王の使節を装い、豊臣秀吉に謁見出来たが、八年間の海外経験や、西洋で学び見聞した数多くの事を、日本国民に伝える機会には恵まれず、使節の目的は達成されなかった。

信長のキリシタン優遇の政策を、後継者秀吉は当初引き継いだが、その後一変してキリシタン虐待・追放を掲げた為、謁見には天正使節ではなくインド副王の使節として赴かざるを得なかった。

日本の外交使節として国賓級の待遇で、ポルトガル、スペイン、ローマを歴訪してきた使者達の夢の様な体験は、日本に帰国した時点で、水の泡のごとく消え去り、苦難な境遇に陥る事になる。

伊藤マンショは、島原のセミナリオ（イエズス会設立の神学校）の教師となり、神父に叙されるが、徳川幕府の禁教政策で病気になり、一六一二年に四三歳の生涯を閉じる。千々石ミゲルは、修道生活を放棄して結婚し、従弟大村喜前公の下に身を寄せた。原マルチノは、神父になり、管区長の秘書役をしていたが、日本を追放され、マカオに渡った。中浦ジュリアンは、神父になり、隠れキリシタンとして九州各地を転々とし、迫害の嵐をくぐり抜けたが、一六三三年十月十八日に捕らえられ、長崎で処刑され、六五歳の生涯を閉じた。また、従者ドラードは、修道士となり、後に神父としてマカオのセミナリオで教え、後に院長となるが、二年後に五五歳で世を去った。

織田信長からの信頼を最も受け、忠実だった秀吉が、なぜ急に宣教師を虐待し、追放令を出したのか。当時、日本のキリスト教布教権を独占していたイエズス会が、長崎をイエズス会の管理地区にしていた事が、起爆剤となったという説がある。日本国の領土がイエズス会によって侵略され始めたとして、秀吉は憤慨し、キリシタンの追放令を出し、信者を捕らえ処刑した。

更に一五九六年十月、マニラよりアカプルコに向かって航海中のスペインのガレオン船サン・フェリーペ号が、台風で四国沖で遭難し、土佐藩大名長宗我部家によって拿捕され、船荷は全て没収された。これを不服としたサン・フェリーペ号船長は、当時の日本の統治者である太閤秀吉の調停を求める為、使者を送ったが、秀吉は謁見を認めず、奉行の一人である増田長盛を担当役に命じ、現地に派遣した。

増田長盛は、サン・フェリーペ号乗組員達との会話を通じ、スペインは世界中を占領し、巨大な領土を有する強国で、今まで日本との関係のあったポルトガルも、スペインが支配している事を知る。更に、フィリピンやアメリカ大陸は、最初、宣教師を送り込み、カトリックを布教させ、後に軍隊を派遣して占領するのがスペインのやり方であると言った話を聞き、日本もこの例外ではないとの結論に至り、直ちにこれを太閤秀吉に報告した。

秀吉は、既に仏教徒より、日本のキリスト教化は国の存在を揺るがす危険性があるので、布教の禁止を求められてきた事もあり、増田奉行の報告を受けた時点で、キリシタンの追放と信者の処刑を命じた。一五九七年二月五日、長崎で二六人のキリシタンが処刑された。これは日本二十六人聖人と呼ばれている。

慶長遣欧使節が日本を出航した一年前、一六一二年に、既に徳川幕府は、江戸、京都、駿府をはじめとする直轄地で、教会の破壊と布教の禁止を命じた禁教令を布告した。翌一六一三年一月二十八日には、この禁教令を全国に広げ、多くのキリシタンはマカオやマニラに追放された。従って、慶長使節が月の浦を出帆した一六一三年十月には、既に日本全国で禁教令が適用されていたにも係わらず、幕府に背いて使節を新生スペインに向けて送った伊達政宗は、幕府に背いた行動をとり、忠誠ではなかったと判断される。

いずれにせよ、幕府が禁教令でキリシタンの追放や布教の禁止を決めた時点で、スペインとの関係は悪化し、交易条約の締結は事実上不可能な状況にあったにも係わらず、これを無視して新生スペイン、更にはスペイン本国、ローマ法廷までの、気違い沙汰の旅を敢行した慶長使節は、全く無意味で悲劇でしかなかった。

結果として、使節そのものは日本に帰国せず、マニラで行程を終え、使節の頭である支倉常長は、一六二〇年九月、七年ぶりに日本に戻るが、公には帰国の知らせは出さず、秘密裏に故郷に帰ってきた。仙台藩では支倉を罪人扱いし、藩の為に命をかけた七年間にわたる海外渡航には、何の恩恵も与えず、逆に藩の為に洗礼を受けた事に対して刑罰を与えた。

ちなみに、常長がモデルとなった遠藤周作の有名な小説『侍』では、主人公は処刑されるに至っている。

三、オランダ船の漂着から鎖国まで

A．イギリス人ウィリアム・アダムス（一五六四－一六二〇）

著者の出身地、横須賀市の塚山公園は、別名按針塚と呼ばれ、三浦按針の記念碑がある。毎年桜の咲く四月には按針祭が催され、駐日イギリス大使や横須賀市長が出席して、三浦按針ことウィリアム・アダムスを称える式典が行われる。普段訪問客の少ない按針山は桜林公園で、この時期、地元の人達も花見に集まり、賑やかな観光地に変身する。

著者はこの按針塚の麓で生まれ育ったので、按針の名前だけは少年時代から知っていたが、この人物と按針塚との関係が如何なるものなのか興味もなかったし、考えもしなかった。地元で詳しいことを知っている人も数少ない。京浜急行の各駅停車駅に按針塚駅があり、隣の逸見駅と並んで按針塚へ登るのに一番近い駅であるが、地元の人は按針塚駅の名前の所以など、興味を示す人は殆どいない。

最近になって漸くこの按針についての紹介が進められ、徳川家康と按針が主人公の歴史ドラマを制作し、NHKテレビの大河ドラマにて放映出来るようにと、関係者が横須賀市の後援でプロモートしている。

ウィリアム・アダムスは、一五六四年、イングランドのケント州ジリンガムで生まれ、若い頃造船技術を学び、

横須賀市の塚山公園にある三浦按針（ウィリアム・アダムス）の記念碑

三浦按針を主人公とした大河ドラマ誘致の試み
（横須賀市逸見観光協会）

イングランド海軍に入り、有名な海賊ドレークの指揮下で働いた後、一五八八年のスペイン無敵艦隊との海戦にも参加している。

一五九八年、オランダの東インド会社[66]の前身となった船団に雇われ、今までオランダ人やイギリス人には未知だった、太平洋航海の為の船団に参加する。太平洋はスペイン領で、それまでスペイン船以外の航海は認められず侵入禁止海域で、極めて危険な任務であったが、オランダ船リーフデ号の航海士として、冒険航海に挑んだ。五艘からなる五〇〇人余りを乗せた船団は、マゼラン海峡付近で嵐や悪天候に見舞われ離れ離れとなり、沈没したり、スペイン船に捕らわれたりした。運良く二艘が太平洋まで航海出来たが、更に一艘も遭難して失われ、アダムスのリーフデ号だけが、生き残った十数名の乗組員を乗せて、辛うじて九州に漂着した。

船団の目的は香辛料貿易で、モルッカ近辺の島々に辿り着く予定だったが、結果としてオランダ出航から約二年後の一六〇〇年四月十九日に、現在の大分県の黒島付近に漂着[67]したとされている。

一六〇〇年四月、日本は戦国時代の末期で、同年十月二十一日には、徳川家康が関ケ原の合戦で天下を取った年である。一五四九年に日本に初めて西洋よりスペイン人宣教師が来日してから五一年後の出来事で、それまで西洋人、即ち南蛮人は、スペイン人でありポルトガル人で、誰もこの事実を疑う事はなかった。

当時の日本、特に九州・山陰地方には、七〇万人以上のカトリック信者がいて、キリシタン大名の数も多く、

(66) 正式には一六〇二年に設立された。

(67) オランダ国史には、リーフデ号が日本に「到着」したと明記されているが、これは歴史の歪曲である。オランダは国として存在せず、スペイン領の太平洋に、香辛料貿易を横取りする目的で海賊船として侵入したが、遭難して日本に偶然辿り着いたのであり、「漂着」が正しい。

日本全国へこの傾向が広がりつつあった。スペイン国王のカトリックの布教政策は、イエズス会を通じてアジアにも浸透し始め、日本もその例外ではなかった。イエズス会は、日本の当時の指導者であった織田信長や豊臣秀吉の許しを得て、カトリック教会を建て布教の自由を認められていた。スペインとの交易の見返り条件として、布教の自由を要求していたことで、仏教徒の強い反抗と圧力で困難な布教活動ではあった。信長の時代は、比較的楽に布教が可能であったが、秀吉の時代に入ると、布教の禁止令やキリシタンの追放令なども出された。

秀吉亡き後、家康は着々と天下を取る戦略を練り、一六〇〇年四月にオランダ船が九州に漂着した頃は、西軍との戦いの準備に忙しい時期であった。漂着した南蛮船は当初、スペインかポルトガルから来たものと理解されていたが、現地に駆けつけたスペイン人宣教師によれば、海賊船なので乗組員を捕らえ処刑するように指示があった。

家康はこの情報に強い興味を示し、乗組員を取り調べた結果、船はオランダと言う国のもので、航海士はイギリスと言う国の人間である事を知る。更に、オランダはスペインの属国で、独立の為に反乱を起こしていた事、又、イギリスと言う国はオランダの味方で、スペインの敵国であり、これもスペインとの戦争状態にある事を知る。それまで西洋はスペインとポルトガルの大陸だったのが、急に別の国が存在する事実が分かり、又、これらの国がスペインの敵国であることは、日本にとって新たな展望が見えてきたかに家康は感じた。

即ち、今まで西洋との交易には、スペインの提示する条件下で行わざるを得ず、カトリックの布教を許さねばならなかったが、スペイン以外の国が現れれば、日本にとって都合良い条件で交易が可能ではないかと、想定したかもしれない。

一五九八年に秀吉が亡くなって間もなく、家康は新生スペイン出身のフランシスコ会宣教師ジェロニモ・デ・

ジェズスを通して、スペイン領フィリピンの総督との交渉を始めていた。目的は、当時の強国であるスペインとの関係の回復が目的だった。フィリピン総督からの苦情を受け入れ、日本からの八幡船の取り締まりの要求に対して、家康は朱印船制度を設け、フィリピン総督に協力する姿勢を示した。

これと並行して、フィリピンと新生スペインを航海するスペイン船が浦賀港に立ち寄り、日本との交易を促すことを求め、ジェロニモ・デ・ジェズス経由で親書を送った。このジェロニモ・デ・ジェズスは、アダムス以前に家康が頼りにしていた外国人であったが、彼は一六〇一年十月に病死してしまう。

一六〇〇年五月、家康はオランダ船の航海士であるウィリアム・アダムスと、船員のヤン＝ヨーステンに種々の質問をし、世界情勢についての把握に努めた。天下人である家康にとって、スペイン王国は巨大な先進国であり、日本はこの国との関係を深める事が得策であるとの結論に至る。オランダやイギリスは海賊国であり、日本として付き合う価値なしとの判断をしたが、航海士のアダムスは利用価値ありとして、スペインとの外交関係改善の為の顧問役を務めさせることを決める。

アダムスは、敵国であるスペインの為に働く事に抵抗を感じ、自国のイングランドとの関係を結ぶように家康を説得したが、家康はこれに応じなかった。アダムスとしては家康に背くことは出来ず、対スペインの外交担当として仕える事となる。

それまで日本は、九州の平戸港が南蛮貿易の中心であったが、徳川幕府が江戸に移ると、遠い平戸に代わって江戸に近い港である三浦半島の浦賀港が選ばれた。江戸湾の入江にある浦賀は湖の如く、波静かで船舶が停泊するのにもってこいの場所だった。

家康は以前、中堅クラスの大名であった織田信長が一大勢力を築いた経緯には、ポルトガルから調達した火縄銃を使い、一五六〇年の桶狭間の戦で、僅か二、五〇〇の兵力で二万五千の今川義元の軍を破ったり、一五七五年には、長篠の戦で戦国最強の騎馬隊と言われた武田勝頼軍を破った事実があった事を身近に知っていた。更に、スペインがイタリア半島で少数の兵力で当時の大国スランスを破った戦略や戦闘技術などについても、信長はスペインやポルトガル出身の宣教師を通じて知っていたとされている。

従って、家康も先輩である信長に習い、秀吉時代に悪化したスペインとの関係を回復させることが重要あると、認識していた。特に、大洋航海の出来る大型船の建造技術や、日本にある銀の精錬技術の導入なども、スペインからの援助が不可欠であった。

アダムスは、祖国に家族を残して来たので、早い機会に日本を出て、イングランドに戻ることを考えていた。何回か家康に、イングランドに帰りたい旨を伝えたが、拒否される。

家康はアダムスに、浦賀港に近い三浦半島にある逸見と言う場所に領地を与え、日本人女性と結婚させ、名前も三浦按針と命名し、位は旗本で外国人初めての侍が誕生する。逸見から浦賀までは馬で三〇分程度の道程で、徒歩でも二時間程度の距離にあった。又、江戸へも馬で二時間の距離で、スペイン船が浦賀に入港した時など、按針の活動には便利の良い場所だった。現在、浦賀港には、当時、スペイン船が出入りして停泊していた記録は残っていない。

一八五三年にアメリカの黒船が浦賀沖に停泊し、江戸幕府に開国を迫った歴史で浦賀は有名になったが、それ以前に、スペイン船の往来で重要な江戸幕府の港として活躍した歴史については、全く消えてしまっている。唯一残っているのは三浦按針の屋敷跡と、按針塚に祀られた記念碑だけである。

最近、ウィリアム・アダムスについての紹介がされるようになったが、彼は日本に来た最初のイングランド人(68)

で、徳川家康に仕え、イングランドとオランダとの交易振興の為に、生涯日本で暮らし平戸で亡くなった事程度しか、説明はされていない。江戸幕府のスペインとの外交顧問として、浦賀に着くスペイン船との取り次ぎの仕事をしていた事について記してある記事は、どこを探しても見つからない。

近年アダムスは、イギリスの英雄として有名になり、エリザベス女王が訪日の際、平戸を訪れ、アダムスの墓参りまでしている。英雄であるアダムスが、家康のスペイン外交顧問として雇われた事実は、もみ消された。英雄が敵国スペインとの関係改善の為に徳川幕府に仕えていたのでは、かっこ悪いと判断し、スペインとの取り次ぎに係わっていた事は、一切触れない事にした様である。これは、イングランドが無敵艦隊の失敗について大々的に宣伝し、イングランドが一五五九年に被ったイングランド艦隊の大惨事については一切コメントせずに隠していた事実と似ている。スペインの無敵艦隊の惨事より、翌年起こったイングランド艦隊の大惨事の方が大きかったにも係わらず、この出来事は歴史から外されてしまった。更に、一七四一年に起こったスペイン領カルタヘナ・デ・インディアス攻撃での大敗についても同様で、事実を隠したことは周知の通りだ。

(68) 一五八〇年に、アダムスより早く日本にイングランド船が着き、日本と交易をしていたとの意見があるが、これは何かの誤解であるとしか考えられない。一五八〇年に、イングランドから日本まで航海出来たのは、アフリカ経由インド周りのポルトガル・ルートか、大西洋を横断し新生スペイン・メキシコを通過してアカプルコよりの太平洋横断ルートしかなく、イングランド船がこのルートを航海する事は、物理的に不可能である。イングランドの海賊が大西洋に出没し始めたのはこの時期だったが、日本まで航海した記録は全くない。海賊ドレークが一五八〇年に、マゼランに次いで二度目に世界一周航海に成功した事になっているが、これも誤りで、二度目の世界一周航海は、スペイン人ウルダネータが一五三六年に成し遂げている。

アダムスは、家康の家来として表面的には服従し、スペイン船が到着すればスペイン人乗組員との応対は、家康の指示に従って対応せざるを得なかった。内心では、何とかしてスペインに不利になる様に物事を取り扱ったとされるが、これは本人でしか分からないしぐさで、スペイン側から不平や苦情は出なかった。

アダムスは、時間をかけて家康を説得する事に成功するが、この結果は後継ぎの秀忠や家光の時代に表面化する。即ち、スペインとの関係を打ち切る事が、日本の平和と独立を守る為の第一歩であり、スペインとの関係を継続すれば、日本は将来スペインの属国になってしまうことは明らかである事が、家康の脳裏に焼き付くほど鮮明に刻み込まれた。

家康は戦国時代を生きた人物で、天下はとったものの、全国の大名を統括する体制はまだ整っておらず、いつ何時、大名の謀反が起こらない保証はなく、特に九州や山陰のキリシタン大名が集結して、幕府に対抗してくれば、又しても国内は内戦の状態に陥ることもあり得た。又、幕府の身内の中にも徳川家に従わない大名が存在し、隙を狙って徳川幕府を打倒しようと企んでいるとの心配もあった。

伊達政宗はその一人で、幕府がキリスト教の禁止令を幕府管轄領内で実施したが、仙台藩はキリスト教徒を保護する政策を出し、多くのキリシタンが伊達藩の領地に逃げ込んだ。これは明らかに、伊達政宗が幕府に従わず逆らった一例である。これには、キリシタンとの関係を利用して新生スペインとの直接交易が可能となれば、強国スペインを味方につけて、幕府を倒せるとの政宗の野心があったという見方もある。

按針の反スペイン志向は、オランダやイングランドにとって日本との交易促進に大きな助けとなり、オランダ商館やイングランド商館の設立が幕府により認められるに至るが、一六〇四年には、当時のイングランド王ジェームス一世は、一五八五年より続いていたスペインとの戦争に終止符を打つ。

スペインが無敵艦隊で敗れた事で、イングランドが優勢となったはずだったが、実際には一五八九年のイングランド艦隊の大敗で情勢は一転し、これ以上スペインとの戦争状態は維持出来ないと判断し、スペインとの和平交渉後、ロンドン条約を結び、両国間で一六〇四年に平和条約が調印された。

スペイン王フェリーペ二世が一五九八年に亡くなり、イングランド女王エリザベス一世も一六〇三年に亡くなる事で、両国の後継ぎとなったフェリーペ三世とジェームズ一世は、以前の様な対抗姿勢を崩し、平和を求める王政を打ち出した事で、この和平は成り立った。

これと並行して、オランダは海軍力を伸ばし、世界一を誇る艦隊を編成し、友好国であったイングランドとの戦争状態に入る。日本でも、オランダはスペインのみならず、イングランドをも追放することに成功し、アダムスによって設立されたイングランド商館は撤廃され、オランダだけが日本との交易権を認められた。

一六〇九年九月、フィリピン臨時総督のロドリゴ・デ・ビベロが、スペインのガレオン船サン・フランシスコ号でマニラよりアカプルコに向けて航海中、嵐で遭難し、上総国（現在の千葉県）の岩和田海岸沖で座礁し、ビベロを含む生き延びた乗組員三〇〇名程度が浜辺に辿り着いた。地元の住民は、スペイン人乗組員を救助し、命を救った。当時の将軍徳川秀忠は、ビベロが無事に新生スペインに帰還出来るように手配し、ビベロは、命を救われ数多くの援助を受け世話になったことに強い感謝を示し、この出来事についてスペイン王フェリーペ三世に報告した。

一方家康は、スペインとの通商協定締結の為の親書を、スペイン王宛てに送る。親書の内容には、銀の精錬技術であるアマルガム製法の技術供与を求める条項が含まれていた。親書に対し具体的な回答がなく、スペインより日本向け特使としてセバスティアン・ビスカイノが送られ、スペイン王からのお礼を伝え、十六世紀にマドリッドで製造された置時計などが、贈答品として送られた。しかし家康は、スペインからの具体的な返事が得られず、通商協定の締結が出来ず不満であった。

按針は、日本がスペインとの協定で独占取引を締結すれば、オランダやイングランドにとって不都合となると懸念し、何としてもこれを妨げなければならないとして、家康や秀忠将軍に対して反スペイン姿勢を打ち出し、スペインと交易しなくてもイングランドやオランダが肩代わり出来、更に、両国は交易の見返りに宗教の普及を条件にはしないと提案した。

スペイン側は、日本がフィリピン経由の新生スペインとの交易ルートを無視して、直接新生スペインとの関係を持つことに対し強い反感を抱き、日本との協定の締結に難色を示していた。実際には、フィリピンはスペインそのものであったので、日本が新生スペインと交易しても何の不都合が生じる事は無いわけだったが、ここでも本国スペインから見た極東の事情は、新生スペインとフィリピンの意見によって左右され、フェリーペ三世とレルマ公のスペイン王政では、それ以上に関心ある問題とはならなかった。フィリピン当局は、日本が新生スペインとの直接取引を始めた場合、フィリピンがそれまで独占していた太平洋交易を横取りされると懸念した。いずれにせよ、フィリピン自体がスペインであり、スペイン国内での利害関係が日本とスペインとの交易協定を締結出来なくさせた原因ともなっていた。

按針が日本の対外政策に強い影響力を持ち、徳川幕府がスペインとの関係を切り、オランダとイングランドを優遇するようになったと言って過言でない。スペインを憎む按針が、幕府の信頼を勝ち得、日本の外交政策に決定的な影響を与えていたことは事実と言える。

スペイン側からは、幕府に対して何の交渉努力はなく、逆に親日的でない大使を派遣したり、日本の立場を尊

平戸にある三浦按針の墓

重するような態度が示されないまま、オランダやイングランドの巧みな動きで、スペインは日本から追放されてしまった。スペインにしてみれば、極東の取るに足らない島国日本の事など、大した問題ではなかったことも確かであった。

当時スペインは、巨大な超大国として全世界に領土を維持していたが、ヨーロッパではオランダやドイツでの反カトリック派の反乱が相次ぎ、イングランドは既に反カトリック国としてスペインに対して挑戦し、海賊行為でスペインの海外領土や船団を襲っていた。

この様な見地から見る限り、日本に於ける按針の存在はスペインにとって癌であり、同時にイングランドやオランダにとっては英雄であったと言える。徳川幕府が按針に騙されたとは言い難いが、強い影響を受けたことは明らかである。今日でも日本は海外の事情を把握するのが今一つ不得意であるが、当時徳川幕府が全て按針やオランダ人を頼りにして動いた事は理解出来る事である。スペインが少しでも外交的に振る舞い、幕府をサポートしていれば、この様な極端な決裂は防げたはずであった。大国では手の届かない面を小国がきめ細かく振る舞ったことで達成出来た勝利であったと言える。

家康亡き後、多少の自由の身となった按針は、幕府の許可を得て平戸に移り、イングランドの商館で働きながら朱印船で東南アジアとの交易に従事し、大きな利益を上げ富を蓄えたとされている。スペイン船が寄港しなくなった浦賀にいる必要がなくなり、当時の南蛮貿易の中心であった平戸で、イングランド船の日本との交易業務を手助けした。

何度かイングランドに戻る機会に恵まれたが、長年住み慣れた日本に愛着を感じたのか、晩年平戸で暮らし、生涯を閉じた。按針の墓は今でも平戸にあり、皮肉にも、スペイン人宣教師ザビエルの記念碑の近くに埋葬されている。

B．日本、スペインとの関係に終止符

スペインの脅威が鎖国の原因

徳川幕府が鎖国令を出すに至った原因について、日本での詳しい研究はなされてはいないと判断されるが、これは著者の勝手な意見かもしれない。浅はかであるが、なぜ徳川幕府は鎖国に踏み切ったかについては、当時の日本の事情を調べれば、意外と理解出来る。イスパニア(69)の脅威を身をもって感じた、徳川将軍の決断だったと考えざるを得ない。

戦国時代は終わったが、全国の大名が、徳川将軍に完全に服従した体制が出来上がっていなかった徳川時代初

期は、七〇万人を超えるキリシタン人口を抱える西国、特に九州・山陰地方では、キリシタン大名の数も多く、幕府にとって不安な社会情勢であった。

当時、現在のフランドル北部にあるいくつかの県の一つであったオランダ県は、スペイン統治に反抗してスペイン軍の弾圧を受けていた。フランドルは現在のベネルクスにあたるが、当時はスペイン領であり、スペイン王がフランドルの君主であった。宗教問題が原因で、この反乱が勃発し、カトリック教国スペインに対して徐々に勢力を伸ばしていた、プロテスタント派のオランダ人が、スペインからの独立を叫び、泥沼のごとき戦乱が続いていた。

一六〇八年、スペイン王フェリーペ三世は、寵臣レルマ公の平和政策を支持し、オランダの反乱勢力と休戦条約を結び、一二年間の休戦期間に入る。これは一六〇四年に、イングランドとの和平条約で既にスペイン王の平和外交が始まり、フェリーペ二世時代のカトリック保護の為の強硬な政策は影を潜めて行き、この休戦でオランダやイングランドはスペインに対抗する為の猶予を与えられ、反スペイン勢力が誕生する結果となった。

この時期から、オランダやイングランドは、それまでスペインが独占統治していた太平洋圏や新大陸アメリカに向けて船団を送り込み、海賊行為[70]でスペイン領を略奪し、スペイン船団に被害を加え、新大陸や東洋から運ばれてきた金銀やその他の物資を奪い、本国に持ち帰り暴利を得ていた。こうしてオランダ人は、スペインが既に

(69) イスパニアとはESPAÑAでスペインの事であるが、日本では明治維新より英語でスペインと呼ばれるようになってしまった。十六世紀、十七世紀、日本ではスペインの事をイスパニアと呼んでいた。これが正しい呼び方である。
(70) 平和条約や休戦協定を、正面切って破る事は出来ない為、海賊を装ってスペイン領や船団を襲っていた。

交易をしていた日本にも、訪れる様になった[71]。

オランダは、スペインとの休戦協定を利用し、海軍力を増強し、イングランドやフランスの援助を受けながら、スペインが独占していた海外交易に介入する為の力を着々と整えていった。

これと並行して、スペインは極度に巨大化した領土の統治にかかる資金の欠乏で、他国との戦争どころではない金融危機に陥る。又、フェリーペ三世の寵臣レルマ公が、個人の利益だけを考え、国益無視の政策を打ち出したことで、スペイン帝国の衰退がはじまる。

日本は、スペインに植民地化されると恐れていたが、実際にはそのようなことはあり得ず、オランダ人が伝えたスペインによる日本侵略の話は、全く偽りであったが、徳川将軍秀忠や家光は、オランダ人やイングランド人の忠告を何ら疑う事はなかった。しかるに、世界地図にはスペイン領土が広がり、隣国フィリピンまで迫っていたし、日本国内でも九州や山陰にはキリシタン大名が君臨し、全国にこの傾向が広がりつつあったことは周知の事実であった。

オランダ人は一五六八年に、宗教問題でスペインのオランダ統治に対して反乱を起こし、これの鎮圧取り締まり措置で、スペイン軍が反抗する数多くのオランダ人プロテスタントを捕らえ処刑したことで、オランダ人の血の中には先祖代々スペインに対する憎しみが流れていた[72]。オランダ人は、スペインを何としてでも倒したいという復讐の念により、徳川将軍秀忠や家光を説得し、スペイン人は日本から追放される事になる。

家康は、カトリックの布教が日本で行われている事に対して否定的な立場であったが、スペインとの関係を改善する為には、布教の自由は認めざるを得ないと覚悟していた。一六〇〇年に漂着したオランダ船の航海士ウィリアム・アダムスをスペイン外交顧問に雇い、一五年間近くにわたりスペインとの交渉に力を入れていた程、スペインを重要視していた。イングランド人であるアダムスより、イングランドとの交易をするよう助言があったが、家康はスペイン以外との関係には全く興味を示さなかった。家康の亡き後の幕府は、家康が尽力してきたスペインとの貿易振興に関する件は停止状態となり、家康が築き上げた外交政策は水の泡となり、消滅した。

二代将軍秀忠は、家康の様に頼りに出来る外国通の相談役に恵まれず、オランダ人商人の巧みな工作によってスペインとの関係を切る事で、日本はこの脅威から逃れる事が出来ると判断し、オランダだけを唯一の南蛮貿易相手に決めてしまった。一六一六年、家康の亡き後、直ちに貿易の禁止令を出し、スペイン船が出入りしていた関東の浦賀港を閉鎖し、平戸以外での外国船の出入りは制限された。

徳川家康の外交顧問であったイングランド人航海士三浦按針は、十六世紀末、スペインとの海戦に参加した経験があり、当時のフェリーペ二世の時代のスペインについての知識は持っていたが、十七世紀に入り、後継ぎのフェリーペ三世のスペインの事情についてては知る由がなかった。彼は、一五九九年にオランダから太平洋を目指して出航して以来、ヨーロッパの事情についての情報には触れることなく、日本で生活していた。

スペイン副王国である新生スペイン・メキシコやフィリピンにいたスペイン人の聖職者や政府高官にすら、この変化について伝わってはいなかった。従って、十六世紀の偉大なスペインを、常に表面に出した姿勢を崩さなかった。スペインが常に領地の拡張を目指していた時代は終わった事に、気が付かなかった。この傲慢な姿勢が、

(71) 日本では、当時ポルトガルが日本の交易国として認めているがこれは誤りで、一五八〇年よりポルトガルはスペインに属し、スペインが主権国であり、ポルトガルと日本との関係は存在しなかった。
(72) 今日でも、オランダの子供達は、当時オランダ総督であったスペイン軍人アルバ公爵の名前を聞くと、恐れを感じる。

徳川幕府にとって脅威となっていたことは事実である。

十七世紀初期に日本を訪れたオランダ人達は、十六世紀のスペインの事しか覚えがなく、彼らのスペインに対する誤った考えが、徳川幕府に強い影響を与えたと考えられる。

半世紀以上前の一五四九年に、スペイン人宣教師フランシスコ・ザビエルが日本に来て以来、日本についての情報はスペインに伝わっていたし、その後、天正少年使節の訪問で、スペインは日本を友好国として認めていた。

オランダ人は、スペインは日本の隣国フィリピンまで占領した恐ろしい国だとして幕府を脅したが、これは全くの偽りであり、スペインがモルッカ群島の島々を開拓し、原始的な島民に西洋文化を伝え、国家を築き、フィリピン国が誕生した経緯については言及していない。スペインは、フィリピンを占領したのではなく、フィリピンを創設した生みの親であった。今日、フィリピンで、当時のフィリピンの創設者であるスペイン人レガスピを称えているのは、誰も否定出来ない歴史的出来事だからである。

当時、フィリピンには、少数のスペイン人、主に貴族や政府高官が在住していたが、軍事力は自衛の為以外は持たず、日本を攻撃する可能性は皆無であった。逆に、フィリピン側で日本から攻められるケースを危惧していた事は、当時のフィリピン総督の書簡にも記されている。新生スペイン・メキシコやスペイン本国から艦隊をフィリピンに送り込む事は物理的に困難であったし、日本を占領する為にその様な莫大な軍事費をかける価値もなかった。

前述した通り、十七世紀前半のスペインが、現状維持も難しい経済危機に直面し、ヨーロッパに於ける領地での紛争の解決の為に四苦八苦していた事を見ても、極東の島国日本まで攻め込む事など全く考えもしなかった。従って、徳川幕府がスペインの脅威の為に鎖国を決断したのは、オランダの策略によるものであったと考えざるを得ない。即ち、鎖国で日本は何の利益も得られなかったし、逆に、鎖国により日本は西洋に遅れを取り、明治維新の開国まで孤立していた事は周知の通りである。

スペインの影響で日本は鎖国したと言えるが、今迄この様な話は聞いた事もなければ、これについて書かれた書物は存在しない。又、何故幕府は鎖国に踏み切ったのかという原因についても、うやむやとなっていて、スペインの影響については、どこにも書かれていない。外国との付き合いを禁止する事で、反幕府派大名の権力を崩し、全国に徳川幕府体制を浸透させ、封建制度を徹底させ、日本の安全、即ち、幕府安泰の徳川時代が築き上げられたが、この外国こそスペインであった事は、どこにも記載されていない。

日本の歴史家が如何にオランダやイングランドの「黒の伝説」に影響されていたかと、考えざるを得ない。日本では、イギリスやアメリカで出版されたスペインに係る歴史書の日本語訳が数多く、スペインの歴史は、スペインの敵国であった諸国の歴史家によって、日本に伝わってきたと言っても過言でない。これらの歴史書は、スペインの歴史を歪曲しているが、日本ではこれに気づく人は極めて少数である。

本書では、この「黒の伝説」について、いくつかの例を挙げてみた。日本に限らず世界は、アメリカとイギリスを軸にした世界観を作り上げ、世界史からスペインが達成した数多くの功績や発見をもみ消し、大英帝国主流の世界秩序が形成され、アングロ・サクソン系の国々である英連邦諸国とアメリカが世界をリードする時代となった。

アングロ・サクソン世界観から見た未知の国スペイン

徳川時代が終わり、明治時代が始まると、日本は完全にアングロ・サクソン流の西洋文化に影響され、近代化された。先進国ドイツやフランスからも、アメリカやイギリスからは得られない技術や文化を吸収した。

開国後の日本では、スペインは殆ど存在せず、戦後の経済成長で国民に余裕が出て、海外旅行が出来るようになると、スペインを訪れる日本人観光客の数も増え、闘牛とフラメンコの国スペインが知られるようになった。

更に、一九九二年のバルセロナ・オリンピックや、セビリア万博で、日本人は初めてマドリッド以外の訪問先を発見、多数の日本人観光客がバルセロナやセビリアを訪れる様になった。

つい最近まで、イタリアブランドのオリーブ油がスペイン産だとはだれも知らず、スペインが世界生産の五割を占め、世界一のオリーブ油生産国であることなど、全く信じられなかった。

半世紀以上前の一九六〇年代に、既に三千万人以上の外国人観光客がスペインを訪れ、現在八、五〇〇万人まで増加し、正に観光超大国スペインである。なお、つい最近まで八〇〇万人だった訪日外国人の数は、中国人観光客の急増で、二〇一八年には三千万人以上に達し、二〇二〇年オリンピック・パラリンピックを前に、外国人観光客の数は四千万人まで増えるとして、インフラの整備に取り組んでいる。

今まで日本は、国民総生産（ＧＮＰ）の規模を尺度にして、諸外国との比較をしてきた。我々が学生時代の日本は、世界三位の経済大国に成長し、その後ドイツを抜き、アメリカに次いで世界二位にランクされ、日本人は誇りを感じた。

しかし、最近になって中国が日本を抜いて、世界二位となり、世界中に中国製品が出回り、日本の製造業は競争力をなくした。国民総生産の大きさで国の良しあしをはかることに、日本人は興味を失ってきている。当時、世界一であった日本の製造業、特に電化製品や電子機器は、既に韓国や中国に生産拠点が移り、情報産業でも、デジタルやインターネットや携帯電話の技術では、日本は中国や韓国相手に競争出来ない時代となった。だからと言って、日本が落ちぶれた国になったと言う事ではない。国の豊かさを評価するには、経済規模以外の要素がある時代に入ってきた。

一九七一年、今から四九年前、著者が初めてスペインを訪れた時の事であるが、日本ではスペインと言う国についての情報は全くない時代で、唯一分かっていたことは、独裁政権の国で、ヨーロッパの孤児で、先進国の仲間入りしていない貧しい国、といったくらいの情報しか得られなかった。ソ連とアメリカが世界の覇権を争い、学生や労働者は、ソ連の様な社会主義国を支持し、資本主義国アメリカを非難していた、そんな時代であった。

一九七一年、独裁政権下の資本主義経済のスペインでは、既に労働者は社会保障制度で保護され、年三〇日の休暇を取る義務があり、医療費や薬剤は無料で、失業者には社会保険が支給され、生活は保障されていた。一般市民は住居を所有し、乗用車を持ち、多くの人達は海辺や山に別荘を持っていた。物価は安く、消費物資も豊富で、社会治安もすこぶる良く、市民生活の水準は日本をはるかに上回っていた。

日本では、GNPの規模が世界二位になったので、日本の生活レベルは高いと考え、スペインの様なヨーロッパの孤児である国は貧しく、悲惨な社会で暮らしているかわいそうな国民だとのイメージであった。このような観点からすると、五〇年前、スペインは既に日本をはるかに上回る先進国で、国民の生活水準は世界のトップクラスに位置していたと言える。

当時、スペインに出張した日本人ビジネスマンや、スペインに支社を置く企業の派遣社員達は、全く未知であったスペインの事情を体験し、日本では考えられない様な生活をエンジョイ出来たので、スペイン駐在期間の延長を申請したり、可能ならばスペイン支社に定着して働けることを望んだ。

六月から九月の夏場、約三カ月の間、企業は午前中で仕事を切り上げ、午後は休みだった為、日本企業だけが営業しても仕事にならず、結局、日本の会社も午前中だけ仕事といった感じであった。特に八月は、工場を閉めるところが多く、商店なども一カ月閉まるので営業活動が出来ず、皆休暇を取り、家族との生活を大事にする社会であった。

日本のスタイルを真似した国は韓国であり、韓国は日本人以上に悪条件下で働き、日本に代わって韓国製品が世界市場で日本製品を凌ぐ勢いで販売されるようになった。スペインは、日本や韓国の様な環境で働かなくとも、世界のトップクラスの経済規模に成長し、個人の国民所得では日本と変わらないレベルとなっている。どちらのモデルが理想的かは各国の事情があるとしても、究極は国民の生活水準を高める事の出来るモデルが理想であることは、誰も否定出来ない。

最近になってスペインのイメージは、闘牛とフラメンコの国から、サッカー大国に変わり、世界一の美食の街サンセバスティアンや、世界一のシェフ、フェラン・アドリアなどが紹介され、スペインの食文化について知られるようになった。

スペイン人の寿命は、日本人に次いで世界二位であり、二〇年後には日本を抜き世界一の長寿国になるとされている。生活環境や食生活が長寿と関係ある事は認められているが、では肉食のスペイン人が、和食の日本人と同じくらい健康で長生き出来るのは、少々理解出来ない。スペインでは、他ヨーロッパの国より魚を食べる国民だが、それでも肉が八割、魚は二割といった割合である。理由は、魚は値段が高く、一般の消費者は冷凍物以外は日常食べられない。一般の消費者は牛肉も食べるが、豚や鶏肉メインが普通である。科学的な分析なしには何とも言えないが、スペイン人の食生活で必ず使われているオリーブ油が、長寿と何らかの関係があるのかもしれない。

「黒の伝説」日本にも影響

十七世紀初頭に戻り、スペインが日本に送った大使、セバスティアン・ビスカイノについて調べてみると、実はスペイン本国ではなく新生スペイン・メキシコで、アメリカ西海岸で金鉱を見つける為に測量士として働いていた探検家で、外交官ではない人物であった。従って、日本との交渉を任せる事が出来るような人格は備えていないばかりか、外交辞令の様な事など全く心得がなく、日本についての情報や知識は乏しく、逆に反日的でさえあったという評判もあった。

スペイン帝国が、新大陸アメリカや、南太平洋の島々に住む原住民に対する対応と同じスタイルで、徳川将軍に謁見し、日本の習慣や伝統を尊重しない態度を貫く傲慢さは、徳川幕府にとって無礼であり、スペイン王のイメージは下がり、両国間の友好関係が失われるきっかけとなってしまった。

この大使はその後、日本に金鉱があるかどうか調査の為、北陸沿岸から紀州近くまでの測量の為に、数カ月日本に滞在した事で、オランダ商人が、スペインが日本侵略の為の下準備でこの大使を使ってスパイ行為をしていると将軍に報告したとされている。スペイン大使の浅はかな行動と無礼な振る舞いは、スペインにとって極めてマイナスとなったが、スペイン本国に、このような情報は全く届いていなかった。

このように色々な面から分析していくと、単純すぎる比較かもしれないが、ウサギが亀に負けた理由が、スペインとオランダの関係に当てはまる様である。オランダは、コツコツと日本との交易を広げながら、スペインを追い出す為の努力を欠かさなかった反面、スペインは、オランダの事など全く気にせず放置していた為、ある日気づいた時にはどうにもならない事態となっていた。それでもスペイン本国としては、重大な問題として取り扱うこともなかった。

ここで、スペイン大使セバスティアン・ビスカイノが、スペイン国王フェリーペ三世より徳川家康宛てに贈った置時計について調べると、ここでも「黒の伝説」の影響を見ることが出来る。

最近、日本でも知られるようになったこの置時計は、日本で最古の時計として有名であり、現在、静岡県の久能山東照宮の博物館に展示されている。当時家康は、日本の時刻とは異なった時を示す洋時計は使い道なしとして、物置にしまい込んだままとなっていた。久能山東照宮は日光東照宮より古く、歴史の面では家康の遺言によって最初に建てられ、家康が納骨されていた墓があった事を見ても、日光東照宮より重要な歴史的建造物だった。この時計の存在が明らかになったのは、つい最近の事である。東照宮の物置には家康の遺品が保管されていたが、何回か盗難にあい、価値のある遺品は失われてしまった。

この中にこの置時計があったが、泥棒は価値のない時計だと考え、奇跡的に返還されたと、東照宮宮司の落合偉洲氏著の『家康公の時計』(73)に記されている。同書には、この時計をメキシコとの友好親善に使い、メキシコ大統領や皇太子も交えて日本・メキシコ交流四〇〇年記念式典などが催されたと記されている。ここでも、この時計をめぐって誤解を招く様な式典が、日本で催された事が大変残念でならない。

この時計は、一六一一年にスペイン国王フェリーペ三世が、フィリピン総督ビベロが上総沖で遭難し、三〇〇名余りのスペイン人乗組員が救助されたお礼に贈ったもので、メキシコとは全く関係なく、日本は何故メキシコに対して、この時計についての記念行事を行うのか全く理解出来ない。

メキシコは、それから二〇〇年以上経った一八二一年に、スペインから独立の為反乱を起こし、一八三六年にスペインから承認され、正式な独立国となったので、一六一一年の時点ではメキシコと言う国は存在しなかった。

新生スペイン、即ち、スペインの副王国として、現在のアメリカ南半分から中米のあたりまでが新生スペインの領地であった。新生スペインは一〇〇％スペイン王国であり、メキシコと言う名称は地域名でしかなかった訳で、このメキシコが日本との関係を持っていた様に日本では誤解している。

ここでもスペインの存在が軽視されているが、これも明治維新からアングロ・サクソン流の世界観が、日本に根づいてしまった原因によるものである。日本から見れば、太平洋を隔てた隣国メキシコが日本に贈った時計という事で、なるほどと思うであろう。その昔、スペインの様な遠い国から、時計など日本に贈られるはずはないとの了解が、日本人の常識である。

メキシコはメキシコで、昔スペインだったことを忘れ、自国が日本との関係を持っていたとして振る舞っているが、これはメキシコの反スペイン的な外交姿勢によるものである。メキシコはいまだに、スペイン人開拓者エルナン・コルテスを略奪者であるという考えを持っている事に、留意しなくてはならない。コルテスは開拓者として、現地の住民の為に戦い、人間の生贄など原始的で野蛮な暴君帝国であったアステカを倒し、西洋文化やキリスト教を導入した英雄であった。

メキシコは、隣国である経済大国日本との関係の重要性を認識し、過去のスペインの歴史など気にせず、この時計があくまでもメキシコが贈ったものとして祭典に参加した。

更に、日本の関係官庁は、この時計が本物かどうかを調べるのに、大英博物館に問い合わせ、専門家を招待して、時計を解体し調査させている。スペイン製の時計と大英博物館にどのようなつながり合いがあるのか知らな

(73) 二〇一三年、平凡社、ＩＳＢＮ９７８４５８２４６８１５１

いが、大英博物館にはイギリスが世界中から略奪した骨董品や美術品が多数展示され、イギリスが海賊国であったことを誇りにしている。この時計も、大英博物館が購入したい旨の問い合わせがあった様であるが、幸い日本は手放さなかった。日本のアングロ・サクソン志向がここでも現れ、製造国スペインに調査を依頼しないで、イギリスがスペインの肩代わりをした結果となった。何しろ、このスペイン製かつスペイン国王からの贈答品までも、イギリスに相談しなければならないところに、アングロ・サクソン趣味な日本の国民性が表れている。海賊の国イングランドは、日本では紳士の国として知られているので仕方がない。スペインは、フラメンコと闘牛の国なので、あまり精密な時計の分解などは任せられないと、勝手に考えたのかもしれない。

メキシコが持ってきた時計を、イギリスに分解修理を任せた事になり、スペインはここでも全く存在しない国となっている。

日本・スペイン外交樹立一五〇周年

一八六八年に於ける日本とスペインの外交関係樹立の一五〇周年記念式典は、二〇一八年、特に駐スペイン日本大使館が音頭を取り、様々なイベントや催しが行われた。

歴史的に振り返ってみると、一六一六年の家康の死後、孫の三代将軍家光は一六四〇年、スペインの侵略を恐れ、鎖国に踏み切ったが、二一三年後の一八五三年に、アメリカ海軍の黒船によって開国を迫られ、幕末を迎える。世界情勢はこの鎖国中に大きく変動し、鎖国に踏み切った時代の国際情勢は一変し、スペインに代わってアメリカが世界のリーダーとして、日本に開国を迫ってきた。

幕末から明治維新の一五年間に、日本は鎖国で取り残された封建社会を解体し、西洋の文化、生活様式や進んだ産業や経済を導入せざるを得ない事に目覚める。この間、アメリカの他、イギリス、フランス、ドイツ、ロシアなども、日本との関係樹立を求めたが、日本が鎖国以前に関係を持っていた国、イスパニアは国際舞台から姿を消していた。

明治維新を迎えた一八六八年、イスパニアの東アジア大使ホセ・エリベルト・ガルシア・デ・ケベードは、当時のスペイン女王イサベル二世の特使として、日本との外交関係樹立の為、訪日する。発足したばかりの明治政府には、十六世紀から十七世紀に存在したイスパニアと日本の関係について認識のある官僚はおらず、当時存在しなかった国であるアメリカが、イスパニアに代わって日本との国交を結びに来た事に何の疑問も持たなかった。

イスパニア大使は明治政府との交渉の場を作ることが出来ない程、イスパニアという国の存在は重要視されなかった為、アメリカやイギリス、フランスの外交官の助けを得て、漸く外務次官との間で、同年十一月十二日に、日西修好通商航海条約が結ばれた。

当時スペインは、海外の領土の大部分を失い、国内は王政反対派の台頭で混乱状態で、日本との外交関係の樹立に取り組めるような立場ではなかったが、フィリピン総督の強い要請を受けて、この条約が結ばれた経緯がある。

ここでフィリピンは、スペイン国として日本との国交を結んだ訳で、独立国フィリピンではない事を強調したい。フィリピンにとって隣国日本は、極めて重要な存在であり、何としてもこの条約の締結が求められていた。

一八六八年九月三日、スペインでクーデターが勃発し、軍部が王政を覆し、女王イサベル二世はフランスに亡命し、一七〇〇年から続いたスペイン・ブルボン王朝は崩壊し、臨時軍事政権が誕生した。

日本との条約書は、女王イサベル二世の政府が日本政府との間で締結したもので、イサベル二世の亡命から二カ月後の十一月十二日に、イサベル二世の名義で締結されていることから、条約自体が無効であった。電話やインターネットのなかった時代で、誰もスペインでのクーデターに気が付かないまま、条約は破棄されず存続した。スペインの軍事政権も、この日本との条約を尊重し、日本側もイサベル女王王政が崩れ、軍事政権や共和政権となっても、条約を破棄することはなかった。日本にとってもスペインにとっても、この条約はどうでも良かったと判断される。

スペインはその後、共和制の政府が誕生するが、不安定な政権で僅か一一カ月で解散となり、この間、四人の大統領が入れ替わるといった政情不安をもたらした。

一八七四年一月、軍部リーダーのセラノ将官によって軍事政権が臨時に国政を引き継ぎ、同年十二月二十九日にマルティネス・カンポス将官が、イサベル二世の後継者である王子アルフォンソ十二世を国王の座に迎え、ブルボン王政が復活された。

こうした波瀾万丈のスペインと、明治維新の日本の関係は皆無に等しく、第二次世界大戦後の一九五〇年頃まで、スペインと日本の交流は極めて少なかった。勿論、日本にはスペイン大使館は存在せず、スペインにも日本大使館は開設されていなかった。

一八六八年に締結された修好通商航海条約からおよそ八〇年後に、最初の駐日スペイン大使フランシスコ・ホセ・デル・カスティージョが着任し、一九五〇年にスペイン大使館が開設される。日本とスペインの交流が実際にスタートしたのは、企業レベルでは一九六〇年以降で、皇室レベルでは一九八五年の皇太子（現在の上皇）夫妻のスペイン王室公式訪問が最初である。

一九七五年十一月二十日、スペイン国家元首フランコ将軍が八三歳で亡くなり、フランコの遺言に従い、スペイン王子のファン・カルロス一世が同年十一月二十二日にスペイン国王として国家元首の座に就き、スペインに王政が復活した。

その後スペインは、議会君主制民主主義国として、独裁政権から民主主義に移行し、現在に至っている。

一九六〇年代から、日本企業のスペイン進出が始まり、それまで日本では全く知られていなかったスペインが、ヨーロッパに登場した。当時日本は、造船で世界一を誇っていたが、まさか世界二位がスペインだとは一般には知られていなかった。大手の造船会社は、こぞってスペインの国営造船会社との技術供与や提携で、大型タンカーの製造などの分野でビジネスの拡大に動いた。

結論から言えば、実際に日本とスペインの交流が始まったのは五〇年前からであり、一五〇周年記念と言うのは可笑しい。一五〇周年は一八六八年から数えた年数で、日本とスペインとの関係は十六世紀の後半から始まり、途中鎖国で断行していた関係が一八六八年に回復しただけで、四五〇年以前から国交があった歴史は無視されている事に注目したい。

四、十七世紀以前の〝イスパニア〟と十九世紀以降の〝スペイン〟

著者は大学で第二外国語としてスペイン語を勉強したが、最初、スペイン語とイスパニア語は異なった言語ではないのかと思った。

当初、イスパニアとスペインは別の国であり、イスパニアとは昔存在した国で、現在は存在しないと了解したが、後にスペインがイスパニアその国である事が分かった。これはスペイン語を学習する人だけが理解出来た事で、一般の日本人は、イスパニアとスペインの区別は出来ないはずである。事実、著者自身、イスパニアと言う国名は聞いたことがなかったので、古代に存在した国と理解していたくらいである。

スペイン語を勉強した人だけが、イスパニアがスペインである事が分かるが、なぜイスパニアをスペインと呼ぶようになったのかについては、知らない人が多い。

十六世紀中頃、最初のスペイン人が日本を訪れる様になった頃、日本ではスペインをイスパニアと呼んでいた。即ち、ESPAÑA を日本読みで「エスパニア」と呼んだ訳で、正しい呼び方であった。同時に、これは著者の想像だが、イギリスはスペイン語で INGLES だが、イングレスからイギリスになったと考えられる。日本にいたスペイン人がイギリス人をイングレスと呼んでいたのを聞いて、日本人はイギリスと発音するようになったと考えられる。こうして、エスパニアもイスパニアとなった。

ヨーロッパを車で旅した人は、車のナンバープレートを見てどこの国の車か見極める事が出来る。例えばF表示はフランスで、Pはポルトガル、Iはイタリアで分かるが、ドイツがGERMANYのGではなくDで表示されDEUTSCHLANDであり、スペインはSではなくE表示になっている事に気が付く。スペインではなく、「エスパニア」なのである。スイスも、SでなくCH[74]である。従って、スペインと呼んでいるのは英語圏の国だけで、その他の国は「エスパニア」と呼んでいる。

日本もイスパニアと呼んでいたが、明治維新後、アングロ・サクソンの影響を受け、スペインになってしまった。可笑しなことである。フランスはESPAGNE、ドイツはSPANIEN、ポルトガルはESPANHA、イタリアはSPAGNA、オランダはSPANJE、ロシアはISPANIYA、トルコはISPANYA、アラビアはIISBANIAと、どこでも各国の発音でESPAÑAと呼んでいる。日本だけが英語のSPAINをスペインと呼んでいる。十六世紀には、日本でもイスパニアと呼んでいたのに、明治維新からスペインになってしまった。

明治維新の日本は、欧米先進国を見本にして、国の近代化を促進した。その他の国々との関係は、先進国であるアメリカやイギリスを通じて紹介されたと考えられる。一つの例がスペインである。スペインが独自で日本との外交関係を築いたとすれば、イスパニアが国名として認められたはずである。なぜイスパニアではなく、スペインとなったのか。

これは外交の場で英語を使用する事にした日本政府に対して、アメリカやイギリスが英語読みでSPAINを紹介した事で、イスパニアがスペインとなってしまったと想像せざるを得ない。スペインと言う呼び名は、スペインには存在しない。英語圏の人だけがスペインと呼ぶのであり、正式な呼び名は「エスパニア」である。アメリカでは中南米人をイスパーノと呼び、スペイン人を意味するが、スペイン人の事はスパニアードと呼んでいる。

十九世紀後半、日本は鎖国から開国し、明治維新を迎えると、鎖国前に国交のあったイスパニアに代わってアメリカとイギリスが西洋を代表して、日本との国交を結ぶ為に現れた。両国とも英語圏の国で、当然、英語でのやり取りがされたが、その他の先進国であったドイツやフランスも、日本との外交関係の締結の為、アメリカやイギリスと並行して日本政府に接近した。ドイツはDEUTSCHLANDの日本語読みでドイツとなり、英語のGERMANYジャーマニーとは呼ばれなかった。

では、イスパニアは何故、スペインと呼ばれるようになったのか。

当時、中国に派遣されていたイスパニア東アジア管轄大使は、一八六八年フィリピン総督の強い要請を受け、日本との国交の回復の為、イスパニア女王イサベル二世の名義で、日本との外交関係を結ぶ為に訪日した。イスパニア大使は予算がなく、日本政府との会談の場を作る事が出来ず、日本語通訳や文書の翻訳に係る費用もまかなえず、結局、アメリカやイギリス、フランスの外交使節の助けを借りて、日本政府に紹介される事になった。アメリカもイギリスも、イスパニアではなく「スペイン」として紹介した為、日本側もスペインを正式な国名として全ての文書に記入した。当然、日本政府とイスパニア大使との会談にも英語が使われた筈で、まさかこのスペインが、十六世紀に日本と国交を結んでいたあの偉大なイスパニア帝国であったとは、当時の外務省の高官には想像もつかなかったものと考えられる。

従って、誰も国名スペインについて疑うことはなく、イスパニア大使も敢えて、スペインではなくイスパニアだと主張することもなかった。日本語の知識がない以上、日本語でスペインと記されていてもこれを見分ける事

(74) Confederación Helvetica：ヘルヴェティア連邦。スイスを意味する。

は出来なかったのは当然であった。スペイン語版の文書にはESPAÑAと記載されているので、それで良いと判断したと考えられる。それ以来、日本ではイスパニアの国名をスペインに変更してしまった訳である。一五〇年以上経過した今になって、スペインではなくイスパニアだと言っても、もう遅い。

ここで似たような事が、オランダの国名で起こった事を紹介する。日本では、ネーデルラントの事をオランダと呼んでいる。英語ではHOLLANDでホランドのはずだし、正式名はネーデルラントである。なぜ日本では、オランダと呼んでいるのか。実は十七世紀初め、オランダ人が日本に漂着した時代、日本にいたスペイン人はHOLLANDをスペイン語の発音でオランダと呼び、スペイン人によってオランダは海賊だとして紹介された。当時、スペイン領フランドルの北側の七つの県の連合が、今のオランダであったが、LOW COUNTRIESと呼ばれネーデルラントが国名で、オランダと呼ぶのは日本とスペインだけである。HOLLANDはスペイン語でHOLLANDであり、発音はオランダである。

十七世紀のイスパニアは複合国家として世界中に広がり、人類史上最大規模の帝国であった。これに反し、十九世紀末期のスペインは、イベリア半島に位置する単一国家に縮小したが、イスパニアである事は、十七世紀と変わりない。日本では、国名が異なることで別国だと見なし、スペインとイスパニアは同一国にならなかった。最近になって漸く詳しいスペインの歴史が紹介されるようになり、イスパニアとスペインが同一国であった事に気づき始めたと言える。

著者が、長崎の平戸を訪問した時の事であるが、地元の観光案内人や平戸城の管理人によれば、その昔、ポルトガル船やポルトガル人の渡来はあったが、スペイン船やスペイン人は来航していないとの説明を受けた。当時、スペインと言う国は存在しなかったので、スペイン人が平戸に来ていないとの説明は理解出来るが、イスパニア人やイスパニア船が平戸に来ていたことは歴史的な事実であるので、ここでもスペインとイスパニアが別国になっていることが確認出来る。

更に、一五八〇年以降、ポルトガルはイスパニア帝国に属していたことからしても、イスパニアの配下のポルトガルは独立国として日本との交易はしていなかったが、日本ではポルトガルを主権国として扱っていたようだ。ポルトガル人が日本に持ち込んだ洋菓子カステラも、実はイスパニアのカスティーリャ王国の名から出た言葉であったが、日本ではポルトガルのケーキを「カステラ」と呼び、今日に至っている。

徳川幕府は一六二四年にイスパニア船の日本への出入りを禁止し、国交断絶したにも係わらず、ポルトガル船の出入りは一六三九年まで認めていた事を見ても、ポルトガルがイスパニアに属していた事を知らなかったと判断される。

十六世紀から十九世紀末までの約四〇〇年間、太平洋の島々はイスパニア帝国の領土で、日本の隣国フィリピンはイスパニア帝国のアジア太平洋統括基地として存在していたが、我々日本人は、フィリピンがイスパニアである事を理解出来なかった。フィリピンとイスパニアがどんな関係にあったか、知る人は少なかった。

一八九八年に、アメリカがイスパニアとの戦争で、イスパニア帝国の最後の砦キューバは、イスパニアから独立し、フィリピンはアメリカの植民地となった。イスパニアによって創設されたフィリピンは、三七七年間スペイン語文化圏で、公用語はスペイン語だったが、アメリカは英語を強制し、スペイン語の使用を武力で禁止した。以前、イスパニア領だった国で、スペイン語を公用語としていない国は、フィリピンだけである。

第二次世界大戦で、日本はフィリピンを占領するが、既にアメリカの植民地としてのフィリピンとなっており、アメリカ以前にスペインだったフィリピンについての情報は伝わらなかった。

A．十七世紀以前のイスパニア

紀元前一二〇〇年頃、北アフリカからイベロ民族、北ヨーロッパからケルト民族がイベリア半島に侵入し、両民族の混血でケルティベリア民族が生まれた。これがイベリア半島の先住民である。その後、中央ヨーロッパより多数の蛮族が侵入し、ケルティベリア人と混血し、イベリア半島に住み着いていた。又地中海沿岸には、カルタゴ王国が現在のカルタヘナを中心に勢力を伸ばし、ローマ帝国に脅威を与えていた。後にローマ帝国はカルタゴを倒し、ヨーロッパ全土を征服するまでに巨大化し、イベリア半島の占領も企てた。

ローマ帝国軍は、ヨーロッパ中を比較的楽に占領出来たが、イベリア半島の占領には手こずった。何度も軍隊を送ったが、住民の強い反発を受け、占領出来なかった為、ローマ帝国の正規軍であるエリート部隊を派遣するが、それでも敗戦した為、イベリア半島のローマ化には二〇〇年の歳月がかかった。帝国内の優秀な将軍を頭にした強大な軍隊を組織して、イベリア半島の占領に力を投入せざるを得なかった。

地元住民の頑強で、好戦的かつ勇敢な戦士達は、領地を守る為には命を惜しまず戦いに挑んでいた為、ローマの正規軍と言えども、簡単に打ち倒すことは出来なかった。有名な街ヌマンシアの玉砕は、ローマ帝国の歴史に出ているほど有名で、ヌマンシアの英雄ビリアート戦士は、スペインでは伝説となっている。ヌマンシアは、現在、ソリア県の首都ソリア市の近郊にその史跡を残している。ローマの正規軍の攻撃を二〇年間にわたって耐え、街を明け渡さなかった。最後は飲み水や食料がなくなり、飢え死にするまで防衛し、戦った事は、ローマ帝国も高く評価し、イベリア半島の住民は頑強で勇敢、かつ誇り高い民族であると認め、並以上にローマ化の為の政策を導入した。これによりイベリア半島は、イタリア半島よりローマ色の強い地域と化した。

現在残っている史跡を見る限り、イベリア半島全土は、完全にローマ帝国を形成していた事が分かる。ローマ劇場、ローマ道路、水道橋、浴場、壁画など、今日観光名所となっている。

更に、イスパニアは、三人の皇帝を送り出している。中でも、ローマ帝国で最も有名なトラヤヌス（Trajano）は、イスパニア南部のセビリア近郊の出身である。又、キリスト教を帝国の公式宗教に定めた、皇帝テオドシウス（Teodosio）は、現在のセゴビア県のコカ市の出身で、彼の銅像が町の入り口に建てられている。

ローマ帝国は西暦四七六年に崩壊し、イスパニアも西ゴート民族によって占領され、二三五年間にわたりトレドを首都にした西ゴート王国となったが、ローマ時代に浸透したラテン文化やキリスト教は、そのまま受け入れられた。理由は、ゴート族は蛮族で戦いには強かったが、ローマが築いた文化遺産や政治制度、言語であるラテン語や宗教、法典その他建築技術などは、そのままの形で継承せざるを得ず、敵であったローマの優越性を認めた。この西ゴート王国は七一一年に、北アフリカよりイスラムのムーア人が入り込み、一部の北の山岳地帯を除き、アラブがイベリア半島全土を占領し、西ゴート王国は滅亡した。

七一八年、ドン・ペラーヨはアストゥリアスのコバドンガ(75)で、アストゥリアス王としてイスラム軍に対抗し、国土回復戦争が開始された。一四九二年に、イスラム最後の砦、グラナダ王国がカトリック両王によって開城されるまでの七八〇年間、イベリア半島ではイスラム勢力とキリスト教勢力の戦争が継続していた。

(75) アストゥリアスの山岳地帯にあるカンガス・デ・オニス市の教区。ドン・ペラーヨ王が国土回復戦争を始めた聖地で、王の墓地となっている。

この間、イスパニアにはレオン王国とナバーラ王国が現れ、その後カスティーリャ王国やアラゴン王国によって国土回復戦争が続き、イスラム勢力は南のアンダルシアまで追いやられ後退、十三世紀初頭には、グラナダ王国を残し、イベリア半島はキリスト教国のカスティーリャ王国、アラゴン王国とポルトガル王国が領土を取り戻し、キリスト教社会の復興を成し遂げた。ローマ時代イスパニアだったイベリア半島には、十五世紀後半カスティーリャ王国とアラゴン王国の君主の結婚で、単一国家イスパニアが誕生する。

十六世紀に入り、周知の通り、カトリック両王の孫カルロスがイスパニア王（カルロス一世）兼神聖ローマ皇帝（カール五世）となり、その息子フェリーペの時代に、イスパニア帝国は全世界に領土を広げ、キリスト教文化を世界に伝えた。

イスパニアの敵国、特にイングランドは、後発ながらも大国イスパニアに追随し、十七世紀には遠く太平洋まで乗り出し、イスパニアの領土に侵入し始めていた。現在、アメリカ大陸にイングランドがイスパニア領を占領して出来た国がいくつかある。大半がカリブ海に浮かぶ小さな島々だが、中央アメリカのベリーズと南アメリカのガイアナは大陸にある。イングランドは、コロンビアやベネズエラを侵略したが失敗した。結果として、現在のアメリカとカナダが、イングランドの植民地となった事は誰でも知っている事である。

イスパニア帝国の配下にあったオランダ人も、イスパニアからの独立を目指して反乱を起こし、イスパニアの領土であるアメリカ大陸や太平洋の島々へ船団を送り込み、イスパニアの衰退と並行して勢力を拡大していった。インドネシアやスリランカ、台湾などは、オランダの植民地になった。十七世紀後半には、オランダは太平洋圏での覇権を握り、イスパニアからの独立を達成した。日本は開国まで、このオランダを西洋との唯一の交易相手とし、鎖国の時代に入った。

B．十九世紀以降のスペイン

一八六八年に、日本とスペインが修好通商航海条約を交わしたことは、前述したが、日本はその後、日清戦争や日露戦争、更には第一次世界大戦や満州事変や第二次世界大戦で大東亜共栄圏を築き、大日本帝国として軍事大国に成長した。

スペインはこれに反比例して衰退し、第二共和制(76)で国内は混乱し、共産主義者によるキリスト教社会の破壊の動きが始まる。経済は破綻し、教会や修道院は略奪され、聖職者や修道女は暴行され、殺害された。これに反発する野党党首が暗殺されると、共産圏ソ連が支持する共和政権に反対する国民が立ち上がり、軍部と協力して反政府活動が始まる。

一九三六年七月に、市民戦争が勃発した。共和政権を支持する社会党共産軍と、保守党の国民軍との内戦で、スペインは半分に割れ、約三年間にわたってスペイン人同士による残酷で悲惨な戦いが続いた。ソ連やフランス、アメリカも共和政権を支持した。世界的に有名な小説家ヘミングウェイが共和政府を支持し、スペイン市民戦争の悲惨さを世界に紹介したことで、世論は共和政権の合法性を認め、反乱軍の勝利をクーデターであるとして認めなかった。

ヘミングウェイはアメリカ人で、社会主義や共産主義には全く好感を持っていないが、スペイン滞在中、各地

(76) スペインで一九三一年から一九三九年まで存在した、社会労働党による共和政府。

で共和政権の支持者の話に影響され、市民戦争の状況を客観的ではない偏った私見を基に紹介した。彼は自由を愛する民主主義者であったが、バスク地方を訪問して感情的になって書かれた小説は、多くの人によって読まれ、スペイン市民戦争の実情を公平な立場でつかむことが出来なかった。アメリカ人の観点からの批判は、スペイン市民戦争にはあてはまらなかったが、ヘミングウェイと言う有名な作家は、多数のファンを持ち、著者自身、彼の小説を読んでスペインについての知識を得たし、彼の思想に共感さえ覚えた。

ドイツは国民軍を支援したので、日本は直接ではないが、国民軍支持をしたとされている。しかし、世界世論は共和政権を正当な政府と認め、国民軍を反乱軍として批判した。実際には国民軍は、共産主義からスペインを守った訳で、反乱軍ではなかったが、左翼的思想が世論を支配した世界観では、共和政権が支持された。

結果として、フランコ将軍の率いる国民軍の勝利で共和政権が倒れ、スペインに独裁政権が出来上がると、世界世論はこれを批判し、スペインは孤立化する。フランコは、スペインの共産化を防ぐ為、共産党や社会党を禁止し、民主主義的な自由選挙を制限した為、独裁政権のフランコ総督は独裁者として批判され、スペインは国際社会から追放された。

一九三九年四月に市民戦争は終わるが、同年九月にドイツはヨーロッパ各国を侵略し始め、第二次世界大戦が勃発した。ドイツはスペインとの軍事同盟を求めたが、スペインは中立を維持し、世界大戦には参加しなかった。市民戦争で崩壊したスペインは、軍事的にも経済的にも、世界大戦に参加出来る余力はなかったので、中立の立場を表明し、ドイツとの軍事同盟条約を結ばなかったフランコ総督の決断は正しかった。

日本は既に一九三七年に、東南アジアの西欧諸国の植民地に攻め込み、中国とも衝突し、日本の船舶の自由な航海はアメリカによって制限されるようになり、国際情勢は緊迫した。

一九四一年十二月八日のハワイ真珠湾の攻撃で、アメリカが太平洋戦争に介入し、アジア太平洋圏での第二次世界大戦が始まった。こうした中で、日本とスペインの関係は殆ど凍結状態であった。

終戦後、日西修好通商航海条約が締結された一八六八年から約八〇年後の一九五〇年に、初めてスペイン大使が日本に送られ、外交使節として東京に大使館などが開設された。日本は敗戦で、アメリカの統治下におかれ、民主主義国家として国際社会に復帰し、破綻した産業経済の再建が始まった。欧米先進国との関係は改善されたが、独裁政権の中立国スペインとの関係は、外交レベルでの表面的な関係しかなく、民間レベルでの関係が一九六〇年代より始まる。一般国民の交流は、フランコ総督が亡くなった一九七五年以降まで、活発には行われなかった。

奇跡的経済発展

独裁政権のスペインは、市民戦争で廃墟と化した社会を立て直す為の政策を施行し、自力で産業経済を復興させ、国民生活の向上の為に国を挙げて活動し始めた。

低金利による住宅建設振興などが要因となり、一九六〇年代には奇跡的な経済発展を成し遂げ、成長率は日本に次いで世界第二位を記録し、国民総生産では世界で八位まで成長した。自動車産業や造船業の他、製鉄業などの基幹産業と併せて、建設業界は爆発的に成長し、観光分野ではフランスに次いで、スペインを訪れる観光客の数は世界二位となった。

伝統的な農業国で、オレンジやレモン、その他の果実の対ヨーロッパ向け輸出も盛んで、農産物の供給国として底力を発揮した。

国民は市民戦争で飢えに耐え、家族が処刑されたり、戦死したりするなどの、多大の苦難を乗り越えてきたことで、平和で安定した社会で働けることだけで満足であったが、フランコ政権は国民に社会保障制度を与え、労働者を保護し、国民は住居を購入出来る収入を稼ぎ、更に自家用車も買える生活水準にまで改善された。

独裁政権から民主国家へ

国際世論は、フランコ総督を独裁者と呼び、横暴な専制独裁者で、国民の自由を奪い、残酷な政治を行っているとして批判し、左翼の活動派を支持して、フランコ政権を倒さなければスペインは救われないとマスコミで訴えた。

一九七五年、フランコ総督は病気の為、八三歳で亡くなった。亡くなる六年前、フランコ総督は後継者にブルボン王朝最後の王、アルフォンソ十三世の孫にあたるファン・カルロス王子を指名した。国際世論が言う様にフランコが本当の独裁者であったなら、後継者は家族のメンバーから選んだ筈である。

フランコは、市民戦争で共産軍によってスペインがソ連の属国になるのを防ぎ、スペインが共産化されない様に共産党と社会党を禁止した政権を維持していたが、実際には独裁者でなく、本人が亡くなった後は市民戦争以前から存在していた王政を復活させることを考えていたのである。こうしてフランコのお蔭で、スペインは王政を復活し、イギリスやオランダ、ベルギー、スウェーデンの様な、議会君主制民主主義が誕生した。

従って、フランコ独裁政権は、一九三一年にブルボン王朝が倒れ、共和政権による国内の動乱から市民戦争を経て、一九七五年までの間、スペインの国政の安定化を維持したトランジット政権の役割を果たしたと言える。

四〇年余りであったが、フランコのお蔭でスペインは貧困と崩壊のどん底から経済成長を遂げ、国民は平和で裕福な生活が出来る様になったことを見れば、独裁者だったが英雄でもあった。共産圏の独裁者であったレーニン、スターリン、チャウシェスク、カストロ、毛沢東、金日成とは比較にならない、正反対の独裁者であった。

フランコは軍人として、祖国スペインの為に生きた正直な人間であったが、長期にわたる独裁政権で、彼の回りの多くの政治家が権力を乱用し、個人の私益だけを求めて動いていた事は事実であるが、民主国家の政治家でも、汚職や違法行為で国民に害になる事を公然と行っていることを考えれば、フランコ時代にもそのような政治家が居たのはおかしなことではなかった。

国際社会への復帰

国際社会での孤立状態のまま十年余り過ぎた一九五〇年、アメリカはソ連の軍事力拡大で、ヨーロッパでの軍事戦略上、スペインを同盟国にする必要性に迫られ、フランコ政権に接近した。一九五二年、スペインはユネスコに加盟し、二年後の一九五四年には、西欧主要国との外交関係の樹立を達成する。翌一九五五年には国連に加盟し、国際社会に復帰した。アメリカ大統領アイゼンハワーが、一九五九年にスペインを訪問し、フランコ総督と会談し、両国の友好関係は大幅に改善された。

その後、一九七〇年には、東欧共産圏のルーマニア、チェコ・スロヴァキア、ポーランドやハンガリーとの外交関係が樹立され、中国との外交関係も一九七三年からスタートした。

こうして国際社会から孤立していたスペインは、多数の国々と外交関係を結び、徐々に復帰し、ヨーロッパ原子力共同体（ＥＵＲＡＴＯＭ）にも参加し、ＧＡＴＴにも加盟する。

一九六七年には国連で、ジブラルタルの非植民地化を認めさせることに成功し、イギリスの植民地政策が非難されたが、国連の勧告に対して、イギリスは対応しないまま今日に至っている。

フランコ総督が亡くなった一九七五年から一一年後、一九八六年には欧州共同体（ＥＣ）に加盟する。

日本との経済交流始まる

日本との関係は、一九七〇年代に民間企業のスペイン進出が盛んになり、大手商社や銀行がマドリッドに支店を開設し、家電メーカーや情報機器、自動車メーカーなどがスペイン各地に進出し、工場を設立した。当時、スペインには、国営企業集団のＩＮＩ(77)に属する大企業が基幹産業を背負っていた為、大規模なビジネスは全てこのＩＮＩとの繋がりなしには不可能であった。

一方、スペインから日本への輸出は、イカ・タコなど海産物が主な品目で、特にタコはカナリア諸島で水揚げされた殆ど全てが、日本の水産会社によって冷凍され、日本に輸出された。

従って、貿易収支は日本が圧倒的に黒字であったが、高品質で廉価な日本製品の輸入に対して制限をかけず、特にハイテクの日本の工場設備や建設機械、情報機器や電子機器がスペインに導入された。スペインの企業は、世界で最先端の技術や設備を導入することに徹底していた為、他のヨーロッパ諸国に先立って日本の最新技術や工場設備がスペインに導入された。

日本にとって未知の国であったスペインは、徐々に日本のビジネス業界に知れわたり、ドイツ、イギリス、フランス、イタリアが中心のヨーロッパで、スペインの存在の重要性が認められることになる。

更に、中南米や中近東向けの大規模な設備投資プロジェクトの入札で、日本の大手商社はスペインの企業を介入させたジョイント・ベンチャーで、両国の企業間での相互協力が促進された。

農業大国から工業先進国に変身

ヨーロッパの米どころであり、農産物の供給国であるスペインは、オリーブ油の世界生産量の五割以上を占め、第二位のイタリアの数倍の生産量を有するが、この事実が日本ではつい最近まで知られていなかった。以前は、オリーブ油は人気がなかったが、近年世界的需要が増え、日本ではイタリア製のオリーブ油が出回り、オリーブ油はイタリアが原産地としてなっていた。実際にはスペインがオリーブの産地であり、イタリアはスペインからオリーブ油を原料として大量に輸入し、イタリア・ブランドで全世界に輸出していた為、スペイン産のオリーブ油は流通されず知られていなかった。

同じことがワインでも言える。スペイン・ワインは安物ワインとして知られているが、これは大きな誤りである。オリーブ油同様、スペインはワインの輸出には力を入れず、諸外国、特にフランスやイタリアが原料としてスペイン・ワインを大量に買い取り、フランスやイタリアのブランドで世界中に流通してきている事が、統計上で確認することが出来る。スペインのワイン用ブドウ畑の面積は世界一を誇り、フランスやイタリアを凌ぎ世界のブドウ畑面積の二割を占めている。

ヨーロッパ連合（ＥＵ）に加入する前には、一五〇万ヘクタールの面積を有していたが、ＥＵより一〇〇万へ

(77) Instituto Nacional de Industria：AESA, ATESA, INH, ENASA, ENCE, ENDSA, ENDESA, ENFERSA, ENSIDESA, ENTURSA, SEAT, ENMASA, ENHASA の他、航空会社の Iberia 航空機製造会社のＣＡＳＡなども属していた。ＩＮＩ以外の独占企業であった Campsa, Renfe, Telefonica, Tabaalera はＩＮＩには属していなかった。

クタール以下に縮小するように勧告され、現在は九七万ヘクタールとなったが、それでも世界一の広さを維持している。スペインの大陸性気候は、寒さの厳しく長い冬と、雨量が少なく四〇度を超える夏に耐えるブドウ畑の歩留まりは悪く、生産量ではイタリア、フランスに次いで世界三位となっている。逆にこの悪条件の気候は、ブドウの品質を向上させるのに適し、フランスやイタリアよりも品質の良いブドウが収穫出来、したがってスペイン・ワインは世界のトップクラスの品質を提供している。

日本では、フランスやイタリアのワインが流通し、最近ではチリ・ワインが売れ始め、スペイン・ワインは相変わらず知れわたっていない状況である。有名なシェリー酒もこれがスペイン産である事も、最近になってもあまり知られていないようだ。これも殆どのシェリー酒のブランドが、イギリスのブランドで世界中に流通している為である。スペイン語ではヘレスと呼び、アンダルシアのカディス県にあるヘレス市周辺で栽培されているブドウで造られたワインが、シェリー酒である。

因みに果実の生産量はヨーロッパ第一位を誇り、オレンジ、レモン、イチゴ、スイカ、バナナ、スターフルーツ、メロン、その他の収穫高は、ヨーロッパ一位である。野菜も、キュウリやズッキーニがヨーロッパ一位で、トマトはイタリアに次いで二位の生産高を維持している。

最近、日本向けの輸出が増えている豚肉の生産量は、ヨーロッパでドイツに次いで第二位で、米の収穫高はイタリアに次いで第二位である。ヨーロッパ中にスペイン産の果実や野菜が供給され、エコ有機栽培の農産物でもヨーロッパで最大の生産国となっている。

農業大国スペインは同時に工業の分野でもヨーロッパの主要国にランクされ、トラック生産台数ではドイツとフランスを抜き第一位の座にあり、乗用車の生産台数ではドイツに次いで第二位で、フランスを上回っている。

又航空機生産ではエアバス・インダストリーにに参加し、ドイツ、フランスと共同で航空機の生産に従事している。

銀行業界でもスペインの銀行は、株価でヨーロッパ第二位にランクされるサンタンデール銀行を始め、BBVAも大手銀行としてヨーロッパで五位の主要銀行である。因みにサンタンデール銀行の株価は、日本一の三菱UFJ銀行を一割以上も上回る規模である。

観光大国スペイン

二〇一八年、スペインを訪れた外国人観光客の数は、八、二六〇万人を超えた。世界一位のフランスに次いで世界第二位であった。スペインの人口は約四、六〇〇万人で、フランスより二千万少ない事を考えると、人口の約二倍の数の外国人観光客がスペインを毎年訪れている事になる。大半はヨーロッパ諸国よりの避暑客で、イギリス人が一、八〇〇万人、ドイツ人一、二〇〇万人、フランス人一、一〇〇万人で、アメリカ人が三〇〇万人、日本人は四五万人となっている。

又、一年中気候の良い大西洋に位置するカナリア諸島や、地中海のバレアレス諸島には、それぞれ年間一、四〇〇万人の避暑客が訪れ、一年中人気があり、ハワイの九三〇万人をはるかに超える世界一の人気避暑地となっている。スペインを訪れる観光客の八割は毎年訪れ、特に定年退職者はセカンドハウスを買い、スペインに長期滞在するケースが多く、特に地中海沿岸やバレアレス諸島には、イギリス人、ドイツ人や北欧人が、数多く住み着いている。

ある北欧人の話では、人口の半分以上がスペインに別荘を持ち、長期間スペインで生活するケースが多く、年間を通じて気候が良く、新鮮な食べ物・飲み物が豊富で、廉価である事も、この傾向を助長している一つの理由と言える。

ヨーロッパの諸国に駐在した日本人は、特にイギリスやドイツでのまずい食事を経験し、スペインを訪問し、食事の美味しさを初めて体験するケースが多い。スペイン料理は各地方によって異なるので、区別する必要あるが、共通して使われている素材であるオリーブ油やニンニク、ワインビネガーなどは、スペイン料理のベースとなっている。東京にある世界一の魚市場に次ぎ、世界二位にランクされるマドリッドの魚市場では、新鮮で豊富な魚介類が取り引きされている。

海から五〇〇～六〇〇㎞も離れた大陸の真ん中にあるマドリッドに、この様な魚市場がある事は極めて珍しい事だが、購買力のあるマドリッド市民やレスラン向けに、各漁港からエアカーゴやトラック輸送で、新鮮な魚介類が毎日送られてくる為、漁港を持つ地方都市よりマドリッドの方が新鮮で良質の魚介類を手に入れる事が出来る。

社会保障制度

今日存在するスペインの社会保障制度は、フランコ独裁政権時代に出来上がった制度である事、スペインで一般には知られていない。

世界一と言っても過言でない普遍的医療システムは、国民のみならず違法入国者を含めて、全ての外国人も無料の医療看護を受けることが出来る体制となっていて、大がかりな手術や内臓移植も、個人負担なしで可能である。医者の処方箋で、薬も無料で手に入るので、途上国から出稼ぎに来ている数百万人に及ぶ中南米や北アフリカ、東欧の人達は、本国では受けられない医療を享受している。スペインは彼らにとって楽園であり、家族や親戚をスペインに呼び寄せ、特に本国では出来ない手術をスペインで受け、恩恵を得ているケースが多い。

先進国であるドイツやイギリス、その他のヨーロッパ諸国からも、わざわざスペインに医療ツアーで訪れ、本国では有料で高額の費用が個人負担で掛かる手術を、スペインに来て行い、経済負担しないで済んでいる。

この様な極めて寛大な医療サービスを、無償で提供することにかかる莫大な医療費は、スペインの社会保障の予算で賄っている為、企業や労働者の社会保険の負担額は極めて重く、これが原因でアンダーグラウンドの労働者[78]の数が増え、又失業率はEU平均の倍の数字を示している。

失業者は社会保険を負担せず、生活保護費が半永久的に給付される為、仕事に就く事を拒み、不労収入での生活に慣れ、二度と職に就かない世代が、社会を形成するようになっている。スペインの失業率が高いのは、職がないのではなく、働かなくても生活出来る環境が原因となっている。失業率が高くても、数百万人の外国人出稼ぎ労働者を雇用しなければ、企業が稼働出来ないといった矛盾を起こし、人手不足でも失業率が高いと言った、可笑しな現象となっている。

スペインの労働基準法は極めて労働者に有利であり、あらゆる面で保護されている為、企業家は出来る限り社員の数を増やさない方針での企業活動を強いられている。夏季休暇や残業手当の支給額など、スペインの労働者はフランコ独裁政権の時代から社会保障で先進国並み以上の条件を享受してきている事、我々日本人にとっては信じがたい事である。

(78) スペイン国外からの〝潜り〟として働き、三六%の社会保険税や所得税を払わない違法労働者。

後書き

スペインと日本の関係を歴史の観点から展望する為に、まずスペインの歴史についての簡単な説明をする事にした。一四九二年まで遡り、カトリック両王の時代から始まったスペイン帝国の起源について紹介し、後に主人公となったフェリーペ二世についての生涯に重点を置き、所謂「黒の伝説」が偽りであった事を解明してみた。

説明不足で不明な点は残ったが、スペインの敵国であったフランスとイングランドによって伝えられた、「黒の伝説」の根底を覆す事が出来たと考える。

日本でスペイン史を研究している著名な歴史家から批判される事は承知で、本書の出版に踏み切った。スペイン以外の欧米諸国で出版されたスペインの歴史研究書によって形成されたスペイン史観が本流である日本に、これとは異なったスペインの歴史に係わる事実を伝え、今まで知られていなかったスペインの歴史を紹介する事で、日本に於けるスペイン史の研究に何らかの刺激を与え、歪曲されていたスペインについての見方が改善される事を期待して、本書の締めくくりとしたい。

本書出版にあたり、中央公論事業出版の関係者一同と鈴木一史氏には大変お世話になった事、感謝申しあげたい。

二〇二〇年二月

鈴木　裕

参考文献

Yutaka Suzuki

Personajes del siglo xv, Origenes del Imperio español. 2015 León, Spain.

Alberto G.Ibáñez

La Leyenda Negra, Historia del odio a España. Almuzara 2018 Spain.

Alison Weir

The six wives of Henry VIII. Pimlico 1997 UK.

Angel Losada

Fray Bartolomé de las Casas, Tecnos, 1970 Madrid.

Anna Whitelock

Mary Tudor, England's First Queen. Bloomsbury 2010 UK.

Bernal Díaz del Castillo

Historia verdadera de la conquista de la Nueva España, Real Academia Española, 2011 Spain.

Eduardo Chamorro

La vida y la Época de Felipe IV, Planeta 1998 Spain.

El Baron de Nervo

La España imperial, Isabel la Católica, Ediciones Luz 1938 Spain.

Emilio Sáenz-Francés

Micronesia española. Universidad Comillas, 2015 Spain.

Espasa Calpe

Enciclopedia Universal Ilustrada, 1908 Madrid Spain.

Eustaquio Navarrete

Historia de Juan Sebastian del Cano, Editorial amigos del libro vasco, 1872 Spain.
Fernando García de Cortázar
Atlas de Historia de España, Planeta 2005 Spain.
Fernando Martínez Laínez y José María Sánchez de Toca
Tercios de España, La infantería legendaria, EDAF, 2006 Spain.
El Gran Capitán, Gonzalo Fernandez de Códoba, EDAF, 2008 Spain.
Giles Tremlett
Catherine of Aragon, Hanry's Spanish Queen, Faber and Faber 2011 UK.
Gonzalo Bravo
Hispania, Esfera de los libros, 2007 Spain.
Gregorio Marañon
Antonio Perez, Espasa-Calpe, 1969 Spain.
El Conde-Duque de olivares, Espasa-Calpe 1980 Madrid.
Henry Kamen
Fernando el Católico, La Esfera de Libros, 2015 Spain.
Poder y Gloria, Los héroes de la España imperial, Espasa, 2010 Spain.
El Gran Duque de Alba, La Esfera de los libros, 2004 Spain.
Imperio, La forja de España como potencia mundial, Aguilar 2003 Spain.
Golden Age Spain, Palgrave Macmillan 2005 USA.
Hugh Thomas
El Imperio español. Planeta. 2003 Spain.
Jaime Vicens Vives
Historia crítica de la vida y reinado de Fernando II de Aragon, Cortes de Aragon, 2007 Spain.

John H.Elliott
España y su Mundo, Taurus, 2007 Spain.
Imperios del Mundo Atlántico, Taurus 2006 Spain.
Imperial Spain, Penguin books 1990 England.
José Antonio Vaca de Osma
Don Juan de Austria, Espasa Forum. 2004 Spain.
Así se hizo España, Espasa-Calpe 1981 Spain.
José García Oro
El Cardenal Cisneros, Biblioteca de autores cristianos, 1997 Madrid.
José LLampayas
La España imperial, Fernando el Católico, Biblioteca Nueva, 1941 Spain.
José Maria González Ochoa
Francisco Pizarro, Palacio de Barrantes Cervantes, 2009 Spain.
José María Pemán
La historia de España contada con sencillez, Homolegens. 2009 Spain.
Joseph Pérez
La España de Felipe II, Critica, 2000 Spain.
Breve historia de la Inquisición en España, Critica 2009 Spain.
Juan Antonio Cebrián
La aventura de los conquistadores, Esfera de los libros, 2006 Spain.
Juan Antonio Vilar Sanchez
Carlos V, Emperador y Hombre, Edaf, 2015 Spain.

Juan José Menezo
Reinos y Jefes de Estado desde el 712. Historia Hispania 2005 Madrid Spain.
Luis María de Lojendio
Gonzalo de Córdoba, El Gran Capitán, Espasa Calpe 1942 Spain.
Luis Suárez Fernández
Isabel I, Reina, Editorial Ariel 2001, Spain.
Los Reyes Católicos, El Tiempo de la guerra de Granada, Ediciones Rialp, 1989 Spain.
Los Reyes Católicos, El camino hacia Europa, Ediciones Rialp, 1990 Spain.
Los Reyes Católicos, La expansión de la Fe, Ediciones Rialp. 1990 Spain.
Fernando El Católico y Navarra, Rialp, 1985. Spain.
Manuel Ayllón
Yo, Fernando de Aragón el Unico Rey de las Españas, Belacqva, 2004 Spain.
Manuel Fernandez Alvarez
Isabel la Católica, Espasa-Calpe 2003, Spain.
España, Biografia de una nación, Espasa libros 2010 Spain.
Carlos V, el Cesar y el hombre, Espasa-Calpe, 1999 Spain.
Felipe Ⅱ y su tiempo, Espasa-Calpe, 1998 Spain.
Duque de hierro, Fernando Alvarez de Toledo, Ⅲ duque de Alba, Espasa-Calpe 2007 Spain.
Volumen XIX La España del siglo XVI, Historia de España, Menéndez Pidal 1989 Spain.
Volumen XX, La España del Emperador Carlos V, Historia de España, Menéndez Pidal 1993 Spain.
El fraile y La Inquisición, Espasa Forum, 2002 Spain.
Manuel Merry y Colón
Historia Crítica de España Tomo V. 1892 Spain.

Historia Crítica de España Tomo III. 1892 Spain.
Historia Crítica de España Tomo IV. 1892 Spain.
María Jesús Pérez Martín
María Tudor, La gran reina desconocida, Rialp 2008 Spain.
Patrick Williams
El Gran Valido, El duque de Lerma, Junta de Castiila y León. 2010 Spain.
Pedro Calderón de la Barca
El alcalde de Zalamea, Angel Valbuena, Catedra 1978 Spain.
Pedro Miguel Lamet
El Caballero de las Dos banderas Ignacio de Loyola. Martínez Roca, 2000 Spain.
P.Felix Zubillaga
Cartas y Escritos de San Francisco Javier, Biblioteca de Autores Cristianos, 1953 Madrid Spain.
Pierre de Bourdeille
Bravuconadas de los españoles, Altera, 2005 Spain.
Pío Moa
La Reconquista y España, Esfera de los libros, 2018 Spain.
Nueva Historia de España, Esfera de los libros, 2010 Spain.
Ramón Menéndez Pidal
Historia de España, Tomo XVIII La España de los descubrimientos y las conquistas (1400-1570) Espasa Calpe 1998 Spain.
La España de Carlos V. Tomo XX Espasa-Calpe 1996 Spain.
España en tiempo de Felipe II, Tomo XXII Espasa-Calpe 1996 Spain.
España de Felipe II en Estela Imperial Tomo XXII Espasa-Calpe 1996, Spain.

La España de Felipe III, Tomo XIV Espasa-Calpe 1996 Spain.
La España de Felipe IV Tomo XV Espasa-Calpe 1996 Spain.

Real Academia de la historia
Diccionario Biográfico Español. 2011-2013 Spain.

Revista de Occidente
Diccionario de Historia de España Tomo I y Ⅱ 1952 Madrid.

Ricardo Coarasa
Hernán Cortes, Los pasos borrados, Espejo de Tinta, 2007 Spain.

Roger Crowley
Empires of the Sea, The final battle for the Mediterranean 1521-1580 Faber and Faber 2008 UK.

Roy Adkins
Trafalgar, The biography of a battle, Abacus 2012 UK.

Rubén Martín Vaquiero
El último Trastámara Fernando el Católico, Buenaventura 2010 Spain.

Salvador de Madariaga
Carlos V, Grijalbo Mondadori, 1980 Spain.

Stanley G.Payne
En defensa de España. Espasa. 2017 Spain.

William Thomas Walsh
Isabel La Cruzada, colección Austral Espasa-Calpe, 1962 Spain.
Felipe Ⅱ, Espasa Calpe, 1943 Spain.

落合偉洲
家康公の時計　平凡社　二〇一三
鈴木かほる
徳川家康のスペイン外交　新人物往来社　二〇一〇
東京学芸大学日本史研究室
日本史年表　東京堂出版　一九八四

オンライン歴史雑誌関連リンク

https://revistadehistoria.es/la-influencia-del-imperio-espanol-en-japon-durante-los-siglos-xvi-xvi/
https://revistadehistoria.es/por-que-el-reloj-mas-antiguo-de-japon-esta-fabricado-en-el-madrid-del-siglo-xvi/
https://revistadehistoria.es/pastelero-madrigal-intento-rey-portugal/
https://revistadehistoria.es/150-anos-de-relaciones-entre-espana-y-el-japon-moderno/
https://revistadehistoria.es/mision-tensho-la-primera-embajada-japonesa-al-imperio-espanol-de-felipe-ii/
https://revistadehistoria.es/el-imperio-espanol-vs-el-imperio-britanico/
https://revistadehistoria.es/las-curiosas-y-primeras-impresiones-sobre-japon-y-su-comida-en-las-cartas-de-francisco-javier-1549/

カタルーニャ問題、背景と歴史分析

昨今エスカレートしている、カタルーニャのスペインからの独立運動は、カタルーニャ自治政府が四〇年間にわたり繰り広げてきた、カタラン語普及教育活動やテレビやマスコミによる反スペイン宣伝活動が、効を奏した結果である事は明らかである。カタルーニャ独立を叫んできた左翼系共和党は、少数の支持者によってカタルーニャ議会で常に野党としての議席を維持していたが、従来、カタルーニャ社会での発言力は殆どなく支持されていなかった。

ところが最近、共和党はカタルーニャ保守党を抜きトップにランクされるまでに成長し、保守党と提携し、独立実現の為、国民投票をめざして支持者層を増やしてきている。カタルーニャ公的機関でのスペイン語の使用禁止や、歴史的事実の否定やでっち上げで、一般大衆を洗脳する事で支持率を増やす事に成功している。特に若い世代は、カタルーニャが独立する事であらゆる問題が解決出来ると、単純に信じている。

過去四〇年にわたり、マドリッドの中央政府はこの動きに対し、支援をしてきた事も事実である。財政が逼迫しているカタルーニャ政府は、中央政府の援助なしには存在出来ない危機に直面しているにも係わらず、独立をスローガンに掲げ、反スペイン独立運動をカタルーニャ以外にも、ＥＵや海外主要国にまでプロモートしてきている。財政赤字が嵩み、医療関係の費用も負担出来ないにも係わらず、中央政府より受ける巨額の公的資金で、カタルーニャ大使館を海外の主要都市に設置し、スペイン大使館と並行して、カタルーニャの宣伝活動並びにスペインに対する批判を展開している（中央政府からの負債は七〇〇億ユーロ）。カタルーニャに本社を持つ企業は、既に五千社が撤退し、カタルーニャの経済事情は日に日に悪化している。

カタラン語で義務教育を受ける生徒の将来は極めて狭いが、カタルーニャ政府はスペイン語と英語をマスターしなければ一人前になれない現実を無視し、カタラン語優先の教育を押し付けている。母国語としてスペイン語を使用する人々が半数以上を占める住民からの苦情は多いが、政府は一切相手にせずの状態である。中央政府の政令や裁判所の判決に対しても、これを拒否し、従わないといったカタルーニャ政府の態度に対し、中央政府は黙認している状態で、国家秩序が失われてきている。中央政府は、カタルーニャ地方自治政府の要求に反対せず、今まで協力援助を重ねてきており、これが原因でこのような事態にまで発展してきている。

カタルーニャ経済は、八割がスペインに依存している為、スペインから独立すれば経済破綻は免れない。又、EUからの援助金も支給されなくなれば、農業その他の業界は生き延びる事が難しくなる。

歴史的観点からカタルーニャを理解してみると、九世紀、イベリア半島がまだ大部分イスラム支配下にあった時代、国土回復戦争でピレネー山脈側から勢力を伸ばしていた、いくつかの伯爵領コンダードの一つがバルセロナであり、幾つかの伯爵領が統合し、アラゴン王国の配下に入る事になる。八世紀に遡ると、現在のカタルーニャはイスラムの支配下にあり、フランク王国の一部、イスパニア辺境領（マルカ・ヒスパニカ）として、アラブ追放戦争がピレネー山脈地域で誕生したアラゴン王国と共に進行し、カタルーニャはフランク王国の一部として領土回復する。それ以前は、つまりイスラムが侵入する前のイベリア半島は、西ゴート王国であり、更にそれ以前はローマ帝国のイスパニア州であった事は、西洋史でも明らかな事実として認められている。

現在、使用されているカタラン語は、ローマ帝国時代に使われたラテン語が母体となっており、ロマンス語としてヨーロッパ各地に広がり、フランス語・スペイン語・イタリア語の起源となる。カタラン語も、このロマンス語で同じ言語グループに属しているが、長い歴史を辿れば、現在世界で認められているのは、スペイン語・フランス語・イタリア語・ポルトガル語・ルーマニア語がラテン語から生まれた公用語として存在する。カタラン語も同じ歴史を持つが、世界で公用語として認められていないのはカタルーニャが国として存在しなかったからであり、地域言語の域を出ないまま現在に至っている。

現在、世界にはこの種の言語は数えきれない程あり、少数民族の間だけで話されているが、地域外では通用しない為、単なる民族文化的歴史的財産としての価値があるだけである。確かに、日本語も日本だけしか使用出来ないので同じ事が言えるかもしれないが、日本は独立国としての長い歴史があるので、その点比較は出来ない。

更に遡り、カルタゴ[79]の時代、更にそれ以前、フェニキア人商人がバルセロナを中心に商業を営んでいた時代を見ても、カタルーニャという国家は存在しない。イベリア半島の原住民の大半は、北アフリカから来たイベリア民族と、北ヨーロッパから来たケルト民族との混血ケルト・イベリア民族であるとされている。北のバスク地方のバスク人は例外であるが、カタラン人はケルト・イベリア民族と言える。

カタルーニャの歴史を振り返ると大きく分けて、八七四年・一一三七年・一四一二年・一七一四年に起こった四つの出来事が、カタルーニャについて知る為の重要な基礎である事に注目せざるを得ない。

一）八七四年、フランク王国のスペイン領土マルカ・ヒスパニカとしてカタルーニャ伯爵領が誕生し、その後一一代の伯爵が伯爵領を支配するが、

二）一一三七年、最後の伯爵ラモン・バランゲー四世が、アラゴン王女と結婚する事で、アラゴン王国とカタルーニャ伯爵領が合併し、更に、

三）一四一二年にアラゴン王が子孫を残さず亡くなり、アラゴン王の血筋を引く、カスティーリャのトラスタマラ家のフェルナンド王子が王に即位する。

四）一七一四年、スペイン継承戦争のブルボン王朝時代に入り、カタルーニャ伯爵領としてのステータスは消滅を迎える。

二〇世紀を迎え、スペイン市民戦争でフランコ独裁政権が発足すると、更に、カタルーニャ自体のアイデンティティが認められなくなり、カタラン語の使用も禁止されてしまう。一九七五年に独裁政権が終わりスペインが民主化すると地方自治権が認められ、カタルーニャは地方自治体として機能し始める。

(79) 紀元前八〇〇年から三〇〇年頃、北アフリカ沿岸からスペイン地中海沿岸地域を支配した、古代カルタゴ王国。

八七四年から一一三六年

バルセロナ伯爵領の最初の伯爵はギフレー一世（八四〇－八九七）で、フランク王国の配下にあった。その後、バルセロナ伯爵領は周辺の伯爵領地レリダ、ヘローナやタラゴナを併合し、勢力を広げていく一方、九八七年フランク王国がフランス・カペー朝に代わり、バルセロナ伯爵領との関係は悪化し、伯爵領はフランク王国から分離するまでに至る。

十二世紀始め、バルセロナ伯爵ラモン・バランゲー四世が、ピレネー諸侯国を支配していたアラゴン王国の皇太子妃ペトロニラと結婚する。一一六四年にアラゴン王となるアルフォンソ二世が誕生する。アラゴンは既に一〇三五年より、ナバーラ王サンチョ三世ガルセスの息子ラミロ一世が王に即位し、アラゴン王国として成立していたが、一一〇四年即位したアルフォンソ一世が子孫を残さずに亡くなった為、聖職者であった弟が、アラゴン王国のラミロ二世として一一三四年にアラゴン王に即位する。これは、アラゴン王国の王権を騎士団に譲るとした亡きアルフォンソ一世の遺言に反する事であったが、アラゴン王室の貴族は王の弟である聖職者ラミロを説得。アラゴンの将来を考え、国王の座に就かせる事となる。

ラミロ二世は、王国に子孫を残す任務を意識し、ただちに子孫をつくる目的で政略結婚相手を探し、フランス・アキテーヌの王女で未亡人のアニェス・ド・ポワティエと結婚する。一一三六年八月にアラゴン女王となるペトロニラが誕生する。ペトロニラは、一歳の時に既にバルセロナ伯爵ラモン・バランゲー四世と婚約し、一四歳になった一一五〇年に結婚。アラゴンのしきたりにより女性は王権を行使出来ないが、男性の子孫に王権を相続出来る為、ペトロニラは、アラゴンにとって適当と判断される相手を婿に迎え、子孫を残さねばならなかった。相手は、カタルーニャ伯爵領の伯爵ラモン・バランゲー四世が選ばれる。二三歳の年齢差があったが、ペトロニラ一歳の時に婚約を結び、一一五〇年、一四歳で結婚する。子息が生まれない場合は、ラモン・バランゲー四世がアラゴン王の地位に就く事で取り決めされていた。

実際には、アルフォンソ一世の遺言書に反して、弟のラミロ二世は王権を相続した事に対し、ローマ法王や相続権を与えられていた騎士団は認めず、よって、ラミロ二世とアニェス・ド・ポワティエの間で生まれた子供であるペトロニラを、相続権のある子孫として承認しないとの立場をとった。

ラモン・バランゲー四世は、各界に影響力のある人物であった為、騎士団と交渉説得に動く一方、ローマ法王に対しても事情を説明し、対イスラム追放の為にはどうしてもアラゴン王の存在なくしてはキリスト教国家が維持出来ないとし、ペトロニラが正統なアラゴン王女である事を認めてもらう事に成功する。ラモン・バランゲー四世は、妹のバランゲーラがカスティーリャ王アルフォンソ七世と結婚していた手前、カスティーリャとも好関係にあり、一一五一年、カスティーリャと協定を結び、バレンシアとムルシアの征服権はアラゴン王国が行う事で、カスティーリャの同意を得る。

ここでも、バルセロナ伯爵領とアラゴン王国の間に敵対関係はなく、王国に仕えていた事が伺える。確かに、アラゴン王国の一部として、領土を合併する事も行政を一緒にする事もせず、自治権を維持していたのは事実である。

一一三七年から一四一〇年

一一五七年に、アラゴン王国とバルセロナ伯爵領の王となるアルフォンソ二世が誕生し、アラゴンとカタルーニャの初代の王に即位し、その後、九世代にわたる約二五〇年に及ぶアラゴン連合王国時代となる。この時代、地中海はアラゴン連合王国支配下に入る。アラゴンとカタルーニャに敵対関係は存在せず、アラゴン王国の中のカタルーニャ伯爵領として、共存協力の時代となる。

その後一四一〇年、マルティン一世が亡くなるまでの二世紀半、アラゴン連合王国の時代が続く。アラゴン王は、アラゴン王国・バレンシア王国・マジョルカ王国の王権と、カタルーニャ伯爵領の伯爵を兼ね、現在のフランス領ロセリョンやサルダーニャもアラゴンの配下となる。アラゴン最後の王マルティン一世（老マルティン）の息子、マルティーノ一世（若マルティン）は王が亡くなる以前に戦死した為、アラゴン王国は後継者を失い、一一三四年にアルフォンソ一世が亡くなった時と同じ問題が生じる。亡き王の遺言に従って、後継者を親族の中から選ぶ事となる。

一四一二年から一四七五年

一四一二年、カスペ協定（COMPROMISO DE CASPE）にて、亡きマルティン一世の父である、王ペドロ四世の孫にあたる、カスティーリャのトラスタマラ家出身のフェルナンド王子が、アラゴンの王位を継承する。フェルナンド王子は、カスティーリャ王エンリケ三世の弟で、純粋なカスティーリャ王子であったが、母レオノールがアラゴン王女であった手前、アラゴン王ペドロ四世の孫としてアラゴン王の血筋を引いており、亡きマルティン一世の後継ぎとして候補者に選ばれた。

後継者の候補は五名選ばれ、選挙は、各王国伯爵領から三名ずつ公平に選ばれた九名の有識者によって形成され、長期にわたる討議書類選考が、アルカニス市で協議される。選ばれた候補者から投票によって後継者が決定した為、反対派も認めざるを得ない結果となる。この公平な選出方法で王を決定したケースは、欧州では初めてで、後に各国でも導入される。

カタルーニャから出席した代表審判官二名は、フェルナンド王子の選択に拒否票を提出したが、アラゴンより三名、バレンシアより二名、カタルーニャより一名、計六名が、フェルナンド王子を選び、絶対過半数でフェルナンド王子が国王に任命される。各三地域からの票が得られない場合は、仮に過半数票を獲得しても無効となる規則があったが、幸いすべての地域から得た票が六票あったので、フェルナンド王子が正式にアラゴン王に即位する権利を得る事になる。カタルーニャからの反対票二票は、ウルジェイ伯爵に充てられ、バレンシアからの一票は無効票であった。

アラゴン王フェルナンドの即位に反対するウルジェイ伯爵派勢力は、この選挙結果に不満で、反乱を起こし、武力をもってフェルナンド王拒否を叫び、フェルナンド王支持派と衝突する。しかし、軍事的に圧倒的力を持つカスティーリャ軍によって反乱軍は打ち砕かれ、ウルジェイ伯爵が投獄される事で事態は収拾され、フェルナンド王がトラスタマラ家の分家として、アラゴン王国統治が始まる。当然、バルセロナ伯爵領としてフェルナンド王の即位は認めたが、これを好意的には受け止めていなかった事も事実である。

その後バルセロナ伯爵領は、アラゴン王国の傘下で自治政府を継続するが、フェルナンド王の後継ぎのアルフォンソ五世が亡くなり、弟でありフェルナンド王の次男であるファン二世の時代、アラゴン王とカタルーニャ伯爵領政府との対立関係が著しくなり、アラゴン王がカタルーニャから追放される等の惨事が発生、反アラゴン戦争が勃発するまでに至る。

一四六〇年の事、アラゴン王ファン二世の子息カルロス・デ・ビアナ王子が逮捕された事がきっかけとなり、カタルーニャ政府は、アラゴン王に対して反乱を起こす。結果として、アラゴン王はカタルーニャ政府の要求を受け、カルロス王子を釈放する。

六月二十一日のビラフランカ協定にて、カタルーニャ政府は、アラゴンでの自治権を確保し、カルロス王子をカタルーニャの総督に任命。アラゴン王はカタルーニャ滞在の禁止を約束させられる。その後一四六一年、カルロス王子が死亡すると、再びカタルーニャは反乱を起こしアラゴン国王に抗議するが、結果として内戦が勃発する事になる。

それ以前に、アラゴン王ファン二世の後妻であるファナ・エンリケス女王との間に生まれた、後にカトリック王となるフェルナンド王子が、カタルーニャの総督として任命され、カタルーニャに赴くが、カルロス王子は実は継母であるファナ女王によって毒殺されたという噂が流れた事がきっかけで、内戦が勃発する。ファナ女王とフェルナンド王子はバルセロナから引き揚げ、アラゴン王家支持派の多いヘローナに逃げるが、バルセロナからの反乱軍に攻められヘローナの砦に包囲されてしまう。

これに対して、アラゴン王ファン二世は、娘婿であるフランスのフォワ伯爵ガストン四世経由フランス王を説得、ファナ女王とフェルナンド王子の救出の為の軍事援助を受け、ヘローナの包囲の解除に成功する。かかる軍事援助は無償ではなく、二〇万エスクードをフランスに支払う事で約束していたが、アラゴンには財政的余裕がなく、結局その代わりに、ルシヨンとサルダーニャをフランスに与える事になってしまう。

一四六二年七月、ガストン四世の率いる一万の軍隊がヘローナに到着。ファナ女王とフェルナンド王子は救出される。カタルーニャ反乱勢力は、フランス軍がアラゴン王支援の為に侵入してきた事に強く反発するが、自分達だけでの対抗は難しいと判断。カスティーリャ王エンリケ四世を、アラゴン・カタルーニャ総督に就任させるべく交渉を開始し、エンリケ四世の承諾を受け、フアン・デ・ボーモントが王の代理で総督に任命される。

アラゴン王はこれに強く反発。カスティーリャ王に影響力を持つトレドの大司教カリーヨと王の寵臣パチェコ経由で、カスティーリャ王のカタルーニャ総督から撤退する様に圧力をかける。しかしながら既に、フランス王とカスティーリャ王との間で、アラゴン連合国を分割配分する事で、話が一致している事が明らかになる。

時は一四六三年四月、フランス王が一方的にバヨナ宣言なる提案を示し、カスティーリャ王とアラゴン王の同意を得る事に成功する。これは実は、フランスとして国境付近のカタルーニャに強敵であるカスティーリャ王が、勢力を増やす事は、フランスにとって都合がよくない為、何としてもカスティーリャ王をカタルーニャから退かせる為の策略で、代わりに別の領地を与える事を条件として提案した。そしてカスティーリャ王からの承諾をとる事に成功する。

このバヨナ宣言によって、アラゴン王からもカタルーニャに対して一般大赦と特権の尊重を約束させる事で、カタルーニャ指導者からの支持を得る事に成功するが、アラゴンに代わってカタルーニャを支配したいとのフランスの意思が明らかになると、カタルーニャ指導者層はこれに反発。ポルトガルの元帥であるペドロをカタルーニャとアラゴン王に任命する。ペドロ元帥は、ポルトガル王アルフォンソ五世の従兄であり、祖父がカタルーニャに支持され一四一二年にアラゴン王候補に選ばれた有名なウルジェイ伯爵であることから、カタルーニャとの関係も深く、後継者としては最適であった。

この動きに対し、アラゴン王フアン二世はただちに反応し、ペドロ四世打倒の為、強い圧力を掛けてくる。ペドロ四世は、独自でアラゴンと戦う力がない為、国外からの援助に頼る。叔母であるブルゴーニュ公国のイサベル伯爵から軍事援助の約束を受けるが、ポルトガル以外のその他からは援助を断られてしまう。

一方、内政問題解決の為、隣国フランスとカスティーリャがアラゴンとの対立を一時休止した事から、アラゴン王は、全力を注いでカタルーニャ紛争解決に臨める環境が出来たとし安心して、ペドロ四世を倒す為意欲を燃やす。

一四六五年、セルベーラ戦にてフェルナンド王子の率いる軍隊は、ポルトガルとブルゴーニュ軍を破る。ペドロ四世の勢力は日に日に縮小し、バルセロナ政府はこれ以上軍事資金を出せない状況となる。

一年後の一四六六年、ペドロ四世が亡くなり、殆どのカタルーニャの都市はアラゴン王に服従し、あとはバルセロナだけが時間の問題で、アラゴン王の支配下に入ると判断されていた。

にも係わらず、バルセロナ政府内のフランス支持派によって、フランスからの援助を受ける事に成功。更に、六年間の内戦が継続する事になる。バルセロナは、フランス・アンジュ公国のファン・デ・ロレーナ侯を、バルセロナ王として任命するが、フランス王が背後で動いていた事は明らかである。

アラゴン王は、フランス王に対してバヨナ宣言での協定違反だとして抗議するが、フランスは相手にせず、以前から考えていたフランスの地中海支配の第一歩として、バルセロナの征服に乗り出してくる。カタルーニャは、独立を求めて戦ったわけではなく、アラゴン王の代わりに、カスティーリャ王エンリケ四世や、ポルトガルの元帥をカタルーニャ王に選出し、カタルーニャ王を立てる事で、アラゴン王のカタルーニャ支配からの解放を叫んだのであった。

これは、カタルーニャ全ての住民の意思ではなく政府指導者の意図であり、結果として、フランス王家がカタルーニャを支配すべく介入してくると、反フランスの勢力はアラゴン王を支持する事となり、フランスとアラゴンの争いが始まる。フランスは以前より、アラゴンに代わって地中海を占拠する事に強い関心を示していた。ナポリ王国とバルセロナ伯爵領を支配する事で、地中海をコントロール出来ると考え、如何にしてもバルセロナをアラゴン王国より切り離す事に国を挙げて全力を尽くす。

これに対してアラゴン王は、イギリスやブルゴーニュ公国と同盟を結び、対フランス攻略に成功する。フランスはブルゴーニュ公国との紛争で、バルセロナでの交戦が継続出来なくなり、最終的に撤退せざるを得なくなる。

一四六九年、フランス王はカスティーリャに特命大使枢機卿アルビを送り、フランス王弟のギュイエンヌ王子とイサベル王女の婚約を提案し、カスティーリャとの同盟を結ぶ事で、アラゴン封じ込め政策を打ち出す。これに対してアラゴン王は、カスティーリャのイサベル王女とアラゴン王子フェルナンドを結婚させる事に成功。アラゴン・カスティーリャ同盟が可能となるが、カスティーリャ王エンリケ四世はこれに反対し、フランスのアンジュ公国レナトとの同盟にサインする。アラゴンは更に、イギリスとブルゴーニュ公国との同盟を結び、フランスの封じ込めに成功。一四七〇年一月、ロレーナ侯はフランスからの資金援助が受けられずバルセロナを一時撤退する。

同年夏、ロレーナ侯は病死し、翌年一四七一年夏、フランスがブルゴーニュ公国との争いで戸惑っているのを幸いに、ファン二世はアラゴン軍の大規模な戦闘をバルセロナに対して企てる。フランスは、最後まで軍事援助を約束するが、それが実現出来ない。バルセロナ指導者の間では、これ以上フランスを頼ることが出来ない以上アラゴン王に降伏するしか他に方法がないと判断、又、アラゴン王はカタルーニャに対し、大赦や特権を与えるのみならず、囚人の釈放や捕虜の解放など、寛大な提案を提供し、武力行使せずに友好的姿勢を示した。

一〇年以上の内戦で、疲れや貧困の限界に来ていたカタルーニャ人の大多数は、みな戦争が終わる事を願っていたが、一部の指導者は最後までフランスの援助が来るのをあきらめずに待っていた。しかし既にアラゴン王はペドラルベス宮殿に入り、各界の指導者やローマ法王の枢機卿などを迎えて、事実上カタルーニャの伯爵としての座に就いていた。

一四七二年十月八日、カタルーニャ議会は投票でアラゴン王ファン二世の権限を認める事で決議し、カタルーニャは再びアラゴン傘下に入る。

以上のごとく、カタルーニャは十五世紀に、既に伯爵領としてのアイデンティティを模索し、アラゴン王国との紛争を起こし、自治権とカタルーニャの特権を確保した歴史があるが、伯爵領の独立は宣言していない事が明らかである。

一四七六年から一七一四年

十五世紀末から十六世紀に入り、カトリック両王時代からハプスブルク・オーストリア家時代は、スペイン国の中のカタルーニャ伯爵領として存在するが、スペイン王国から独立するといった動きは全くなかったと言える。当時の人口は三〇万人程で、カスティーリャの六〇〇万人から比較すれば小さな地方であった。

十六世紀に入り、チャールス大帝の時代は、カタルーニャとして皇帝のヨーロッパに於ける偉業に殆ど積極的には協力しておらず、皇帝もカタルーニャを頼りにせず、すべてカスティーリャの力を借りていた。フェリーペ二世の時代も、一部の貴族を除き、カタルーニャは消極的で、スペイン帝国に前向きには協力していない。だからと言って、スペインから離脱の意思表明をした事はない。

その後、ハプスブルク・オーストリア朝が終わり、一七一四年のスペイン継承戦争でカタルーニャ伯爵領としては消滅する。フランス・ブルボン王朝がスペインを継承し、フェリーペ五世が王位に就く。フェリーペ五世は、フランス王ルイ十四世の孫であり、ルイ十四世の妃がスペイン・オーストリア家出身マリア・テレーサ王女であり、スペイン王フェリーペ四世の娘であった事から、フランス・スペイン両国王の孫で、消滅したオーストリア家に代わってスペイン王に即位した事は理解出来る。

実際には、このフランス・ブルボン王家のスペイン継承に反対するイギリス・オランダは武力を行使して介入するが、フランス軍に敗れ撤退する。カタルーニャはフェリーペ五世のスペイン王即位に反発、消滅したスペイン王家オーストリア家の子孫であるカルロス大公をスペイン国王として支持し、スペインの為に戦った歴史がある。有名な英雄カタルーニャ人法学者ラファエル・カザノバは、現在カタルーニャ独立運動のシンボルになっているが、これは歴史事実を誤って解釈している訳で、一般の市民はカザノバがカタルーニャの独立の為に戦ったと信じているのが現状である。

一七〇五年、オーストリア家のカルロス大公は、スペイン・オーストリア家出身の国王カルロス二世死後、スペイン王として認められ、バルセロナでカルロス三世として即位する。しかしながら既に、一七〇一年にフランス・ブルボン王の孫フェリーペ五世が、亡きスペイン王の遺言に従い、スペイン王として即位し、一七〇二年バルセロナでも議会を開き、カタルーニャの特権や自由を認める宣言をしている。

これに反対して、バルセロナで反ブルボン王家の反乱が起こり、一七一四年までの一二年間の戦いが続く。バルセロナはスペインの最後の砦として、ブルボン王の支配に抵抗する。最初は、イギリスやオランダとハプスブルク家が、カルロス大公を支持し、フランス軍に対抗し、カルロス大公も一七〇五年、バルセロナに入りフランス軍は降参し、オーストリア家が最初の勝利を収める。カタルーニャ以外のスペインでは、フランス軍が次々に主要都市を占領し、一七〇七年にアルマンザ戦で快勝後、カルロス大公支持軍はカタルーニャに移動し、バレンシアやアラゴンはフランス軍に敗れてしまう。

事実上この戦争は、オランダとオーストリア家とイギリスが、フランス王ルイ十四世のスペイン王継承を阻む為の戦争であり、国際紛争と言えるが、フランスの支配を最後まで認めず戦ったのがカタルーニャであった。

一七一二年、イギリスはフランスに対し平和交渉を持ち掛け、ジブラルタルとメノルカ島、更にアメリカ大陸の領土と交換に、フェリーペ五世のスペイン王の座を容認するとしてスペインから撤退してしまう。カルロス大公は、一七一一年に兄ホセ一世皇帝が亡くなり、彼の後継ぎとしてドイツに戻り、フランクフルトで皇帝カルロス六世として即位する。スペインには戻らず、フランスとの和平交渉に入る。従って、カタルーニャは、イギリス・オランダ・オーストリア家に見放され、絶体絶命の事態に直面する。

一七一二年、オランダのユトレッチでスペイン継承戦争に終止符を打つべく、関係諸国で交渉が始まる。それでもカタルーニャは、フェリーペ五世に対しての抵抗をやめず、一七一四年九月十二日の敗戦宣言まで戦う。カタルーニャが、スペイン王としてカルロス三世を立て、フランス・ブルボン王のスペイン継承に反抗し、多大の犠牲者を出し戦った事実は、ヨーロッパの歴史に刻まれている。

ブルボン王朝が始まると、フェリーペ五世は最後まで服従しなかったカタルーニャに対して、厳しい政策を施行し、以前享受していた特権や自治権等を制限してしまう。

以上、歴史的観点から見て、カタルーニャは独立国として存在した事はなく、英国に於けるスコットランドのケースとは比較出来ない。スコットランドは、以前イングランドと並び王国であった歴史があり、独立して英国から離脱する事がスコットランド人の希望であれば国民投票で可能であるが、カタルーニャの場合は、スペイン国の一部の地方自治体であり、スペイン憲法によれば、自治体での決議では独立出来ない事になっている。スペイン国全体で国民投票した場合、カタルーニャの人口七百万人はスペイン総人口の一五％足らずで、仮に一〇〇％のカタルーニャ人が支持しても不可能である。

又、カタルーニャの人口の半分以上は、スペインの地方から住み着いたスペイン人が大多数で、歴代のカタルーニャ人の数は比較的少ない。又、カタルーニャの企業や金融機関等の全てはスペイン全土に事業広がっている為、独立した場合の損害は七割以上となり、経済的な打撃は避けられない。スペインから離脱した場合、ＥＵ連合の外に出る為、小国としてあらゆる面での存続困難となる事は明らかである。ＥＵからの多額の援助金が農業のみならず、あらゆる分野に分配されているが、独立でこれらの援助金が貰えなくなれば、経済社会全体に及ぼす悪影響は避けられない。

カタルーニャ政府や、独立を叫ぶ政党の言い分は、民主主義である以上、住民が投票で自由に独立について決める事が出来るのが当然だとしており、ポルトガルが独立した例やスコットランドの国民投票などを引用し、カタルーニャも同じ権利があるとしている。

ポルトガルは十一世紀、レオン王国に属する伯爵領だったが、レオン・カスティーリャ国王アルフォンソ六世が、ポルトガル伯爵領を娘テレサに譲り、後にアルフォンソ七世の時代に、ポルトガルが王国として独立を認められている。十六世紀になってフェリーペ二世の時代、ポルトガル王であるセバスティアンが北アフリカ遠征時戦死し、後継ぎが亡くなり、亡き王の叔父であったスペイン王フェリーペ二世が、一五八〇年ポルトガル王に即位するが、一六六八年にオーストリア家最後の王カルロス二世の時代に、ポルトガルは再びスペインから独立する。これもカタルーニャの例とは性格が異なり、比較出来ない。

カタルーニャ政府は、カタルーニャは歴代のカタルーニャ王が存在したとした歴史書を勝手に出版し、住民を教育している。アラゴン王をカタルーニャ王と呼んでいる。いずれにせよ、アラゴンとカスティーリャが併合し、スペイン国となった以上、カタルーニャ国としての存在は全く認められないわけで、一千年以上昔に遡り、当時伯爵領であった事を引用し独立を叫ぶのは、おかしな話である。

最近の事情

二〇一七年十月一日に、カタルーニャ自治体で違法的に実施された独立是非の選挙は、憲法違反で無効となったが、これを無視し、自治政府は独立を合法化する動きを始め、地方政府の指導者達は逮捕され、州知事他数名の幹部は国外に逃亡した。

その後、二年間にわたり莫大な証拠書類が分析され、五〇〇人以上の証人が招集され、最高裁での公判が生中継で開かれた。数カ月の公判で検察側は、国家反逆罪即ちクーデターを企てたとして、禁錮二五年以上の刑を要求した。国政弁護士もこれを支持し、七名の最高裁判事の内六名が、反逆罪の判決を下す事で一致していた。にも係わらず、社会労働党の臨時政府は、カタルーニャの独立派政党である左翼共和党の支持を受けなければ、政権成立出来ない為、最高裁判所の判決が、独立支持党の指導者にとって有利になる様に圧力をかける事を約束し、政権支持を求めた交渉が秘密裏に進められ、裏約束が交わされた。

首都マドリッドの刑務所に拘束されていたカタルーニャ政府のメンバーは、全員カタルーニャ政府管轄の刑務所に移動され、普通の因人では考えられない優遇を受けている。検察側からの要求で、刑期の半分を服役するまでは保釈出来ない事を明記するよう最高裁に提案したが、最高裁はこれを認めず、カタルーニャ地方政府の判断にゆだねた。カタルーニャ政府の指導者自身が囚人である為、政府は早速保釈の手続をして、年内には出獄出来るよう手配している。

具体的には、反逆罪を主張していた国政弁護士を解任させ、独立派に有利な政府の息のかかった国政弁護士を起用した。この国政弁護士は反逆罪を否定し、単なる治安騒乱罪を主張した。治安騒乱罪は禁錮九年から一三年の刑を科される罪で、スペインの法律では二年から三年で仮釈放となり、国家反逆罪に比べて軽い刑罰である。

又、政府の圧力に屈した最高裁は、七名の判事が統一した形での判決を下す事に固執し、独立派に便宜を図る政府の息のかかった判事による判決である治安騒乱罪を、最高裁の統一判決として下した。法律に詳しい専門家の多くは、この判決でスペインの司法権は崩壊されたとして批判したが、大分部のマスコミは左翼系であり、政府がコントロールしている為、批判の声は出ず、世論は逆に政治犯の独立派指導者に治安騒乱罪が適用された事に不満を示し、無罪の判決を要求した。

スペインには表面上、三権分立が憲法で保障されている。しかしながら実際には、行政を司る政府が司法に介入し、政府に都合の良い判決が下される事がある。これは、憲法裁判所の判事が、国会の議席の数により各政党に割り当てられ、議席の多い政党が憲法裁判所のメンバーの過半数を確保し、最高裁の判決も却下出来る体制となっている為である。従って、仮に政府の息がかかった憲法裁判所の判事の数が過半数に及ばなくても、野党で政府を支持する党から推薦された判事が、政府支持の判事と同じ判決を出す事で、政府が非合法な政策を施行しても憲法裁判所が合法としてしまう場合もある。

即ち、行政権が憲法裁判所を政治的に動かせる様なシステムになっているので、公平な法の施行が出来ず、政府の行動を裁く司法権は、形式上存在するだけで、実際には行政が圧倒的な権限を行使出来る体制になっている。

二〇一九年十月一日、最高裁の判決に反対する大規模デモがカタルーニャ全土で起こり、覆面をした十代の若者や学生がバルセロナ国際空港を占拠し、高速道路や鉄道を遮断し、バリケードを設けて一般市民の生活を妨げたが、地方政府はこれを支持し取り締まらず、大都市でも町中にバリケードを設け、道路のタイルを剝がし、これを武器に使い警察に対抗し、バリケードは市役所のごみ箱にガソリンをかけて燃やし、町中が戦場の様に化した。政府は、独立派に批判されないように、警察に対してこん棒以外の催涙ガスやゴム弾銃の使用を禁止した。

結果として、警察が受けた負傷者の数は三〇〇人以上に及び、中には後頭部を石で叩かれヘルメットが破損し、頭蓋骨が開き危篤となっている警察官もいるが、マスコミや一般世論は警察がデモ隊に暴力をふるったとして批判し、警察の責任者を訴えた。国際世論は、スペインの左翼独立支持を謳うマスコミからの情報をそのまま伝えて、スペインを独裁国と同レベルで批判的に報道をしている。日本のマスコミも同様の事が言える。

普通の民主国家であれば、地方自治体が独立を叫び、違法に暴力を使い、独立運動をした場合、自治体の責任者である知事や指導者は解任され、刑法にかけて処分されるのが常識である。スペインの場合、罪人が殆ど罰せられない社会となってしまい、従って泥棒や窃盗を犯し逮捕されても罰せられない為、罪人が保護される天国となり、ヨーロッパ中の罪人がスペインに集まり、無法の社会が形成されつつある。数十回にわたって、窃盗や強盗を繰り返し犯して逮捕されても、すぐに釈放され罰せられない為、一般の市民は自己防衛する以外に被害を避けられなくなっている。日本では信じがたい事が、こちらでは常識になっている。

留守中に家に入り込まれ、住み着かれるケースも多く、この場合、裁判所に訴えて退去を要求しても、訴訟に一年以上かかり、その間自宅は他人の住居に化し、力ずくで追い出す事をすれば、逆に訴えられると言った、全く理不尽な社会となってしまった。

左翼社会党や極左共産党は、これらの不法侵入者を支持・保護し、裁判所の判決で退去令が下りてもこれを阻止する為に、大勢の人を集めて立ち退き住居を囲み、当局の係員や警察官が不法侵入者を退去させない様な行動をとる為、一般の市民の権利や所有権が保障されない社会になった。

日本では報道されていない、最近のスペイン社会事情を伝えるのは、本書の目的ではないのでここで終了する。

付録　二

「黒の伝説」について

反スペイン宣伝活動は、スペインがイスラム勢力をヨーロッパから追放した一四九二年頃から始まり、その後、敵国であるフランス、イングランド、オランダにより徐々に世界中に宣伝され、米国も参加しスペイン帝国打倒の動きが世界規模で浸透した。

なぜ、そのような事になったのか原因はいくつかあるが、最初はスペインに支配されていたイタリア半島でこの動きが始まる。スペインはイタリア半島の南側半分のナポリ王国とシチリア王国を支配し、北のミラノ公国も領土とした事で、住民はスペイン軍の駐屯に不満を抱いていた。実際にはイタリアという国は存在しなかったので、イタリアとしてスペインに反発していた訳ではなく、小さな公国であるベネチアやジェノバやフローレンスの住民は、ナポリ王国やシチリア王国の国王がスペイン王であった事で脅威を感じており、外国であるスペインがイタリア半島を支配していた事に、反感を持っていた事は明らかである。

しかしながら、イタリア半島はフランス軍が侵入し、残虐行為で住民に被害を与えた為、フランスに支配されるより、スペインの方が友好的な共存関係を維持できるとして、反スペインの動きは消えた。

一方、フランスは、ヨーロッパの大国としての覇権がスペインによって崩されたことに不満で、如何にしてもスペインを倒し、中央ヨーロッパから締め出す為の政策を打ち出し、常にスペインと戦線を交えていた。スペインがヨーロッパ中を支配し、地中海でもオスマン・トルコを征伐し、さらには新大陸の発見で世界中を支配するまでに至った事で、如何なる手段を使っても、スペインが不利になる様な動きを示した。

これと並行してイングランドは、スペインが新大陸支配によって得る富を何とかして横取りできないものかと思案し、正面切ってスペイン帝国と戦う事は出来なかったので、海賊行為でスペイン船を攻撃し、イングランド女王の許可の下、海賊国として反スペインの活動を強化した。

オランダは、スペインの支配下にあった為、宗教問題で反カトリック勢力を集め、スペインからの独立のための戦いを始めるが、指導者達はスペイン国王の家臣として忠誠を示し、表明的にはカトリック信者を装い、カトリック社会の基盤を覆す動きを始めた。反スペインの宣伝活動を盛んに行い、ドイツやイングランドの援助を受け、徐々に反スペイン勢力を整えていった。

反スペインの動きは大きく分けて、一四九二年のユダヤ教徒追放令と、ドイツやオランダのプロテスタント派の異端審議会による弾圧、さらには新大陸での搾取と原住民の虐殺行為などが挙げられる。

スペインは一四九二年に、イスラムをイベリア半島から追放し、約八〇〇年に及んだ国土回復戦争に終止符を打った。この年、カトリック両王は、スペインの統一の為、カトリック教を国教に定め、社会秩序の維持を図った。ユダヤ教徒とキリスト教徒との争いで社会不安が起こっていた為、ユダヤ教徒を追放する政策を打ち出した。

この政策は、他のヨーロパ諸国では既に施行されていたので、スペインだけがユダヤ人の追放を非難されることはおかしなことであった。追放されたユダヤ人は、オランダやイングランドに移動し、反スペインの活動に参加した。

新教徒プロテスタントの弾圧で、ドイツやオランダの新教徒はスペイン王フェリーペ二世を非難し、これが「黒の伝説」となって、数世紀にわたって伝わった。有名な異端審議会は、プロテスタント教徒の社会を弾圧し、多くの市民を処刑したとして、この憎しみが代々伝わり、残酷なスペイン王として後世まで恨まれた。

日本ではこの時代、仏教や神道でない異教であるキリスト教を禁止し、信者を処刑し、幕府は仏教と神道だけを認めた。自国の統治の為に決めた政策で、日本は非難されていない。

イングランドで、プロテスタントの英国教が国教となり、人口の過半数を占めていたカトリック信者は、弾圧を受け多くの信者は処刑されたが、この宗教政策に対して批判され後世まで恨む様な事にはならなかった。同様なことがフランスやその他の国々で起こったが、どこでも自国の内政問題として国際的に非難される事はなかった。第二次世界大戦でドイツはユダヤ人を虐待したが、ドイツを批判する伝説は存在しなかった。

ではなぜ、スペインだけが批判されたのか。

オランダが、スペインの領土でスペインの宗教であるカトリックを覆す新教徒の動きを起こし、これに対して、スペインが弾圧するのはどこの国でも同じ事で、これが非難されるのは主権国家の内政干渉と言える。自国の安定を維持する為に、異教徒を征伐し追放するのは、当時の社会では当然の事であった。自由が保障された民主主義社会とは異なり、封建社会での出来事で、スペインが異教徒であるユダヤ教やイスラム教、プロテスタント教に対抗して戦ったことで、「黒の伝説」が出来上がったのは全く可笑しなことである。

新大陸での略奪と原住民の虐殺でも、スペインは「黒の伝説」として非難されている。本書でもいくつかの例を挙げた通り、新大陸はスペインによって開拓されたが、スペイン国としてではなくスペイン人個人の開拓者によって行われ、スペイン国が乗り出して行われた事業ではなかった。

ここで明記すべき事は、新大陸はスペインの植民地であったと一般に知られているが、これは誤りで、スペインの延長である副王国として、スペイン本国と同じステータスであった点、イングランドやフランスの植民地政策とは全く異なっているという事である。

既に一四九二年、コロンブスが新大陸を発見した時点で、当時の女王イサベル一世は原住民の奴隷化を禁止し、スペイン本国の市民と同等に扱う様に指示している。イングランドやフランスの植民地では、原住民は奴隷とされ、北アメリカでは九九％の原住民は抹殺され、当時二千万居た原住民は姿を消し、アフリカから人身売買で導入した黒人を奴隷にして、人種差別の社会が築かれた。この、北アメリカの原住民インディアンを迫害した歴史について、誰も非難していない。フランスの植民地でも同じ事が言えるが、新大陸で一番貧しい国ハイチはフランスの植民地であった。

スペイン領の新大陸には、今日、原住民の国家が存在し、数千万の原住民の社会が存続している。「黒の伝説」が事実なら、中南米にはインディオは生き残っていないはずである。スペインは、原住民と混血し、共存社会を築いた。植民地ではなく、スペインの州であり、県として地元の為に貢献し、新大陸の発展の為に尽くした。

確かに、現地の人食い人種や原始的な風習の生贄などで、住民を苦しめている部族と戦い、西洋文化やキリスト教の伝道を強制したことは事実であるが、これは新大陸を搾取し、原住民を抹殺したイングランドやフランスの植民地政策とは、比較にならないものであった。従って、新大陸の略奪や破壊が理由で、スペインが「黒の伝説」で非難されるのは全く見当違いの事である。

全てが言いがかりと言えるが、この「黒の伝説」は、スペインの敵国であるフランスとイングランドやオランダによって世界中に宣伝され、後に米国がこれを引き継ぎ、スペインを北アメリカやカリブ海から追放する為の戦争を仕掛けて来る。イングランドもフランスも、スペインが世界中に領土を広げ、巨大な帝国を形成したことに強い羨望感を抱き、如何にしてもスペインを倒さなければならないとの危機感に陥った事が原因で、出来上がったのが「黒の伝説」であった。事実を偽って作り出された事柄であっても、繰り返し伝える事でいつかは真実になり、結果としてスペイン帝国は情報戦争で破れ、徐々に崩壊していった。

スペイン帝国の主人公であるフェリーペ二世は、「黒の伝説」により〝南の悪魔〟と呼ばれ、傲慢な専制君主として数世紀にわたり紹介され、悪いイメージが出来上がってしまった。この偽りの伝説を批判する動きもなかった為、フェリーペ二世の本来の姿を知る事が出来ないまま今日に至った。

結びに、この「黒の伝説」を覆す七つの出来事を紹介する。これによりスペイン王フェリーペ二世の人道精神と、正義を貫く謙虚な性格の人柄であった事が証明出来るはずである。

一、イングランド王時代、義理の妹エリザベス王女の命を救い、囚人生活から解放し自由を与えた事実がある。このエリザベス王女は、将来イングランド女王となり、恩を受けたフェリーペ二世の敵となる人物である。フェリーペ二世の妻のイングランド女王メアリー・テューダーは、義理の妹エリザベスが危険な人物であることを知っていた為、死刑の宣告を下していたが、フェリーペ二世の説得で死刑は施行されず、エリザベス王女は命を救われた。フェリーペ二世が傲慢な専制君主であったら、この様な態度はとらなかった筈である。

二、同じくフェリーペ二世がイングランド王の時代、妻のメアリー・テューダー女王が新教徒の大量処刑を決めていたのを止める様に説得し、多くの新教徒の命は救われた。当時、イングランドはカトリック教社会を再現する為、新教徒との紛争が起こり、これの取り締まりの為、メアリー・テューダー女王は、新教徒の処刑を企てていた。フェリーペ二世は、この政策を反対し、女王を説得した。「黒の伝説」のごとき〝南の悪魔〟である、スペイン王フェリーペ二世であれば、敵である新教徒の処刑を止めさせなかった筈である。ここでもフェリーペ二世の人道性がうかがえる。

三、現在のオランダとベルギーのある、スペイン領フランドルは、スペイン王の代理の総督が統治していたが、現地の貴族はスペイン王の家臣として仕えていた。中でも、ウィレム一世は、スペイン王に忠誠を誓いながら、裏で反スペイン的な活動を企て、反乱を起こす裏切り行為を重ねていたが、これらの事実が数回にわたり公になっても、フェリーペ二世はウィレム一世を信頼した。ウィレム一世は着々と新教徒勢力を増やし、スペインをフランドルから追放する準備を整えていった。フェリーペ二世は、最後の最後までウィレム一世の裏切り行為に対して、寛大な態度を示した。ここでも傲慢な専制君主フェリーペ二世の姿は見えない。

四、フェリーペ二世の馬車の御者同士が争い、一人がナイフで同僚を負傷させたが、けがをさせた御者を逮捕すれば馬車が使用できなくなるのでそのままにしていた所、フェリーペ二世はお付きの家来になぜ御者を逮捕しないのか問い、自分は馬で出かけるので犯人の御者を捕らえて罰するように指示した。悪事を働いた者は処罰しなければいけないといった徹底した態度を示した事で、自身の都合は二の次にして、法の適用を優先させた事がここでもうかがえる。

五、一五八四年十一月、天正少年遣欧使節がマドリッドに到着し、フェリーペ二世に謁見した。使節のメンバーである少年達はフェリーペ二世に歓迎され、王子の宣誓式に招待されたり完成したばかりのエル・エスコリアルのサン・ロレンソ寺院宮殿に招かれ、儀礼を超えたもてなしを受けた。又、フェリーペ二世は、日本の伝統や風習に興味を示し、少年達に気を配り、直々に使節のメンバーが宿泊していたマドリッドの修道院を訪れ、別れの挨拶まで交わすといった、普通では考えらない接待をした。フェリーペ二世の人間性がここでもうかがえる。

六、明治時代、森鷗外によって紹介された、スペインの劇作家カルデロン・デラ・バルカの作品『サラメアの村長』の中で、フェリーペ二世の人道的で正義感ある人格を見ることが出来る。ポルトガルのリスボンに遠征途中に、サラメアという村で起こった事件で、軍の司令官が村長の娘を犯したことで、村長は司令官が娘と結婚する様申し入れるが受け入れられず、村長は村の習わしに従って刑法を適用し、司令官を逮捕し処刑してしまう。これを知った軍の総司令部は、村長が軍法会議を無視して一般の法を適用して、上級軍人である司令官を裁いたのは違法であるとして、村長を捕らえる動きを見せ、村長支持の村人とのいざこざが起こった。この場にフェリーペ二世が現れ事情を聴き、村長が権限を越えて軍人階級を裁いた事に対し叱る態度を示したが、村長の説明を聞き既に司令官が処刑されていたのを知り、村長の取った措置は正しいとし、終身村長の位を与え、その場を去った。軍部の特権を無視して、一般住民の権利を尊重し、王の権限を持って事件を解決したことで、フェリーペ二世が正義の味方である事が示された。

七、フェリーペ二世は、スペイン帝国の敵であるプロテスタント派や、オスマン・トルコである敵と戦ったが、他国や帝国以外の地域を侵略したことはなかった。無敵艦隊をイングランドに送ったのは、イングランド女王に支持された海賊が、スペイン帝国の領土や船舶に被害を与え事態が悪化する一方だった為で、帝国の防衛の為に踏み切った決断であった。

著者略歴

鈴木　裕（すずき・ゆたか）

横須賀市出身マドリッド在住。
1973 年拓殖大学政経学部卒。
1973 年スペイン政府給費留学生としてマドリッド大学に留学。
2015 年までマドリッドの日本企業に勤務。

著書：
『Personajes del siglo XV, Origenes del imperio español（15 世紀の人物、スペイン帝国の起源）』2015 年

現在、スペイン史を研究。スペインのオンライン歴史雑誌「REVISTA DE HISTORIA」に記事を掲載

知《し》ってほしい！　スペインの真実《しんじつ》
——歴史《れきし》で読《よ》み解《と》く日本《にほん》との関係《かんけい》

2020 年 2 月 25 日　初版印刷
2020 年 3 月 13 日　初版発行

著　者　鈴《すず》木《き》　裕《ゆたか》
制作・発売　中央公論事業出版
〒 101-0051　東京都千代田区神田神保町 1-10-1
電話　03-5244-5723
URL　http://www.chukoji.co.jp/

印刷・製本／藤原印刷

ISBN978-4-89514-508-4　C0022

口絵図版出典

図 1　プラド美術館
図 2 ～ 5、13　es.wikipedia.org
図 6 ～ 12　著者撮影
図 14　XLSEMANAL
図 15　wikipedia.org
図 16　EL MUNDO

図１　ドン・ペラーヨ
718年、スペイン北部のアストゥリアス地方の山岳地帯からイスラムによって占領された国土を回復する為の戦いが始まり、アストゥリアス王としてキリスト教軍を指揮した。

図２　ナバス・デ・トロサ大戦
1212年、ナバス・デ・トロサでイスラム軍とキリスト教軍が戦い、カスティーリャ王アルフォンソ八世の率いるキリスト教軍が大勝。イスラム軍は決定的な打撃を受けアンダルシアに後退し、キリスト教軍優勢の時代に入る。

図３　グラナダ開城
718 年に始まった国土回復戦争は、1492 年にイスラム最後の砦グラナダがカトリック両王によって開城された事で終止符を打った。イベリア半島は 800 年の時間をかけて、イスラム勢力の追放に成功した。

図４　レパント海戦
1571 年、スペイン国王フェリーペ二世がキリスト教軍のリーダーとして、当時地中海を支配していたオスマン・トルコ軍をギリシャのレパント沖で破った、史上最大の海戦。

図５　サン・ペドロ・デ・ラ・ロカ城砦
スペインによって1515年に成立したキューバのサンティアゴ市を、海賊から防衛する為に1638年に建設された城砦。当時の総督ペドロ・デ・ラ・ロカの名前が付けられ、1998年ユネスコに世界遺産として認められた。スペインによって新大陸に建設され、現存する数多くの世界遺産の一つ。

図６　スペイン船来航記念碑
1585年、長崎・平戸にスペイン船が初めて来航してから400年を迎えたことを記念して、1985年に長崎県知事によって建てられた。

図７　鹿児島のザビエル記念碑
スペイン人宣教師フランシスコ・ザビエルが、1549年８月鹿児島に到着した事を記念する石碑。

図８　平戸城
ザビエルのカトリック布教を許した松浦隆信の長男で初代平戸藩主の鎮信によって、1599年に建設された城。

図９　平戸港
南蛮貿易の主要港として栄え、16 世紀にはポルトガルとスペイン、17 世紀から明治維新まではオランダとの貿易に携わった港。

図 10　平戸市にある按針の館
三浦按針の住居跡で、ポルトガルが伝えたカステラの老舗として現在も形を残している。「カステラ」と言うネーミングは、スペインのカスティーリャ王国に由来する。

図 11　フィリピン総督特使ペトロ・バプチスタ　平戸上陸の碑
2 代目のフィリピン総督特使ペドロ・バプチスタ来日の記念碑。1593 年スペイン王フェリーペ二世に任命された。

図 12　真福寺のマリア観音
1522 年に現在の横須賀市浦賀港近辺に建てられた真福寺の本堂には、隠れキリシタンによって崇拝されたマリア観音が安置されている。キリスト教との関係を暗示するこの様な観音像は、江戸近辺では珍しかったと言われる。スペイン船の寄港が影響して浦賀近辺にキリシタンの住民が多かった面影が、このマリア観音の存在で想像できる。

図 13　サルヴァドール・デ・バイーア戦
1625年スペインの海軍大将ファドリケ・デ・トレドの率いる船団が、スペイン領ブラジルの主要都市サン・サルヴァドールを侵略していたオランダ軍を攻め、オランダをブラジルから追放する。この大勝がスペイン帝国衰退の歯止めとなったかに見えた。

図 14　カルタヘナ・デ・インディアス海戦
弱体化したスペイン帝国は、新グラナダ副王国のカルタヘナ・デ・インディアス（現コロンビア領）をイングランドの大艦隊によって攻められ、領土侵略の危険にさらされた。イングランド艦隊は175隻で組織され計3万人を動員、一方スペイン側は僅か6隻3,600人の兵力であり、イングランドが圧倒的に優勢であった。その為、イングランド国内では勝利が確信され、記念メダルを造るなど盛大に祝われた。
しかし結果は、スペインの英雄で海戦の経験豊かな司令官ブラス・デ・レソの巧みな戦法により、イングランド艦隊は殆ど全滅に近い打撃を受け大敗した。イングランドでは、この出来事は歴史から削除され隠蔽された。

図 15　ベルナルド・デ・ガルベス
「黒の伝説」により存在を隠されていたスペインの英雄ベルナルド・デ・ガルベス（1746 - 1786）は、1781 年北アメリカ・ルイジアナ州の総督としてスペイン軍を率い、アメリカ 12 州のイギリスからの独立戦争に参加。ジョージ・ワシントンやトーマス・ジェファーソンを助けイギリス軍を破り、アメリカの独立を達成した。近年になってアメリカで功績を認められ、アメリカ合衆国の創設者の一人として議会下院に肖像画が置かれているが、未だスペインでもアメリカでもさほど知られていない人物である。

図 16　マドリッドのカステリャーナ通りの高層ビル